I0823264

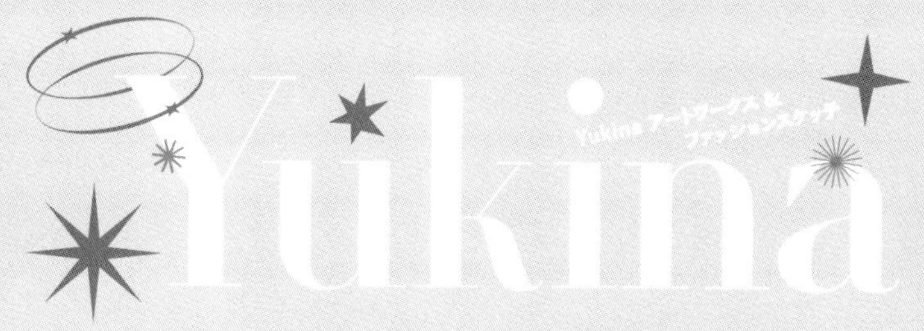

PIE International

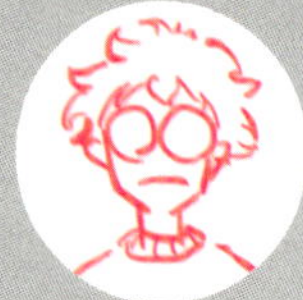

Yukina

Illustrator.
Likes fashion.

X : @Kimura_731
Instagram : @yukina_yk

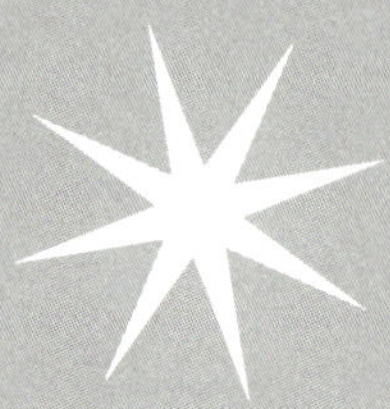

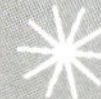

Yukina Artworks & Fashion Sketches

Author　Yukina

Design　Mai Kato (PIE Graphics)
Editor　Yuka Tsutsui

PIE International Inc.
2-32-4 Minami-Otsuka, Toshima-ku, Tokyo 170-0005 JAPAN
international@pie.co.jp
www.pie.co.jp/english

ISBN978-4-7562-5967-7 (outside Japan)
Printed in Japan

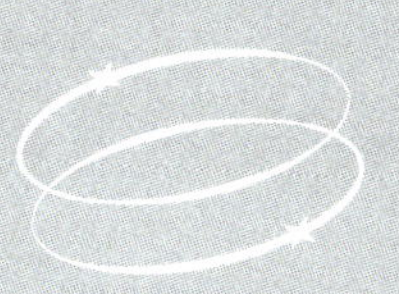

はじめまして、Yukinaと申します。
この度は本書をお手に取っていただき、ありがとうございます。
まさか自分のイラスト集が出版される日が来るとは……。
今回このような機会をくださり、一緒にイラスト集を制作してくださった筒井さんやデザイナーさん、携わってくださった皆様には感謝しかありません。
世の中には素敵な絵を描く方がたくさんいて、いろんな方々の絵を見て、憧れ、インスピレーションを受け、今日まで絵を描いてきました。
そんなふうに、私の絵も誰かの活力になったりしたら嬉しいなと思っています。
活力とまではいかなくとも、ちょっぴりでも楽しんでもらえたら幸せです(^^)

Yukina

Hello, my name is Yukina.
Thank you very much for picking up this art book. I never thought that the day would come when my art book would be published. I can only thank Ms Tsutsui, the designers and everyone involved for giving me this opportunity and for working with me to produce this art book. There are many people in the world who draw wonderful illustrations, and I have always drawn illustrations by looking at, admiring and being inspired by the illustrations of various people. I would be happy if my illustrations could also be a source of energy for others in this way. Even if it doesn't become a source of energy, I would be happy if you enjoy my illustrations, even if only a little. (^^)

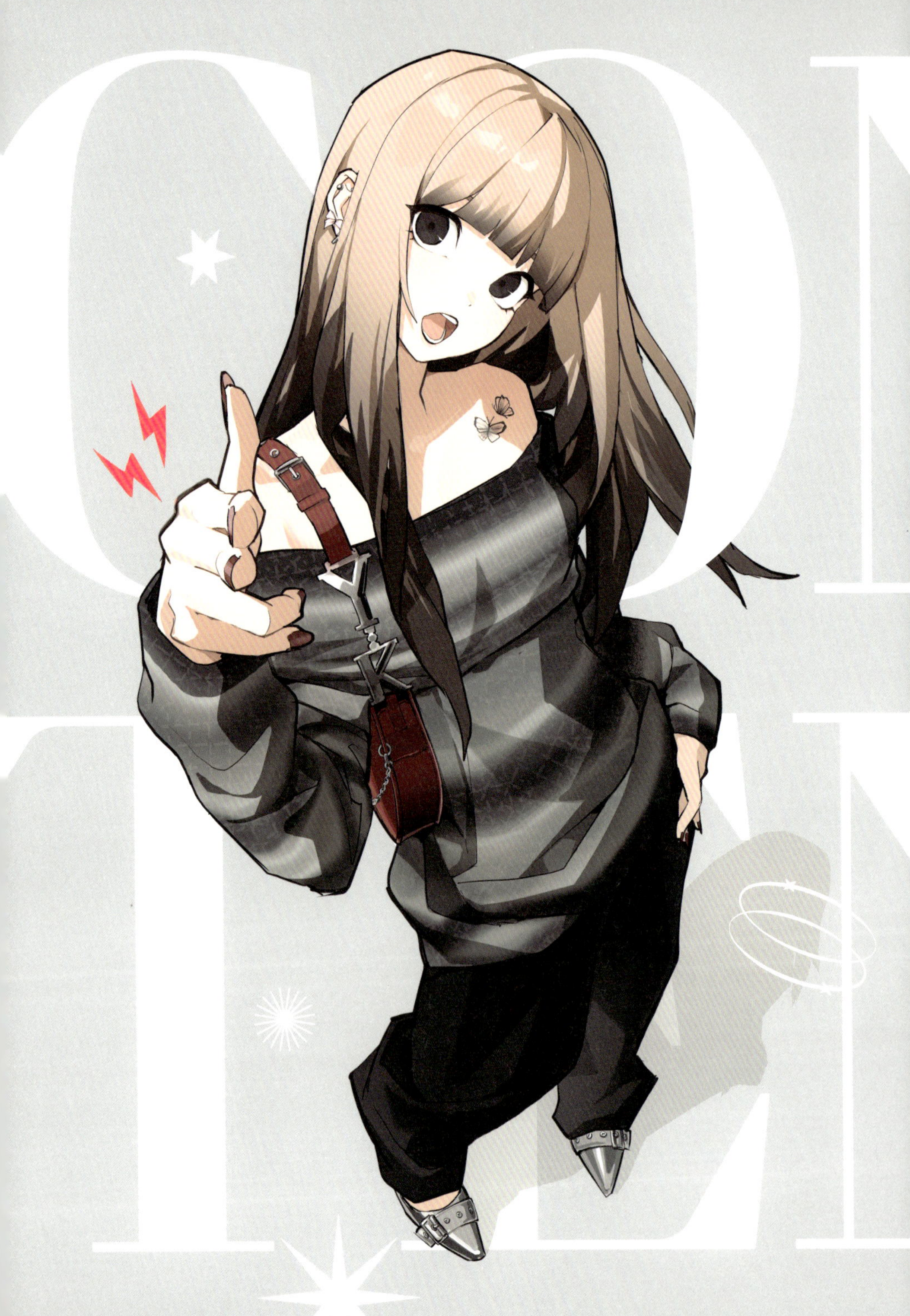

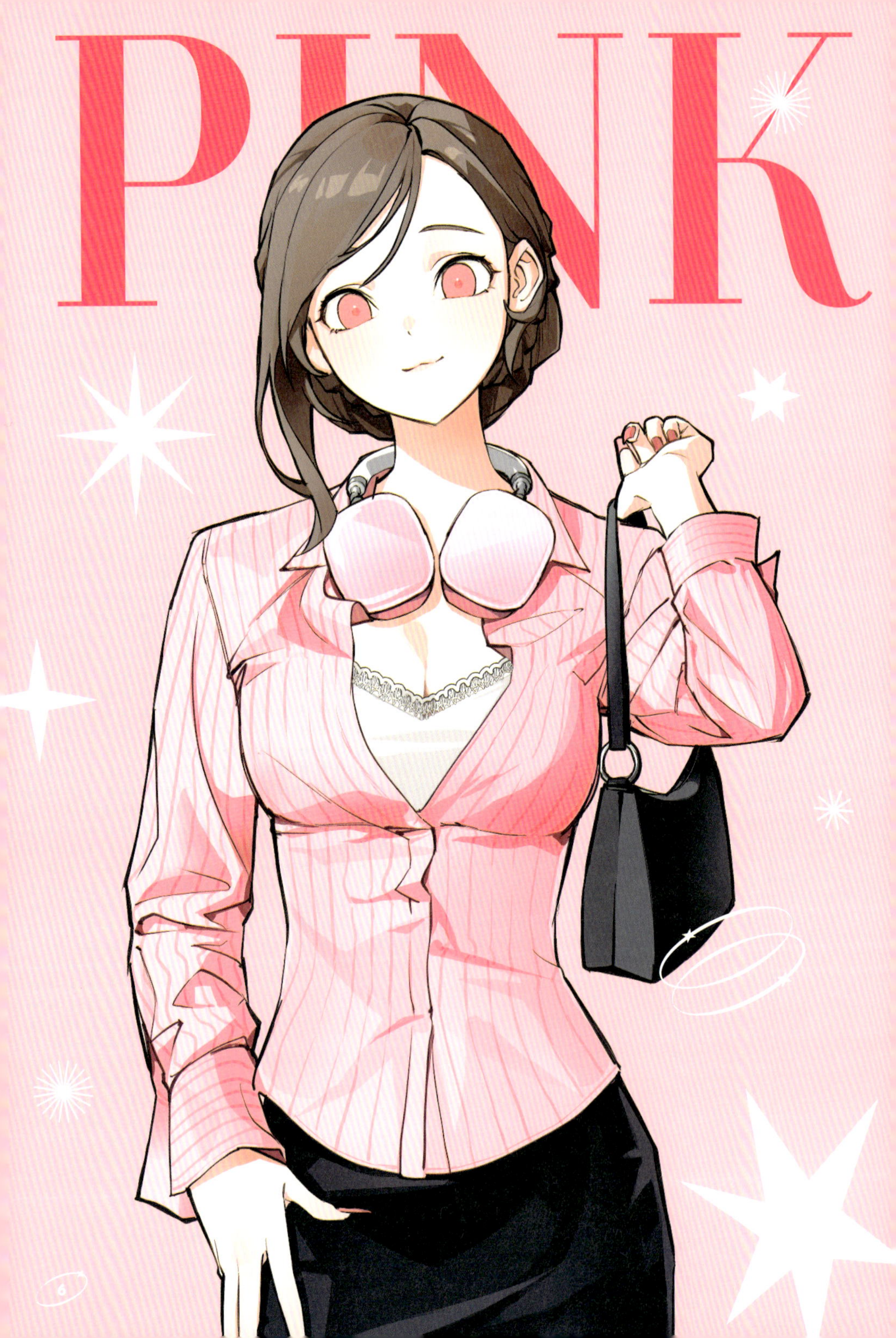
PINK

MY FAVORITE ITEMS

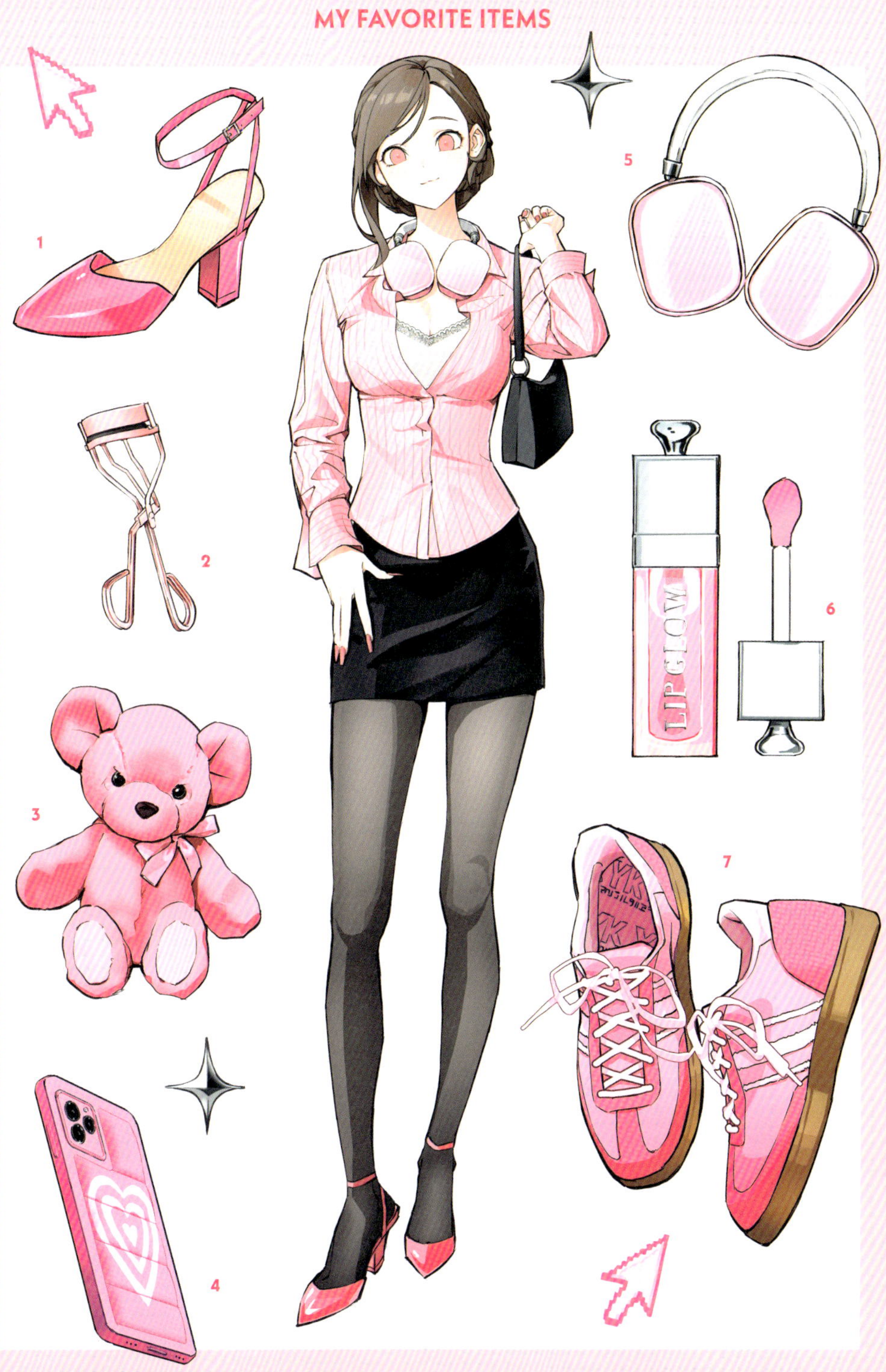

1. ハイヒール High Heels ／ 2. ビューラー Eyelash Curler ／ 3. テディベア Teddy Bear ／ 4. パフィーケース Puffer Case
5. ワイヤレスヘッドホン Wireless Headphones ／ 6. リップグロー Lip Glow ／ 7. スニーカー Sneakers

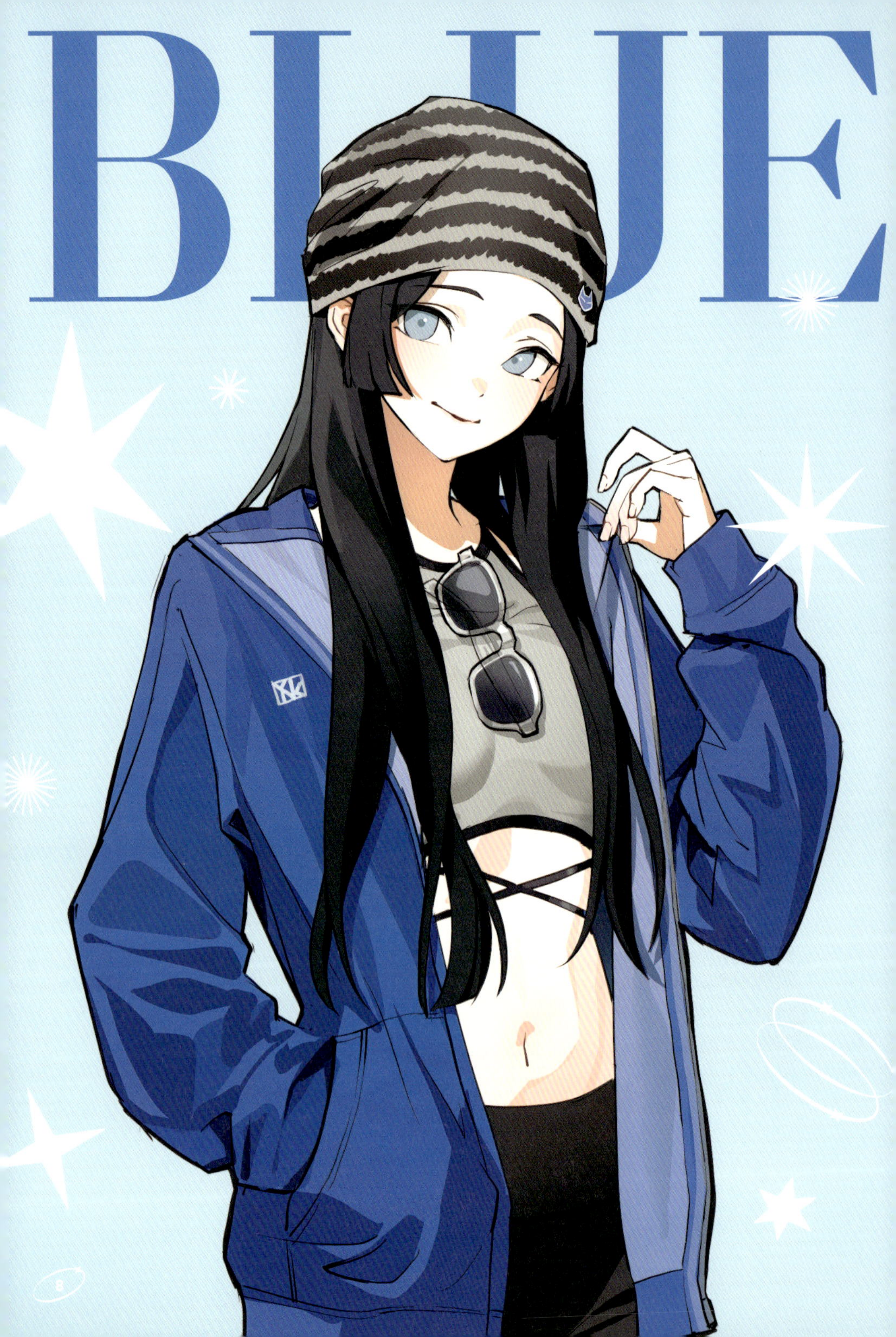
BLUE

MY FAVORITE ITEMS

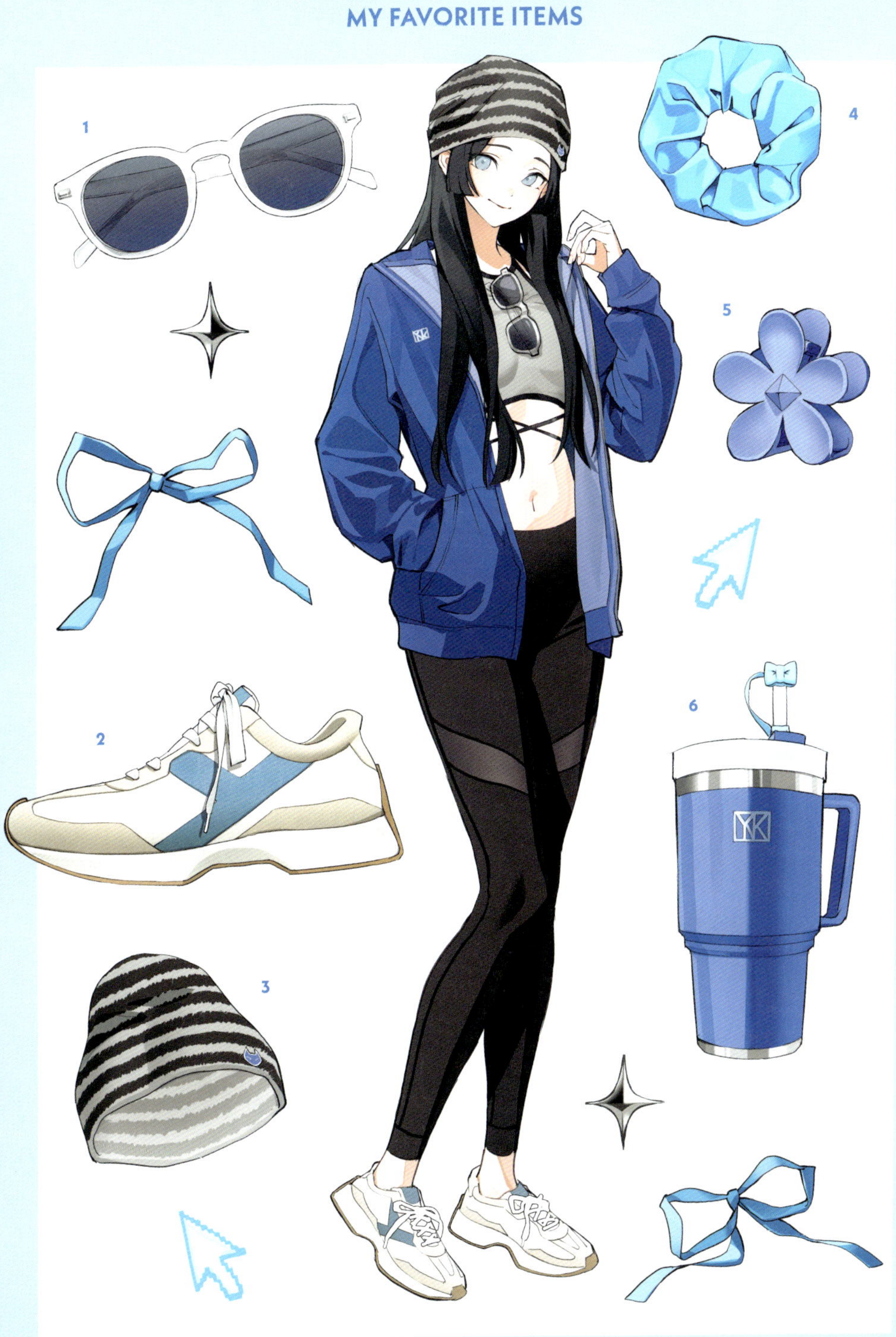

1. カラーレンズサングラス Colored Lens Sunglasses ／ 2. ランニングシューズ Running Shoes ／ 3. ビーニー Beanie
4. シュシュ Scrunchie ／ 5. フラワーバンスクリップ Flower Vance Clip ／ 6. クエンチャー Quencher

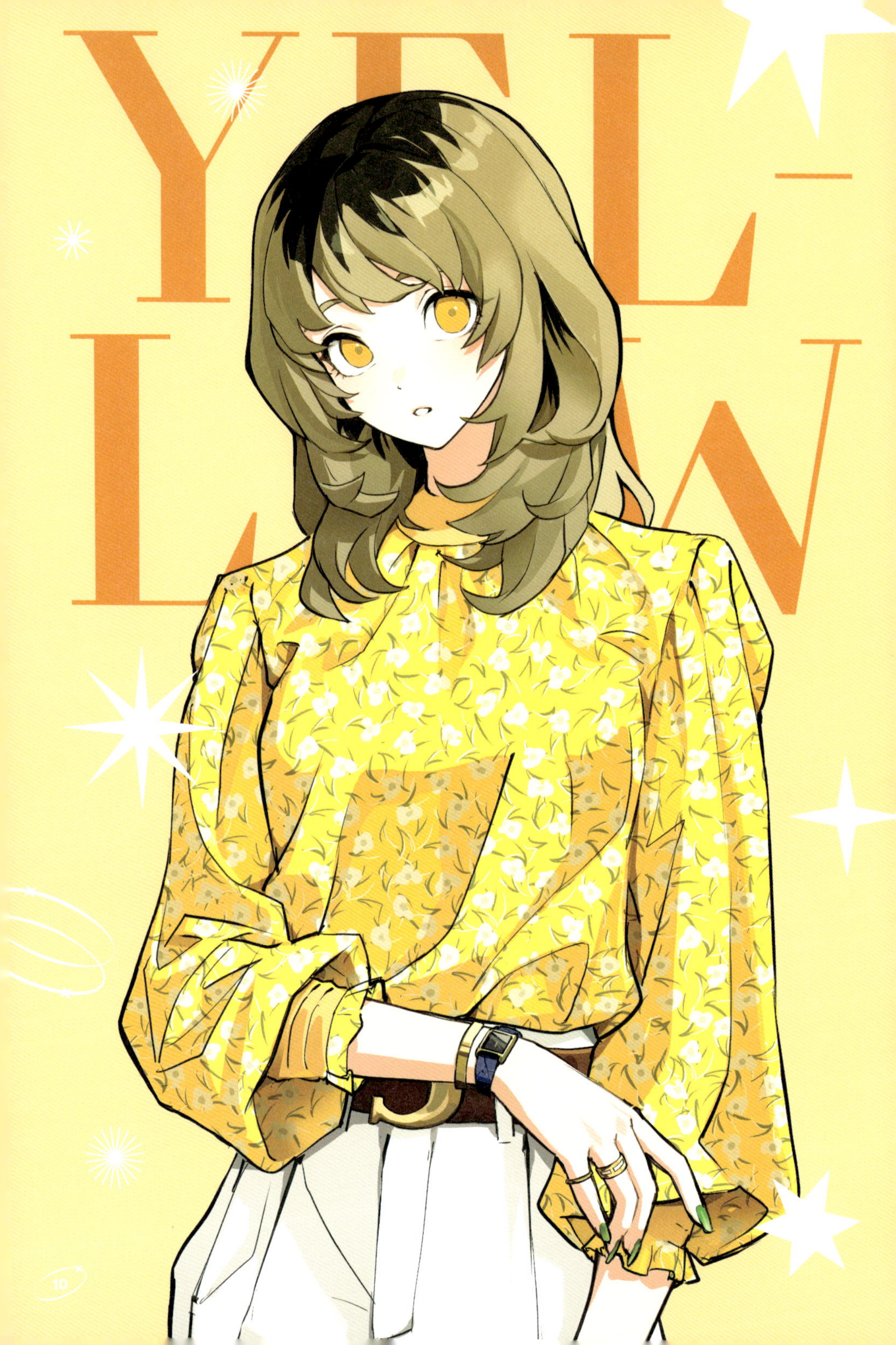
YEL-

MY FAVORITE ITEMS

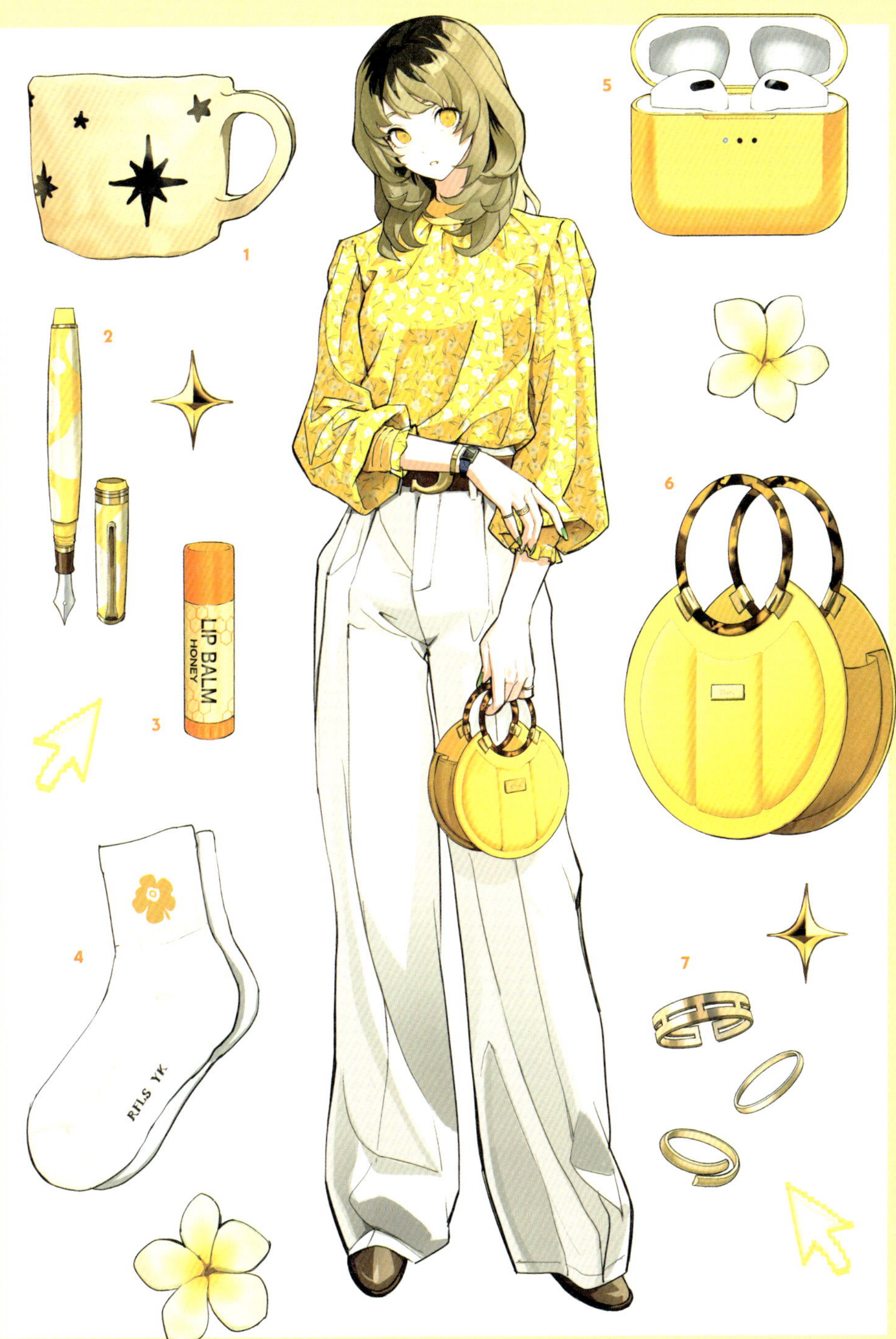

1. マグカップ Coffee Mug ／ 2. 万年筆 Fountain Pen ／ 3. リップバーム Lip Balm ／ 4. リブソックス Ribbed Socks
5. ワイヤレスイヤホン Wireless Earphones ／ 6. サークルバッグ Circle Bag ／ 7. リング Ring

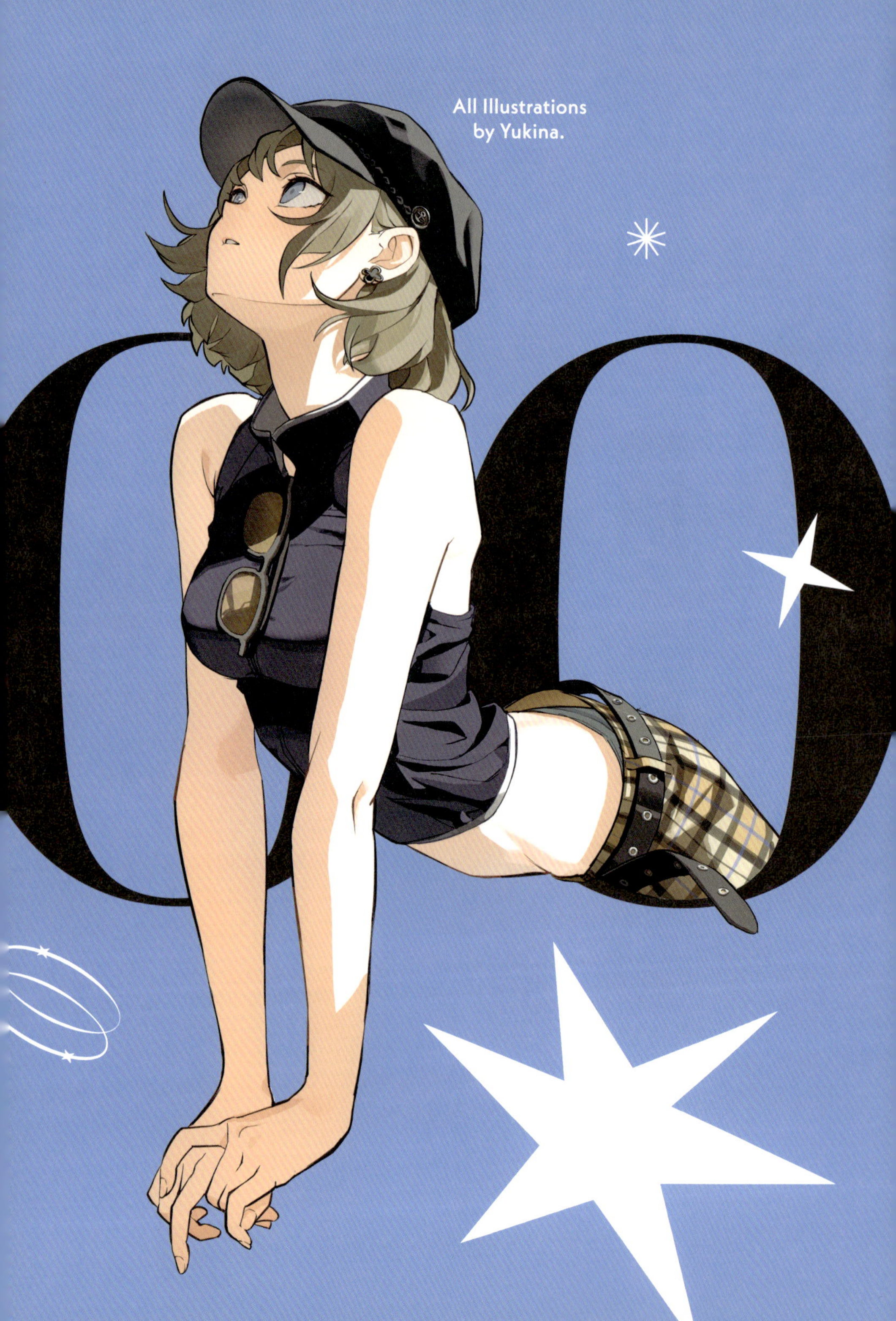
All Illustrations
by Yukina.

Outfit of the Day

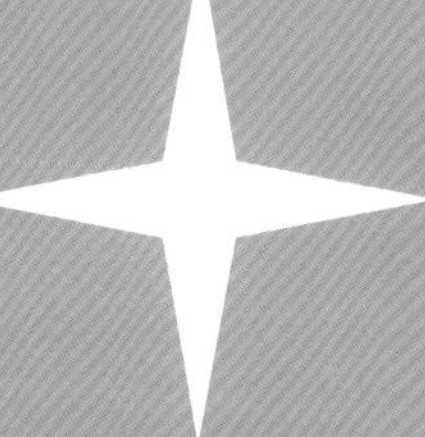

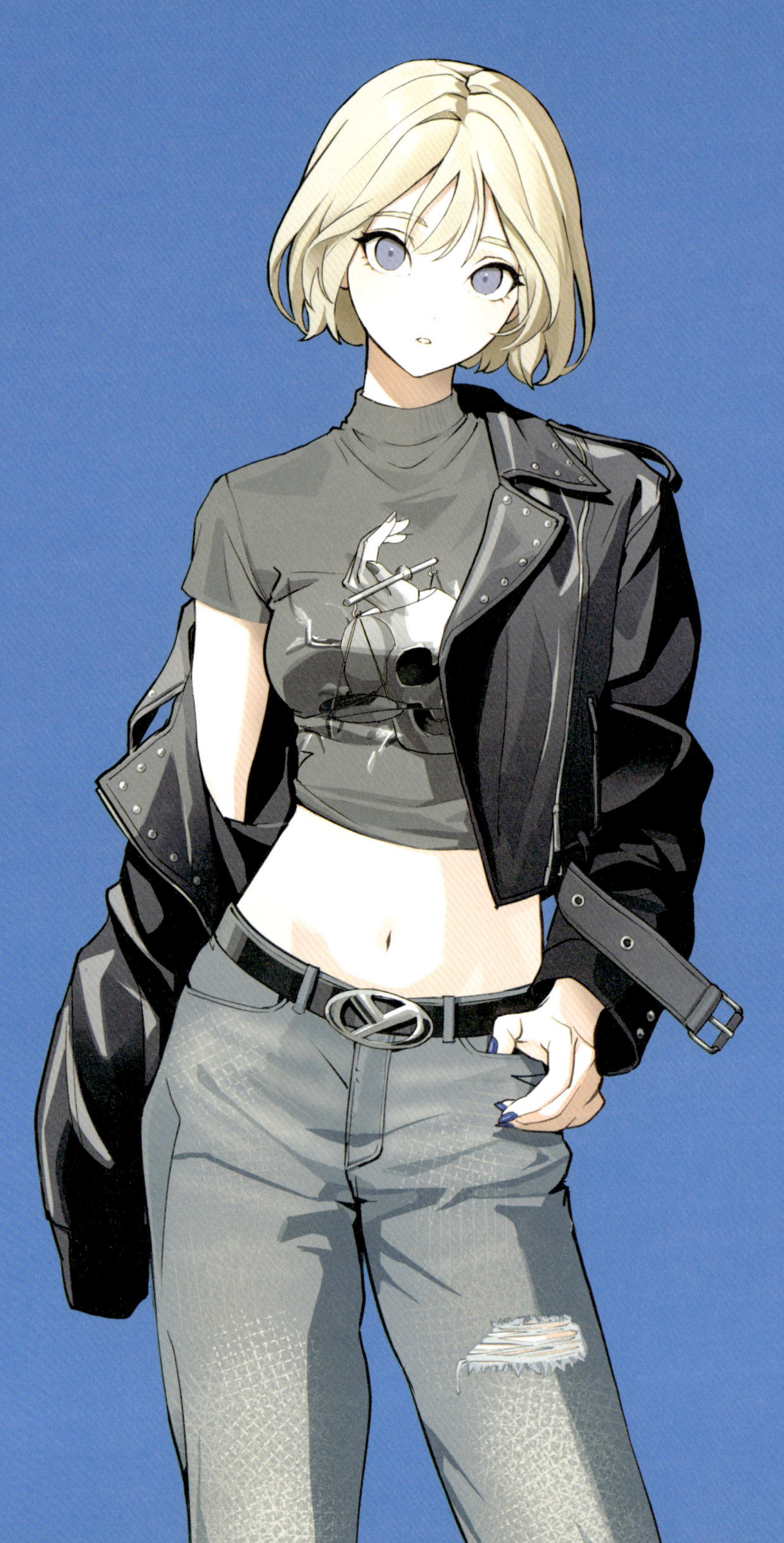

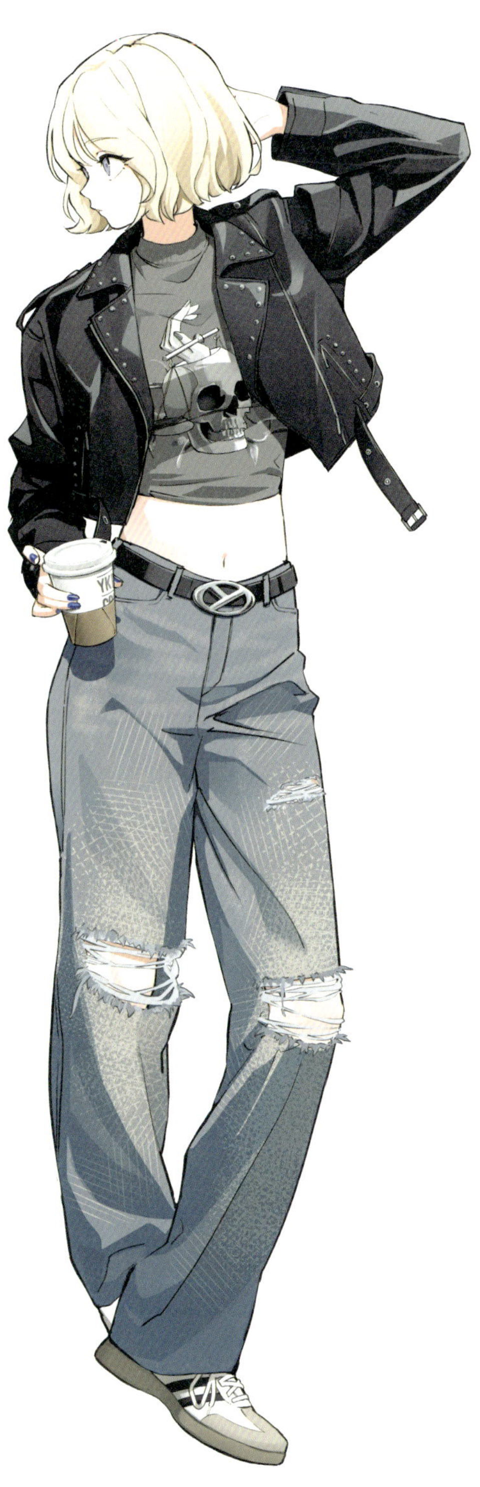

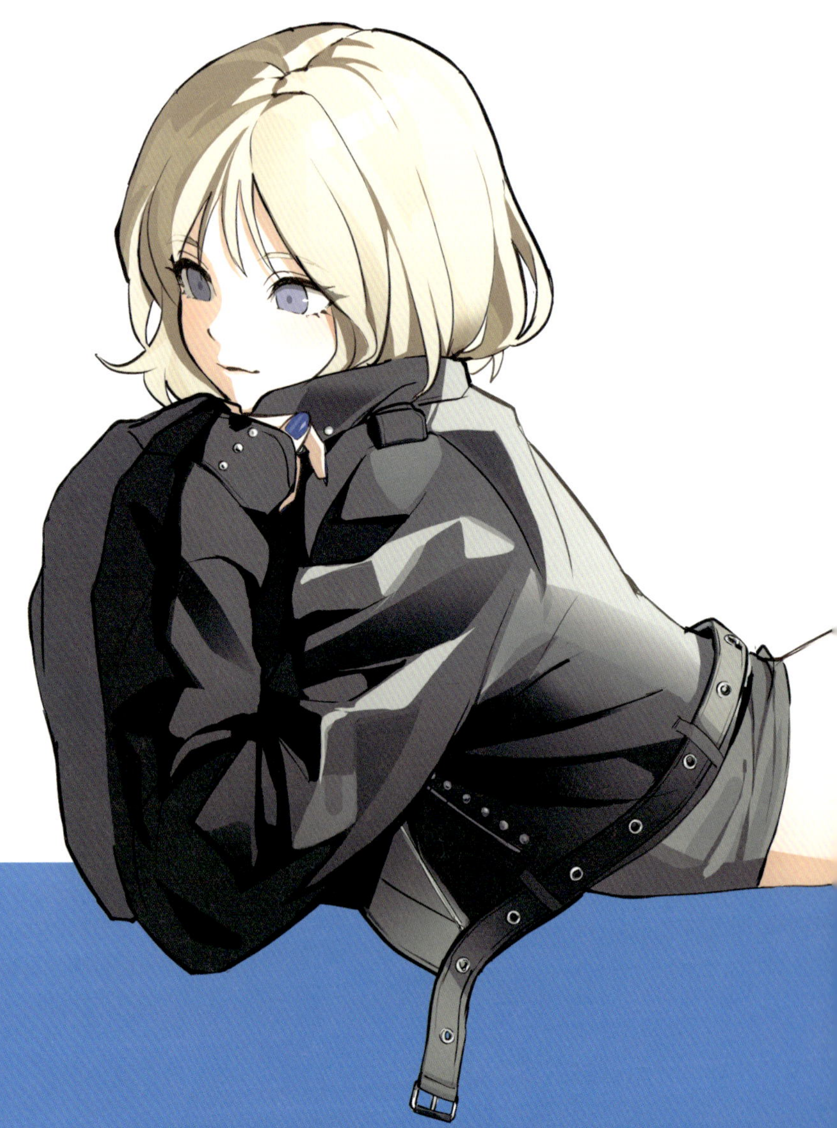

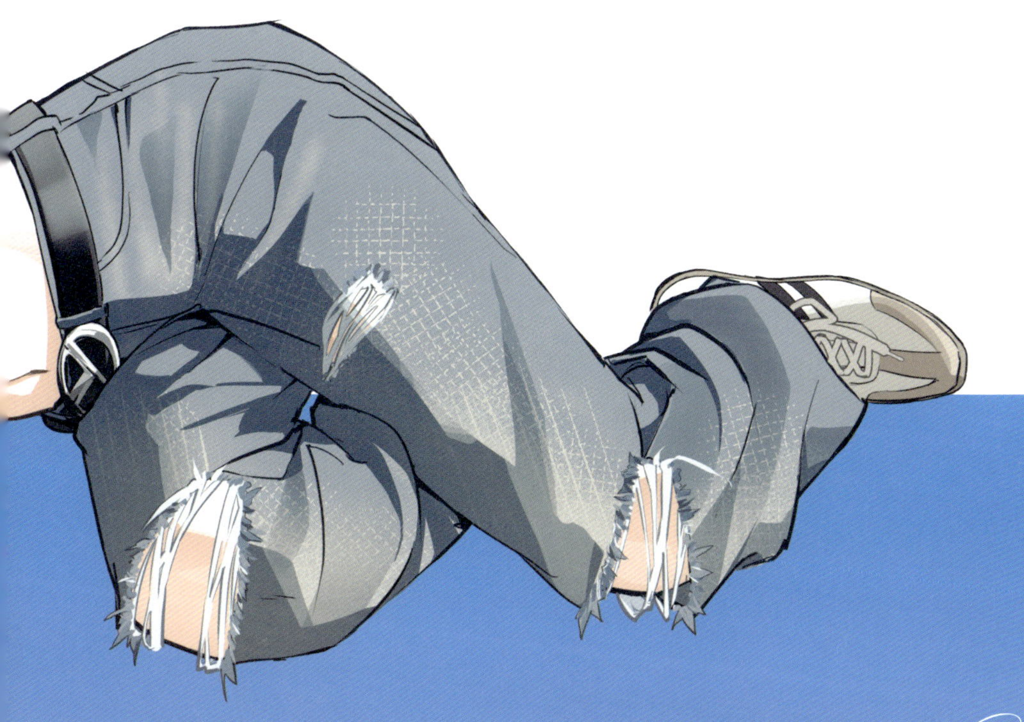

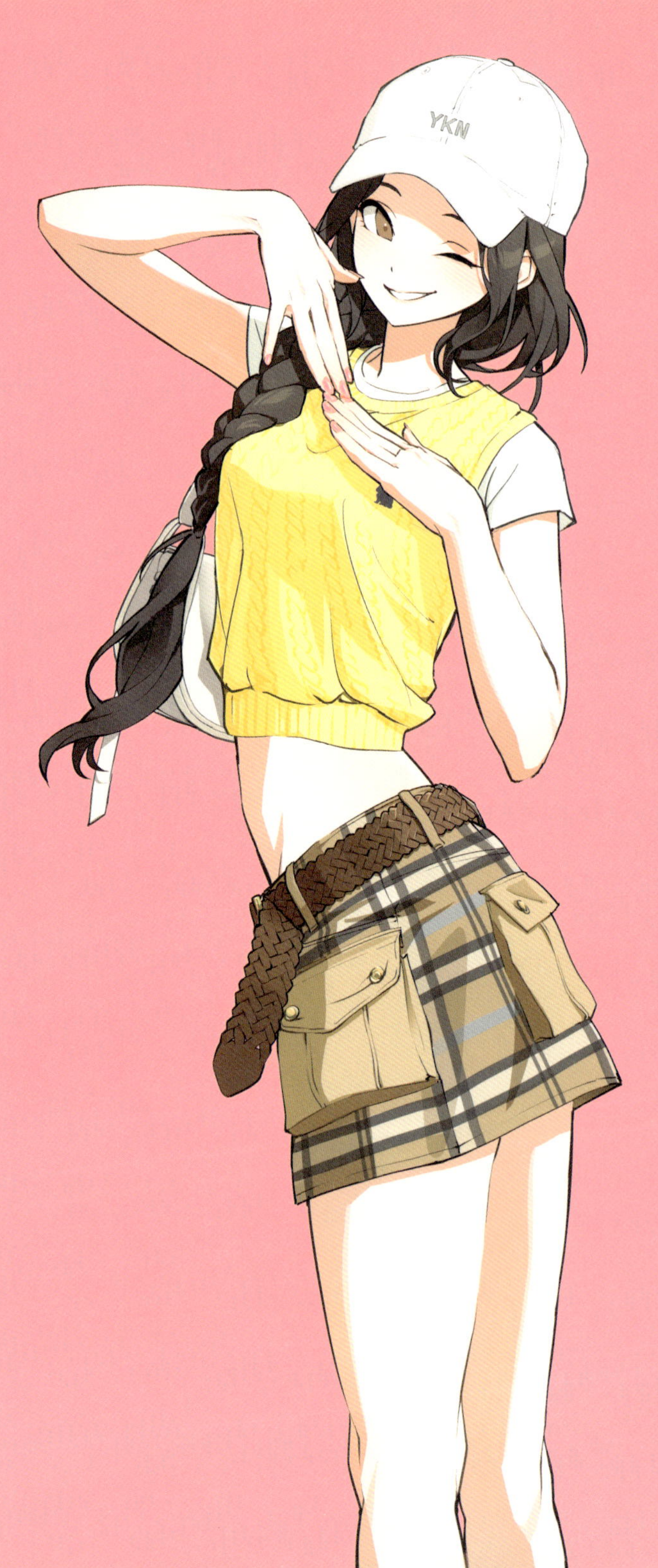
YKN

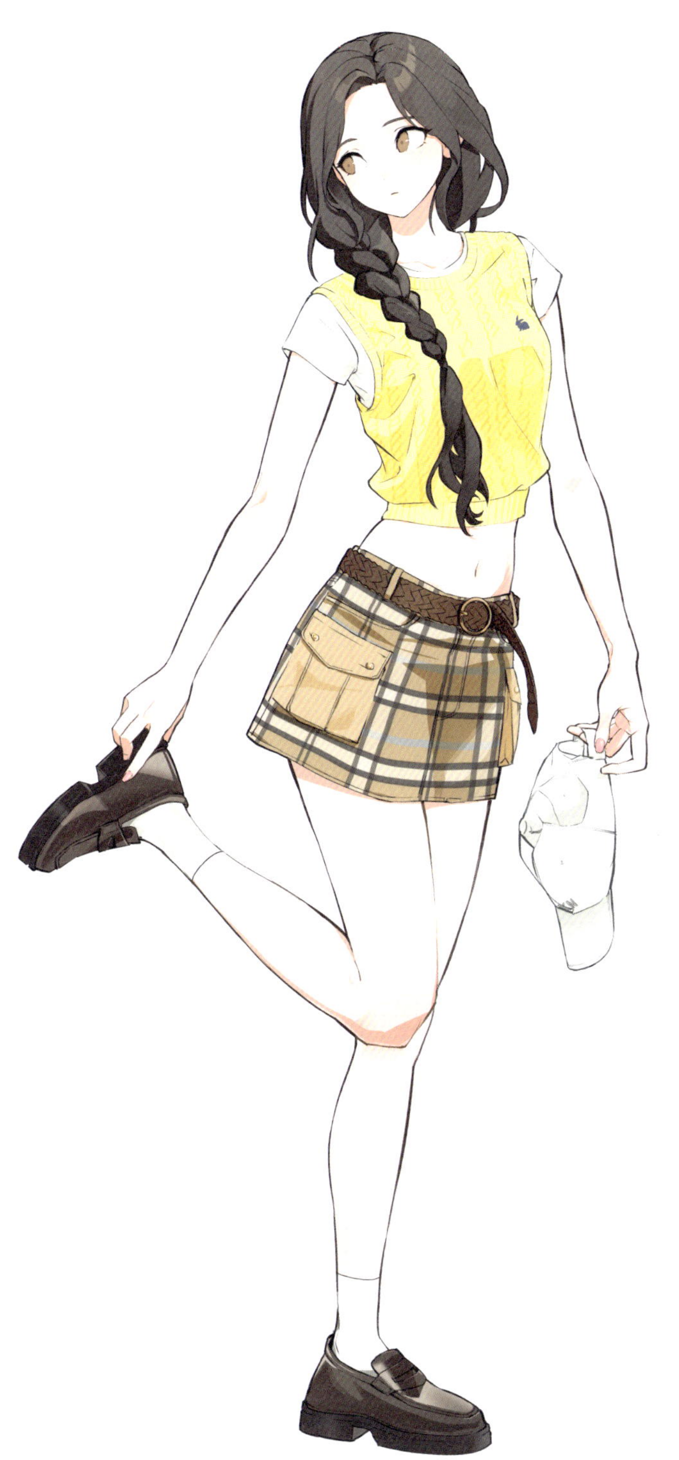

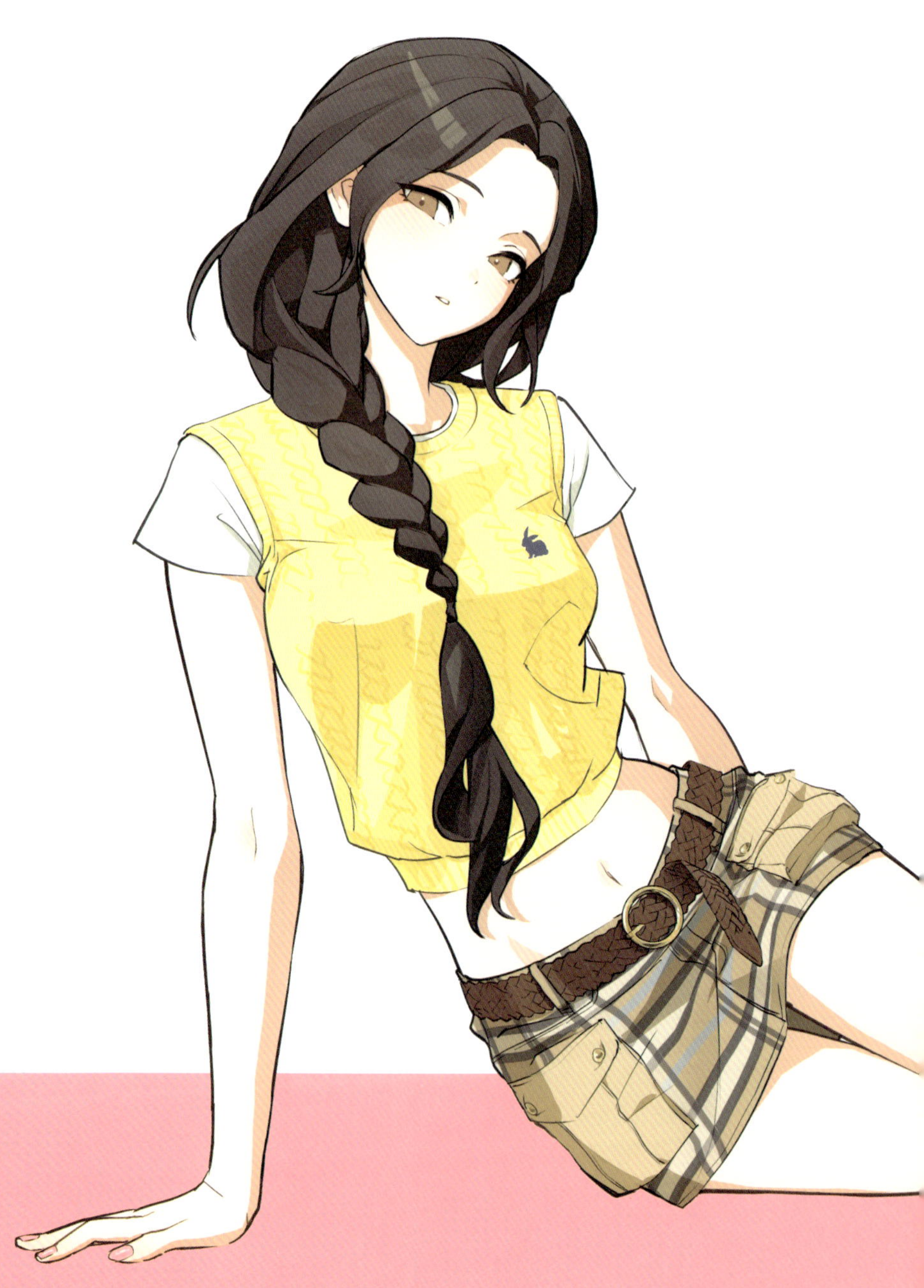

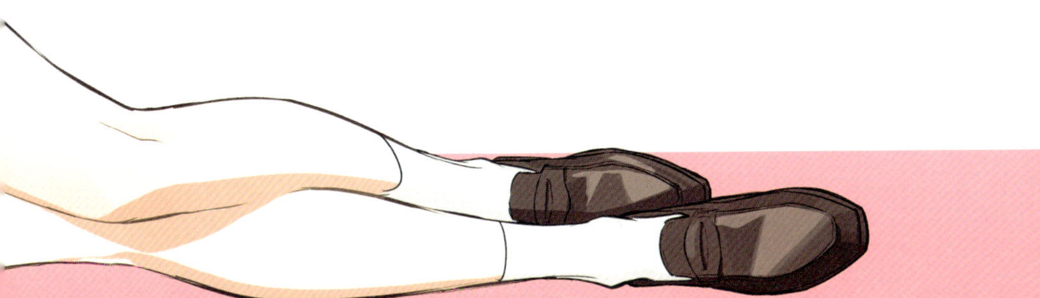

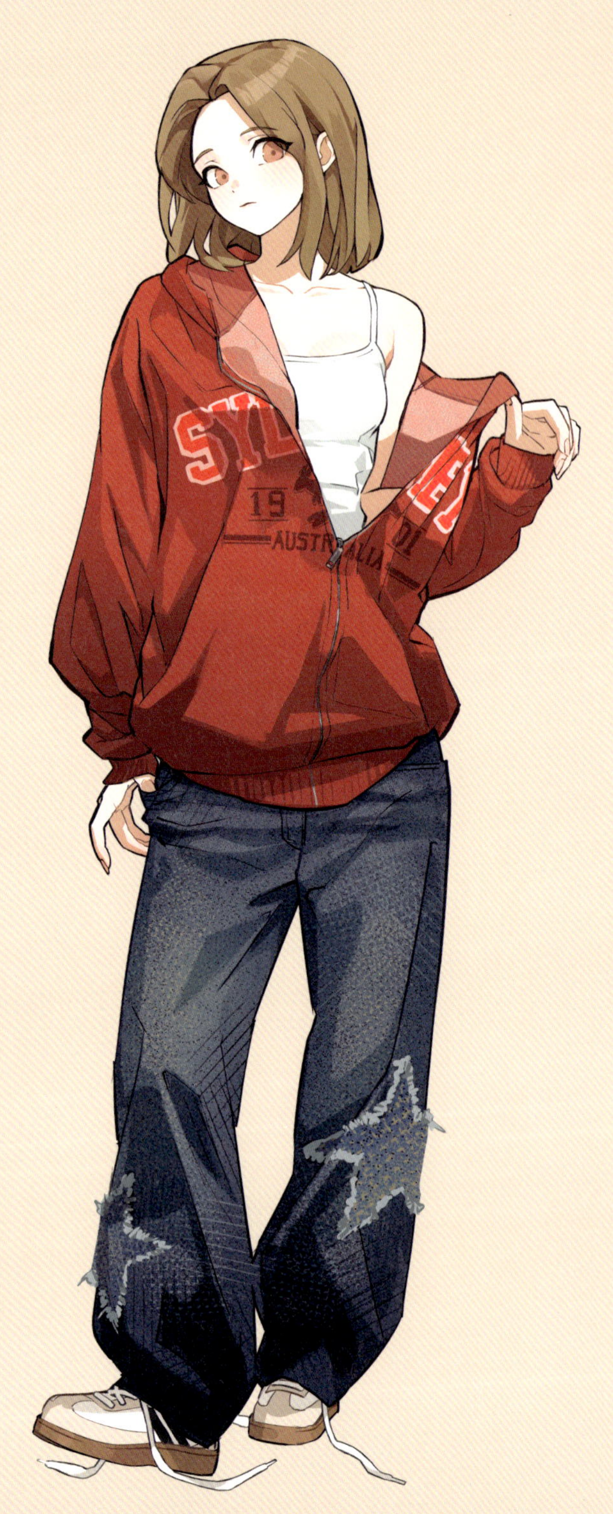

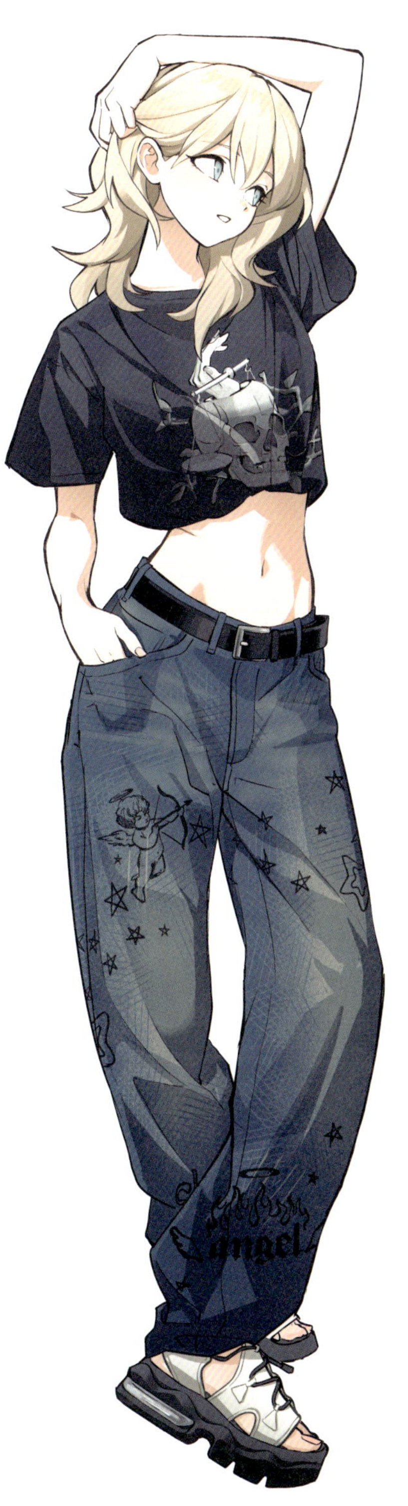
angel

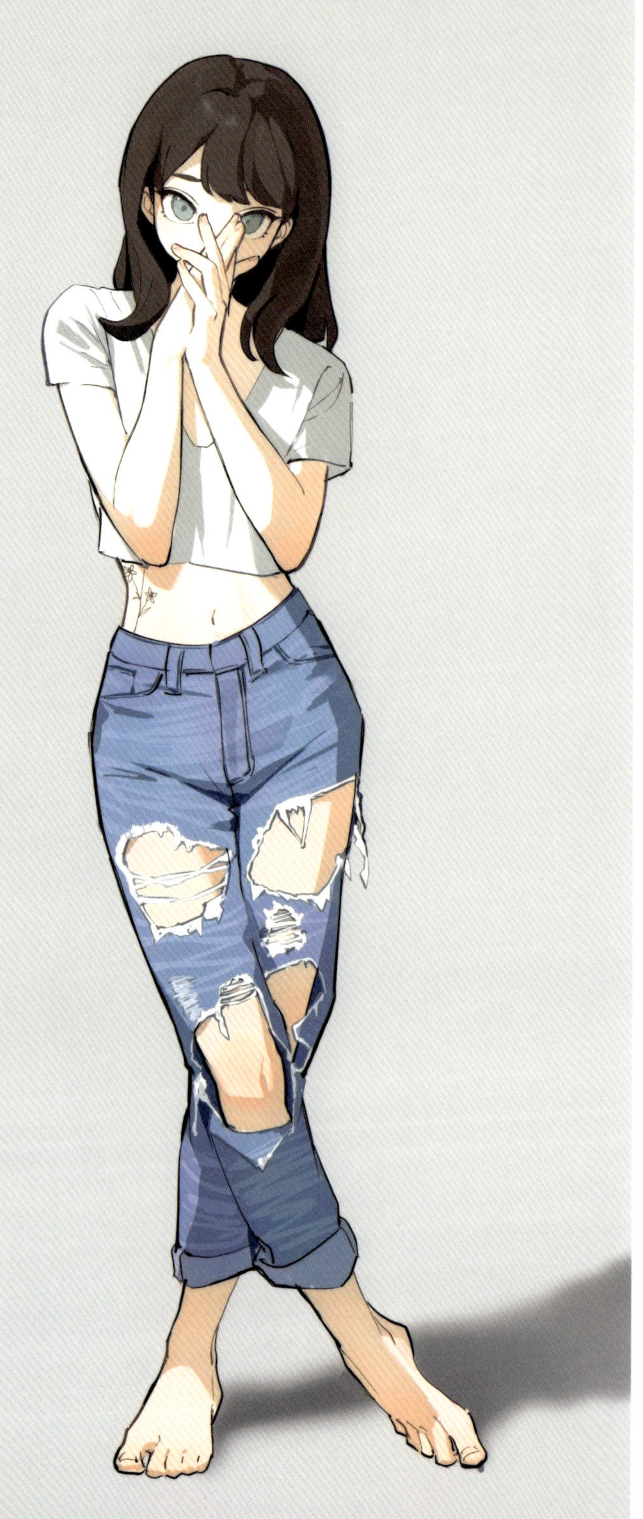

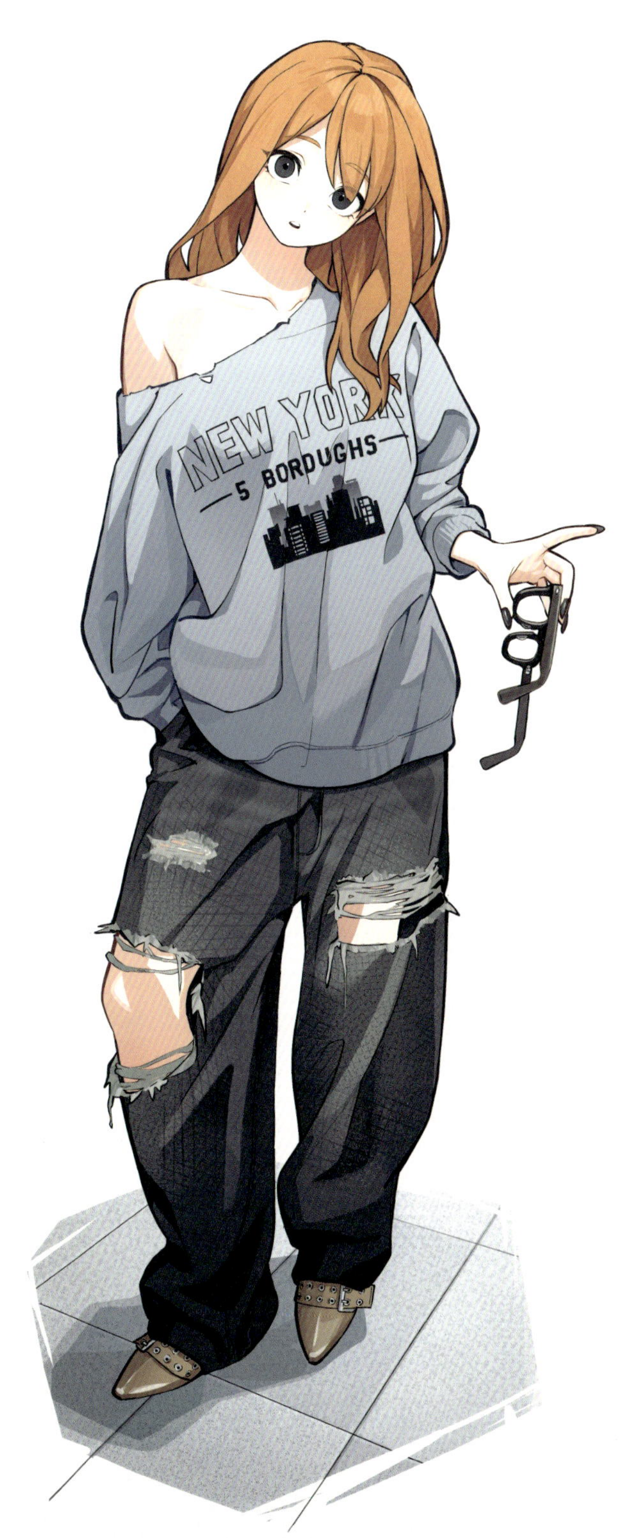
NEW YORK
5 BOROUGHS

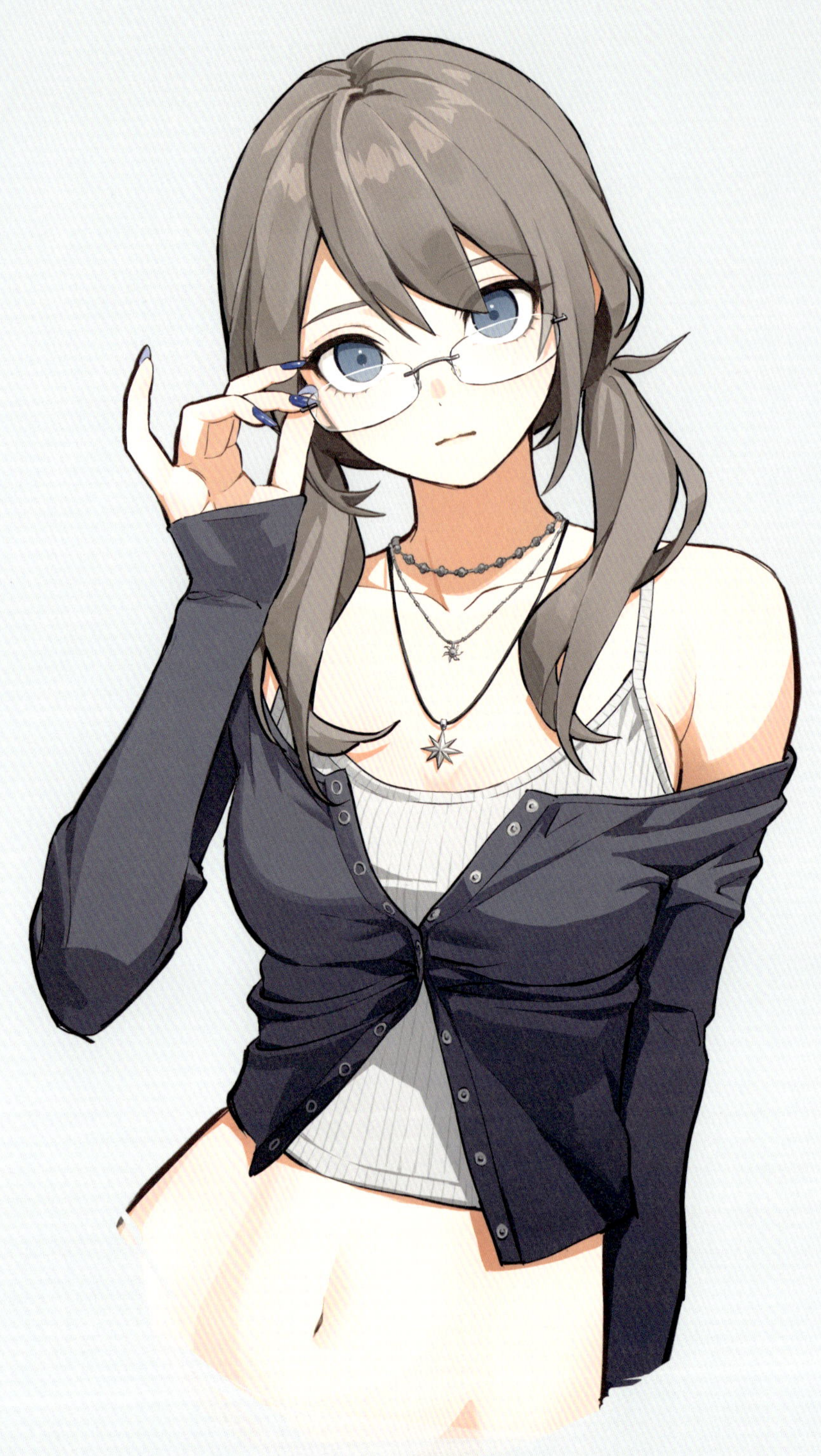

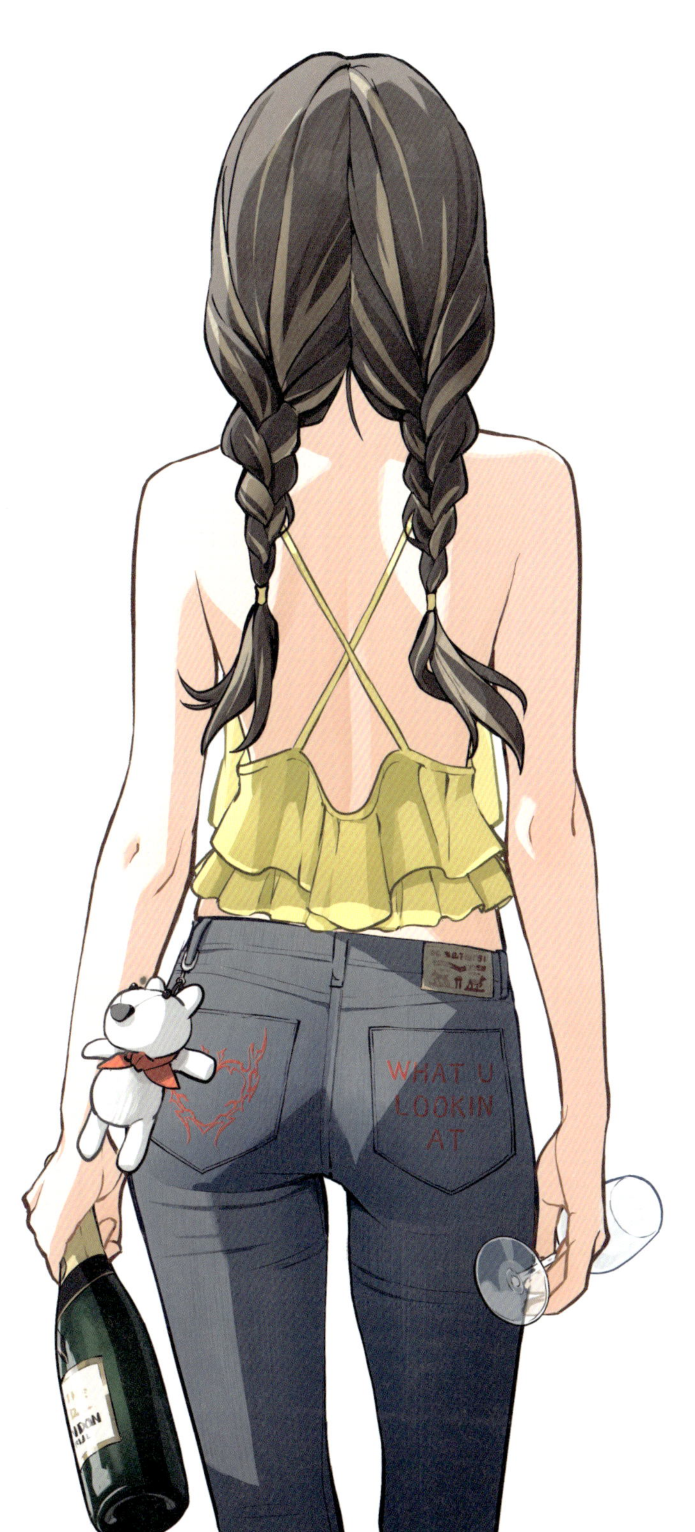
WHAT U
LOOKIN
AT

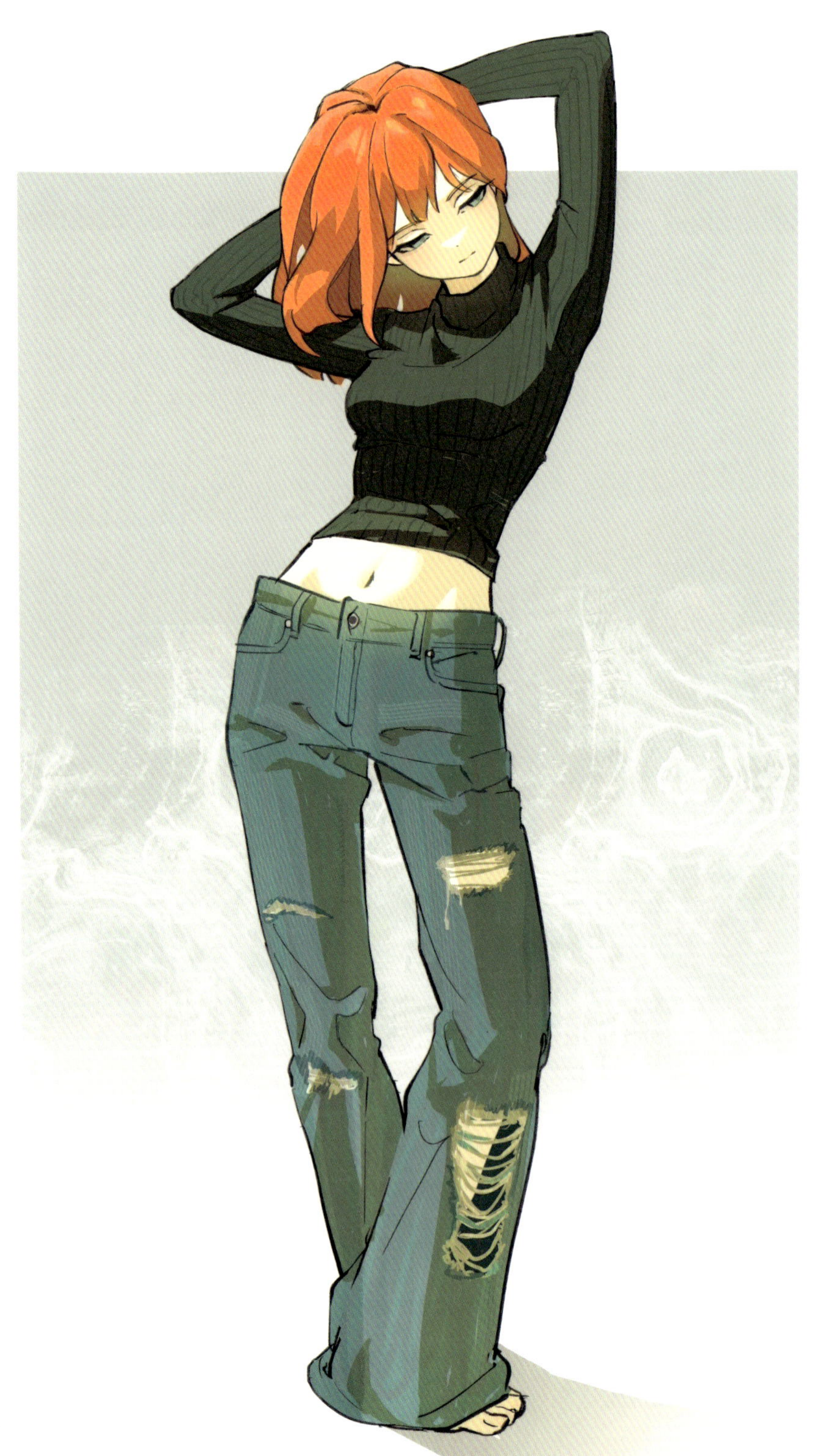

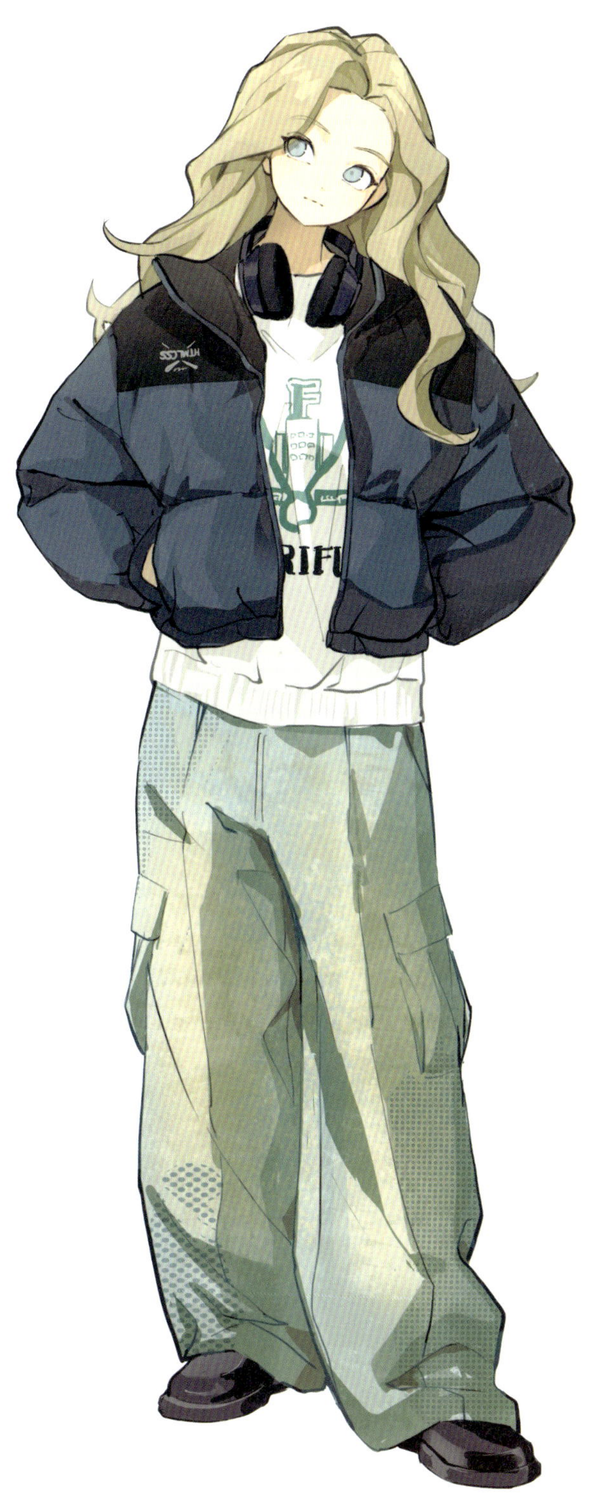

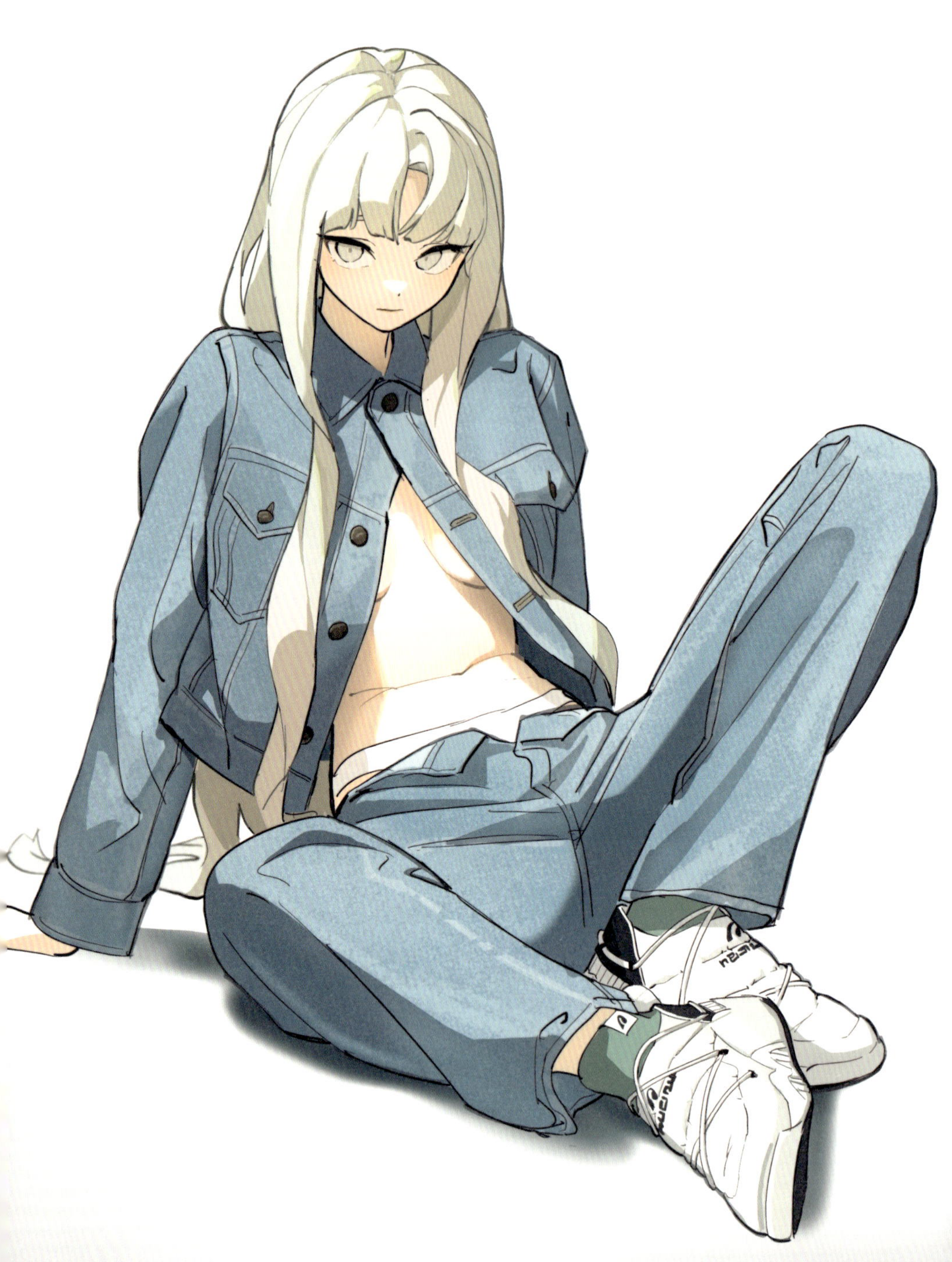

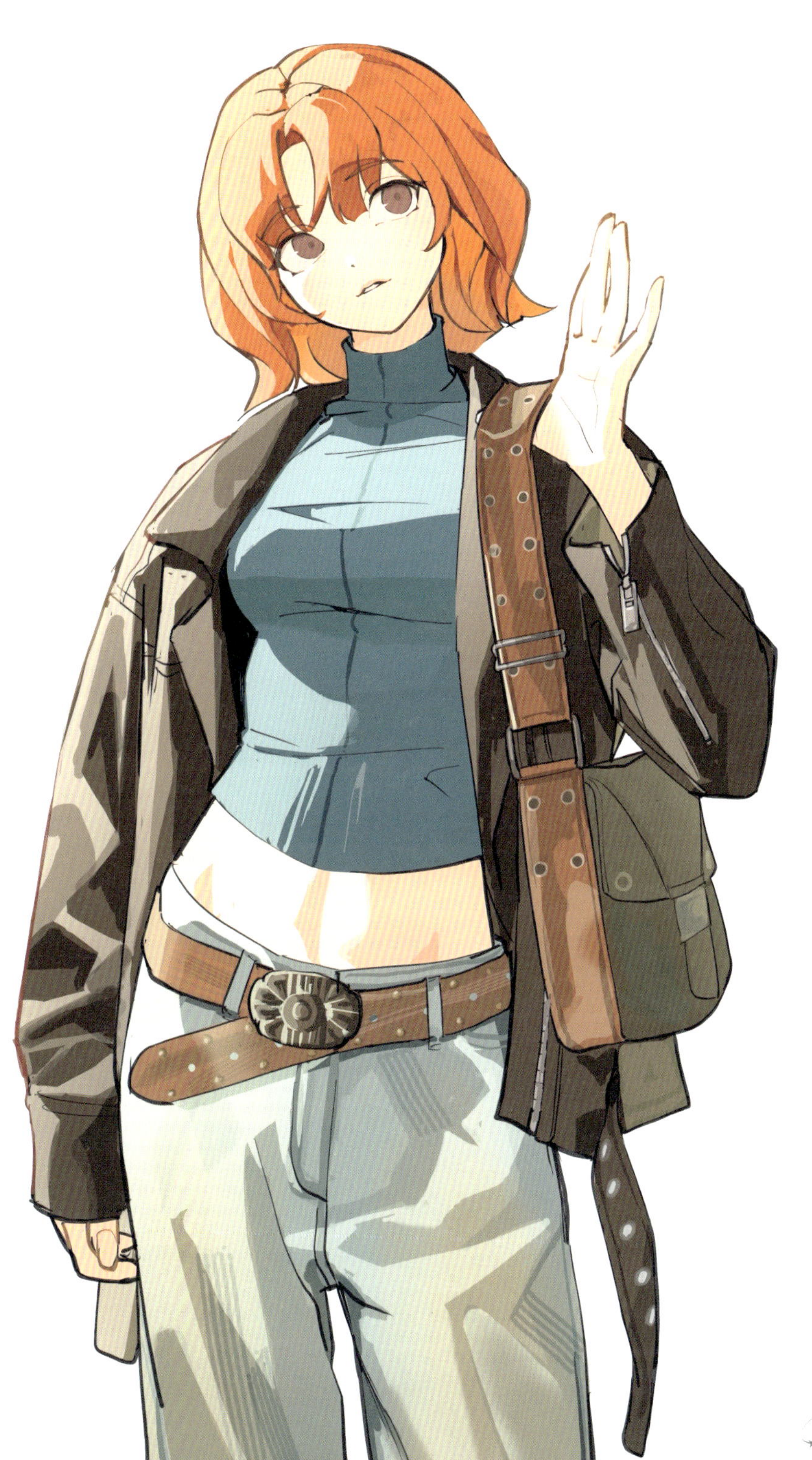

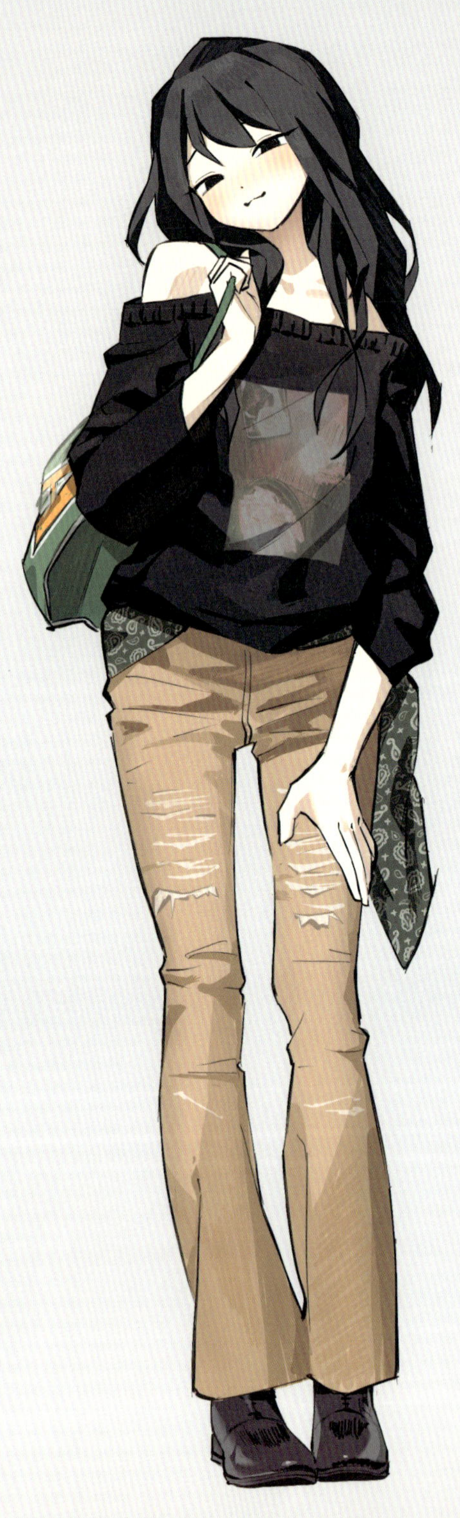

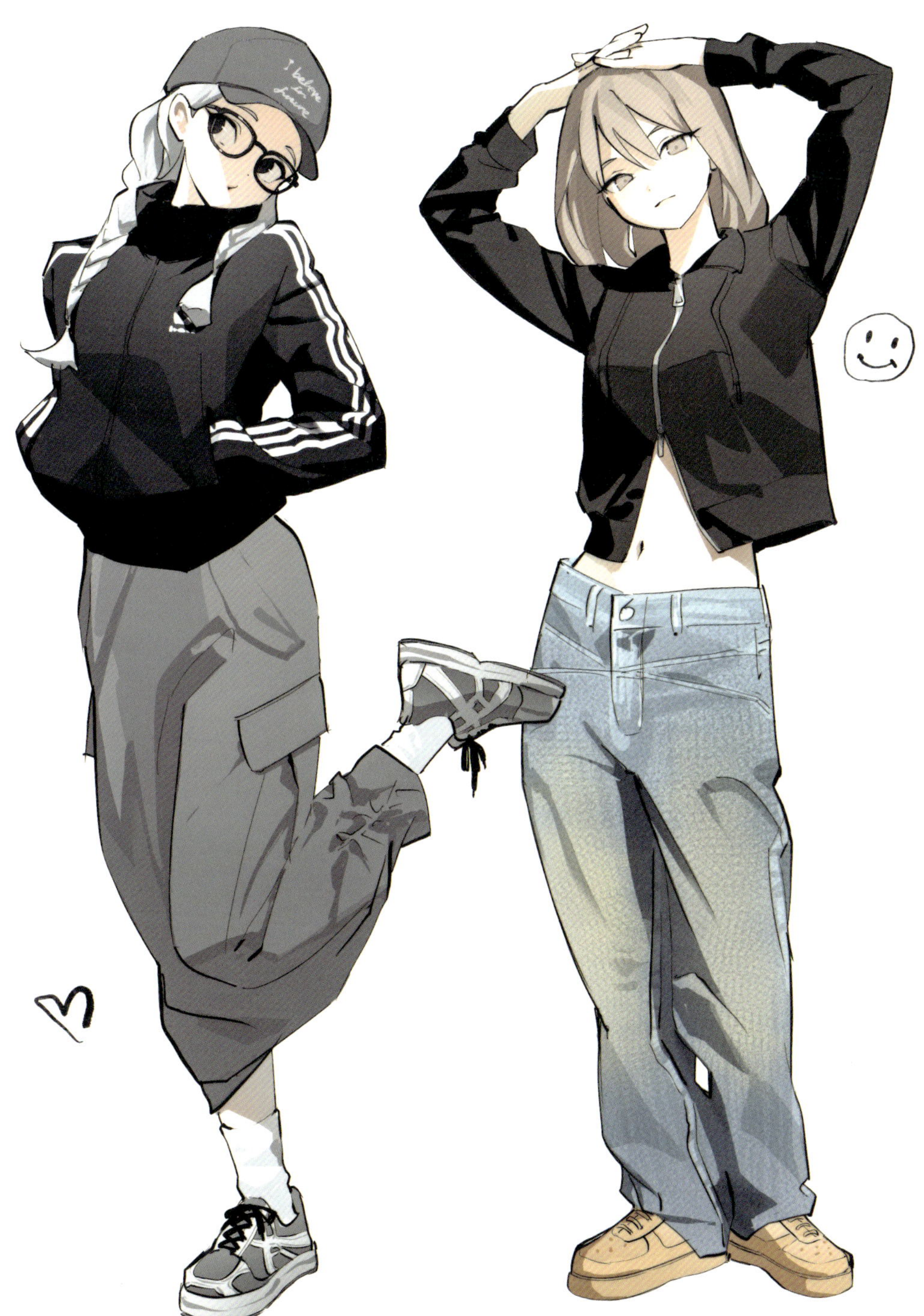

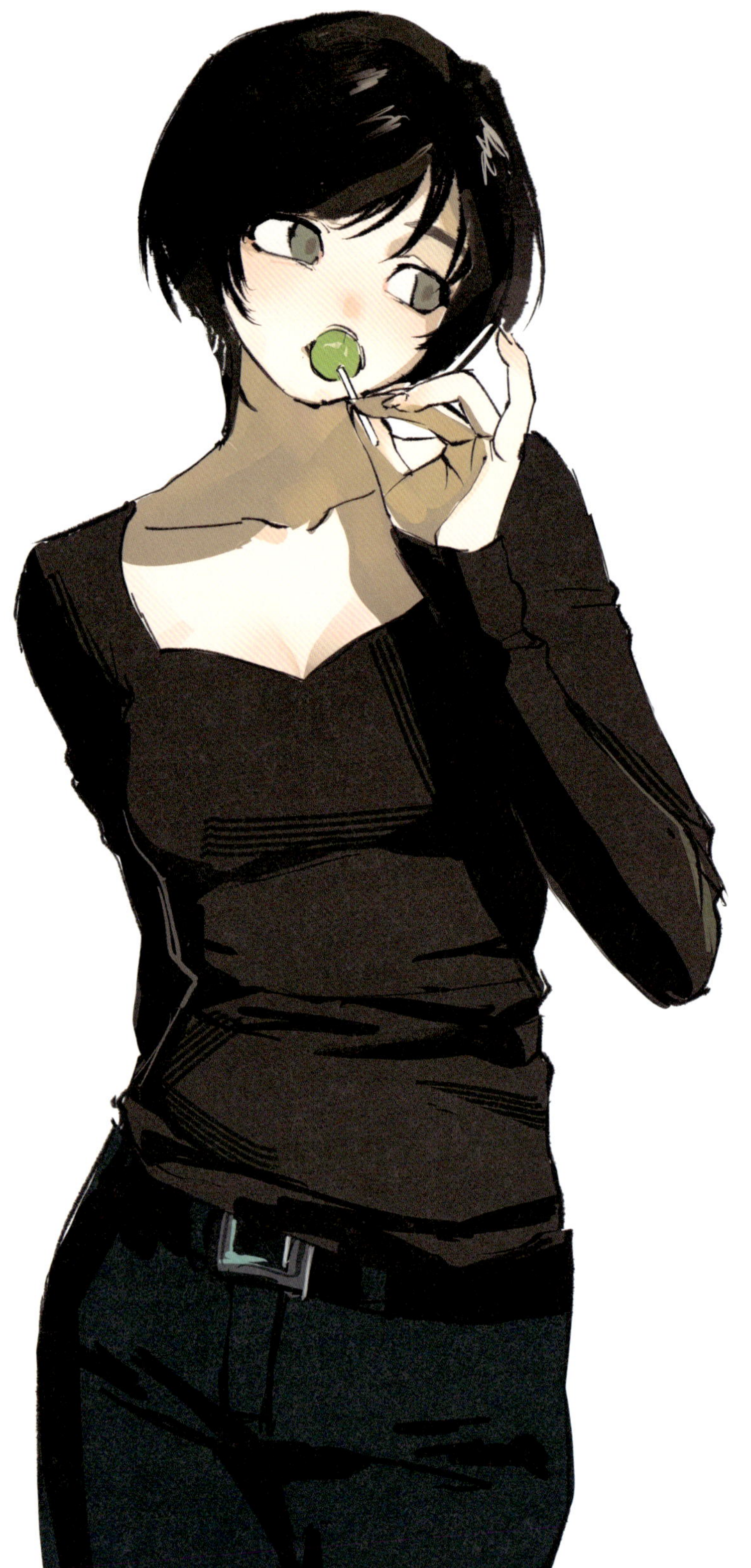

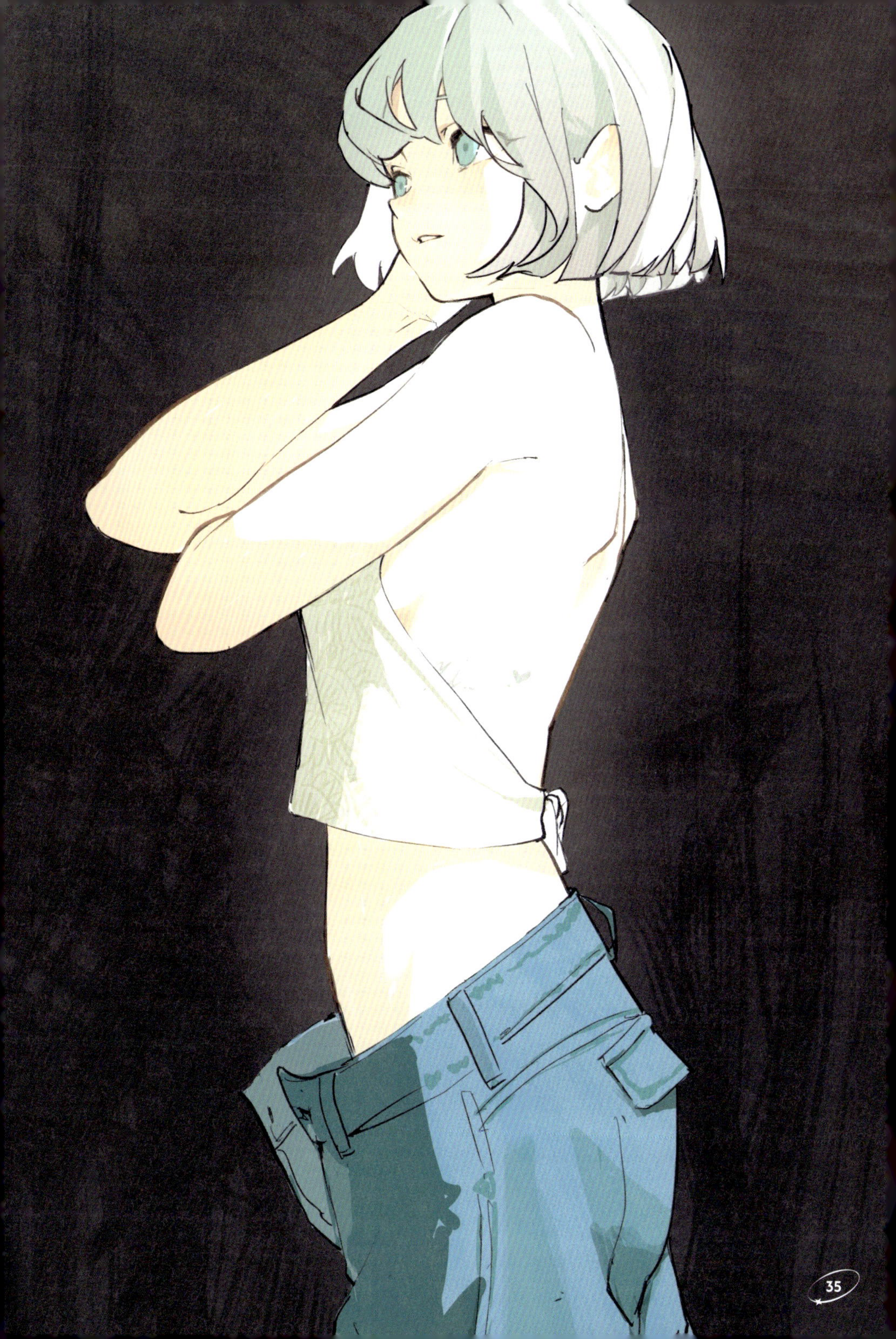

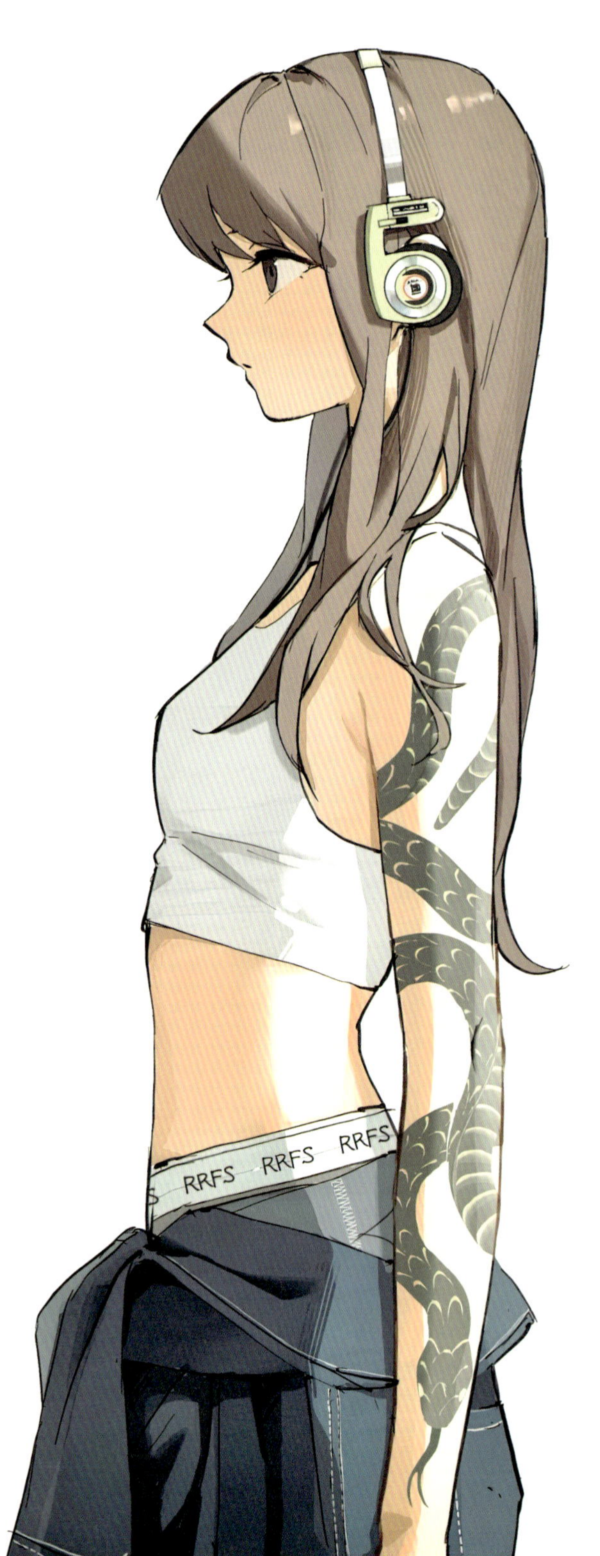
RRFS
RRFS
RRFS

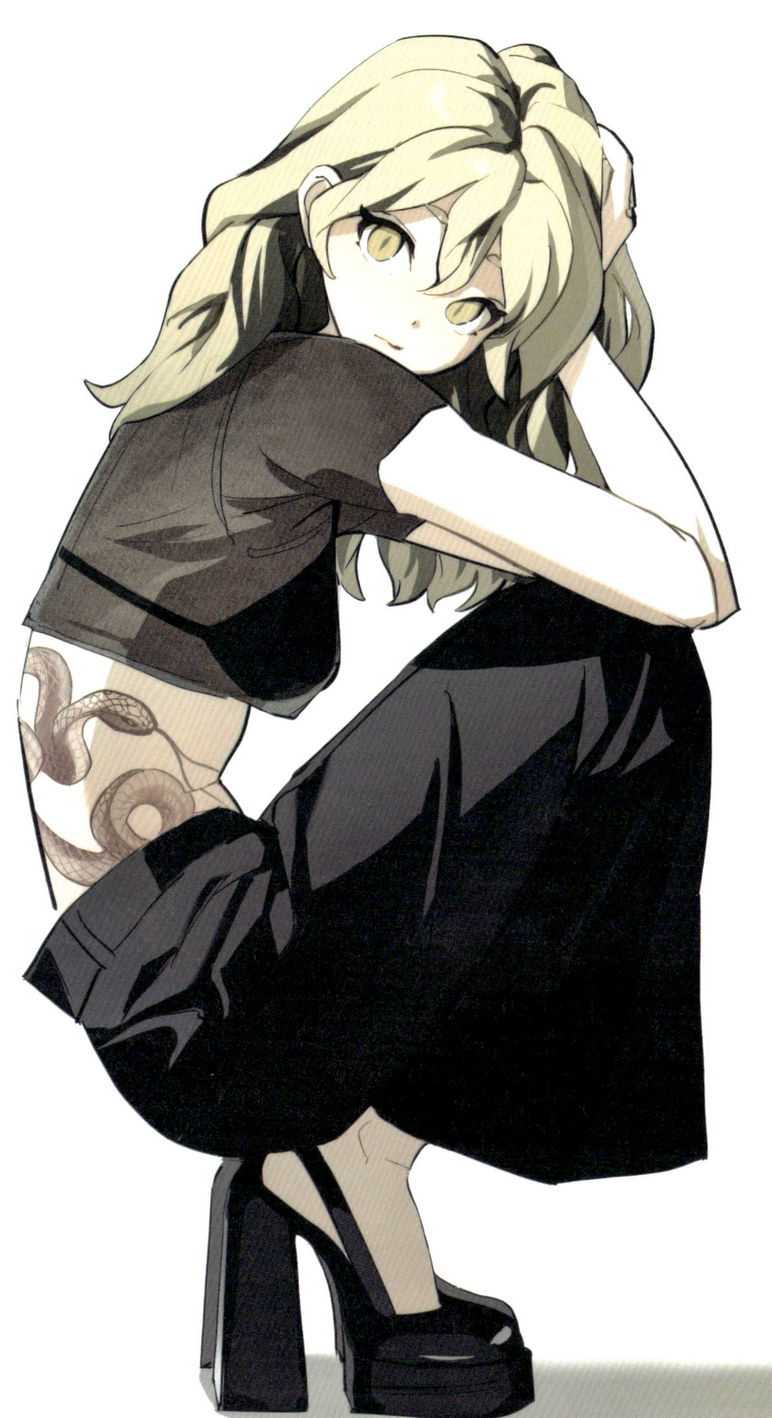

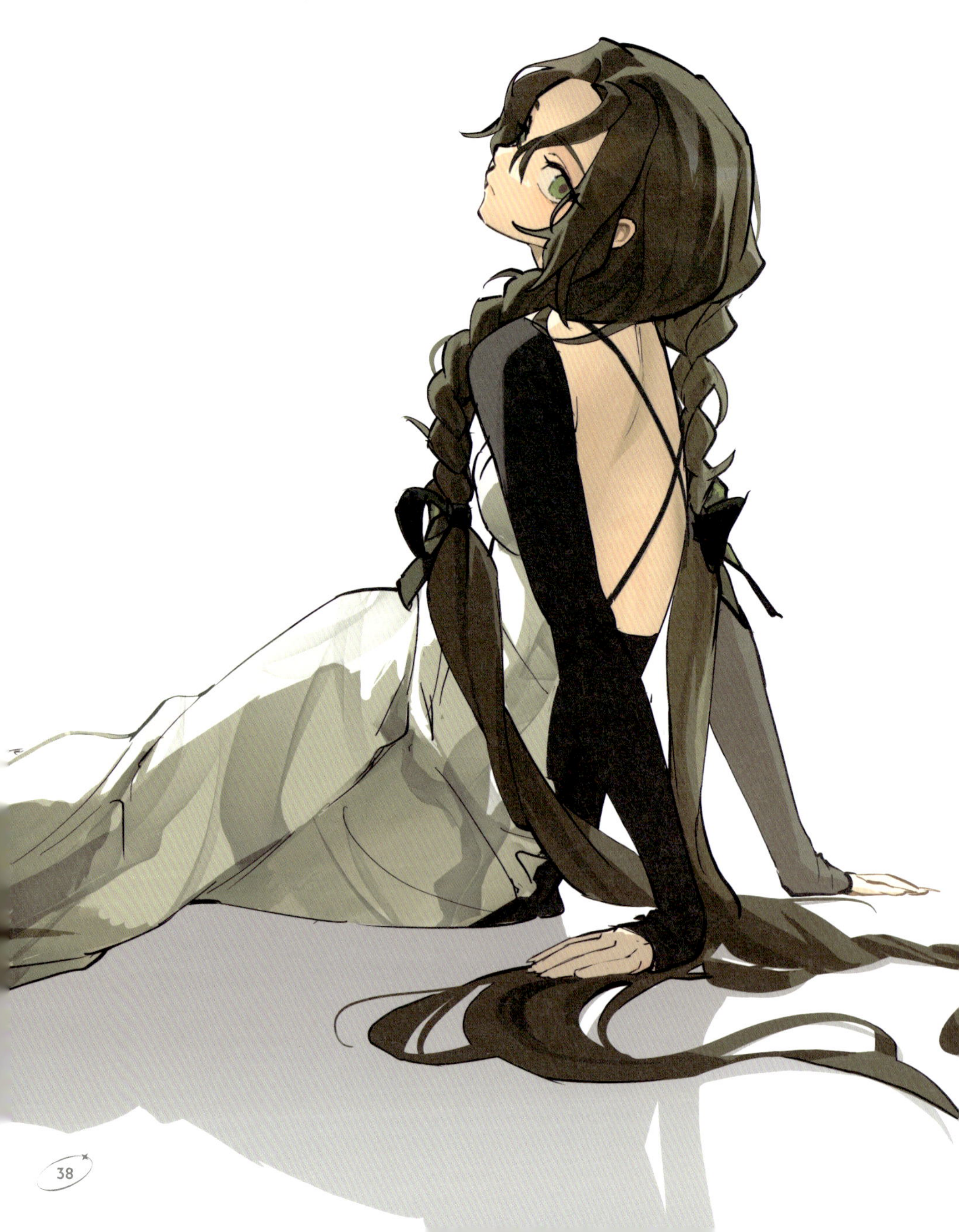

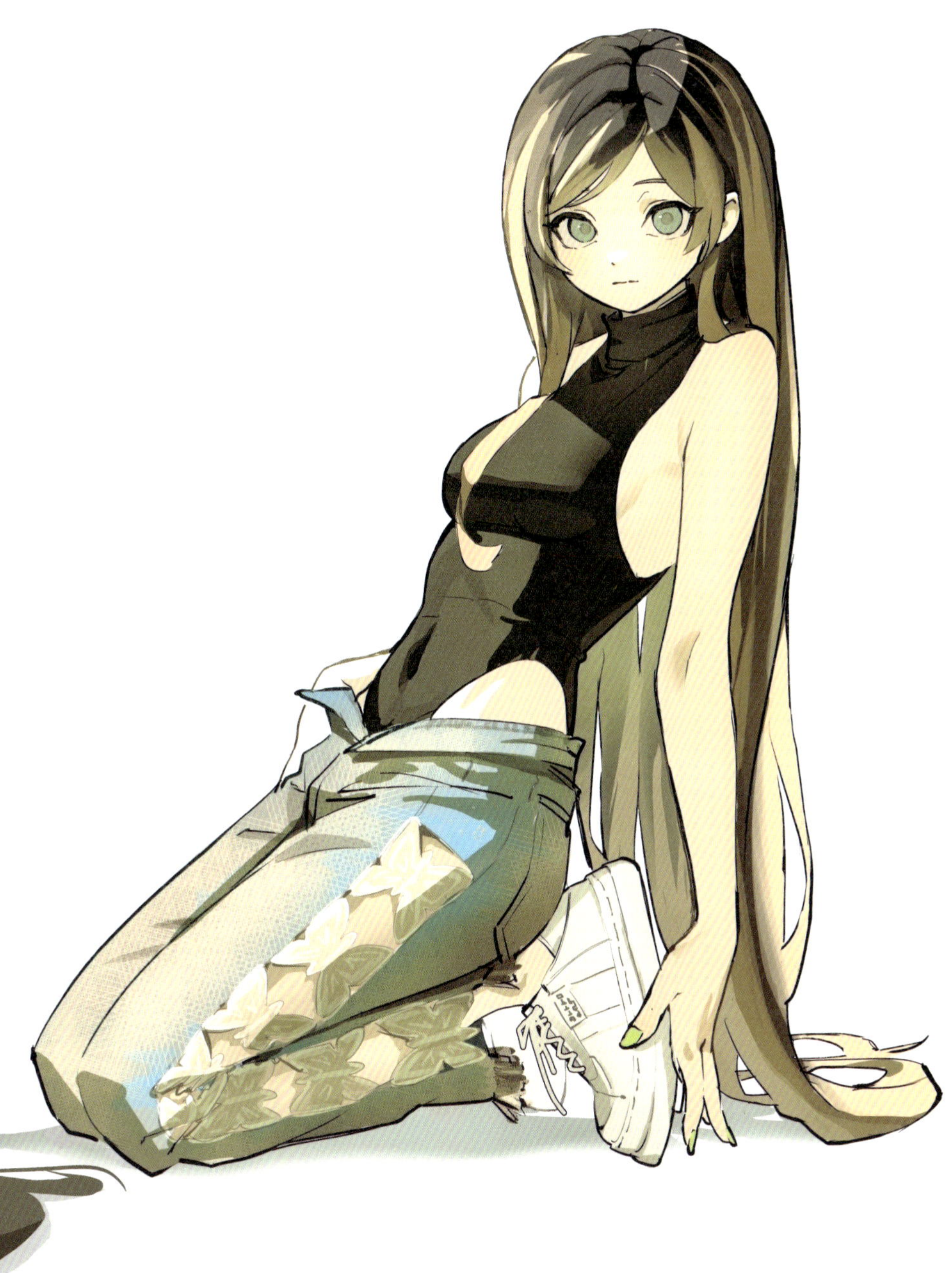

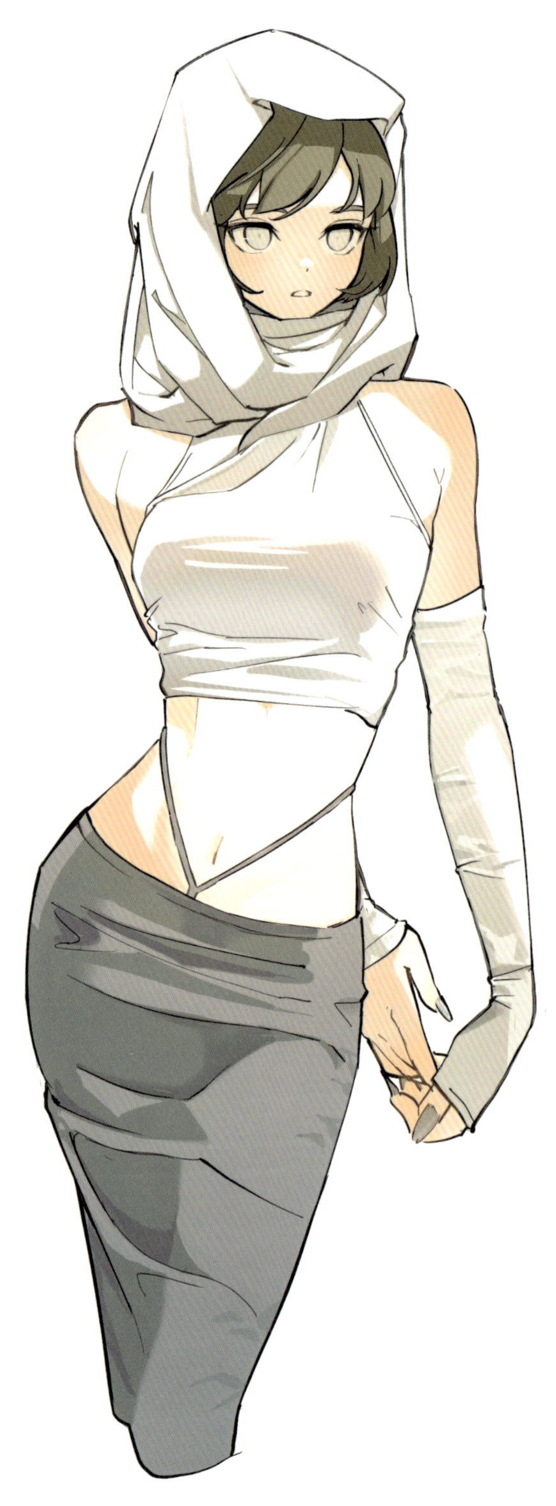

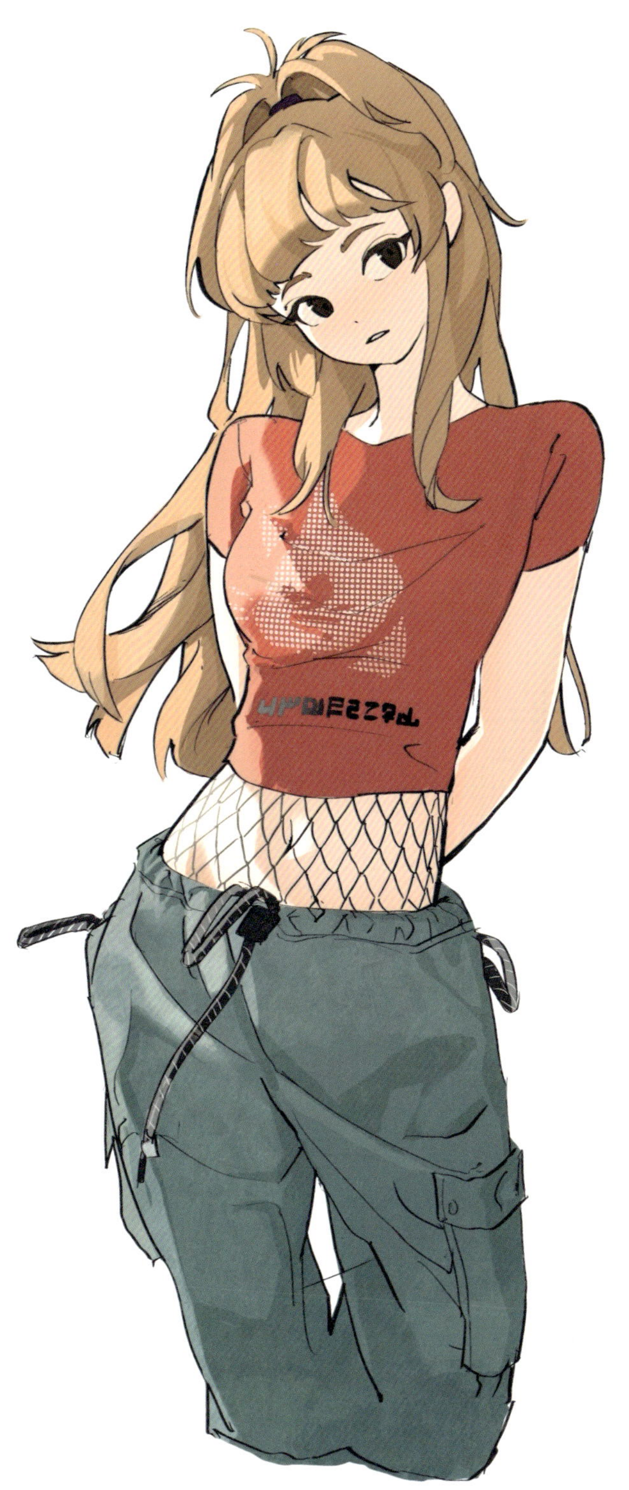

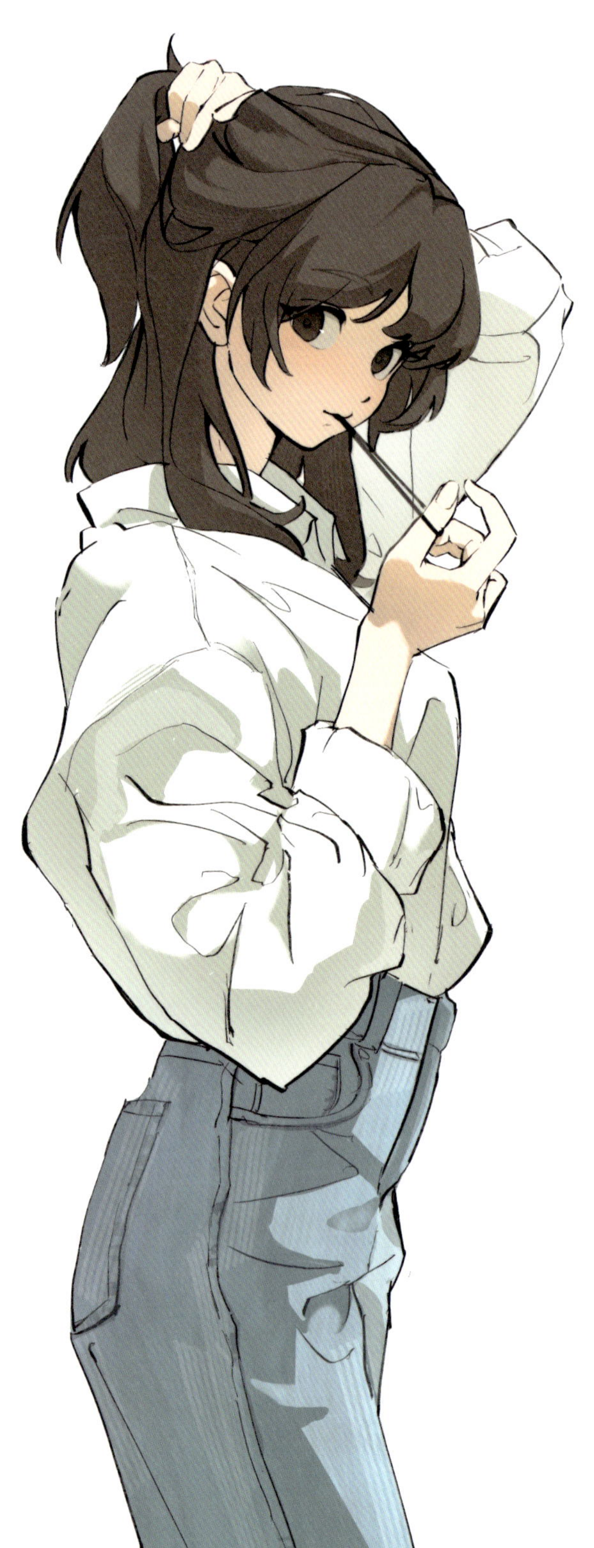

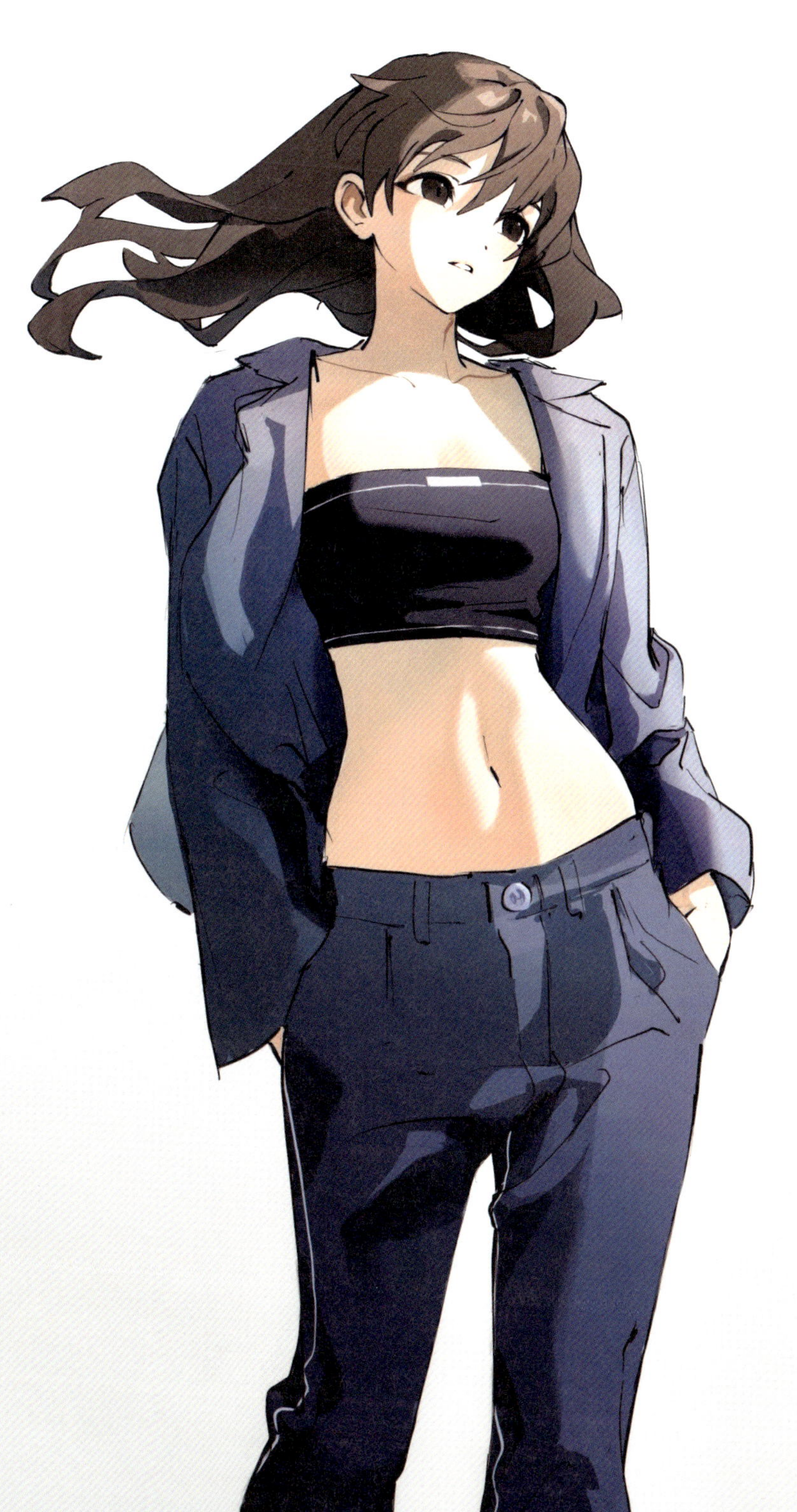

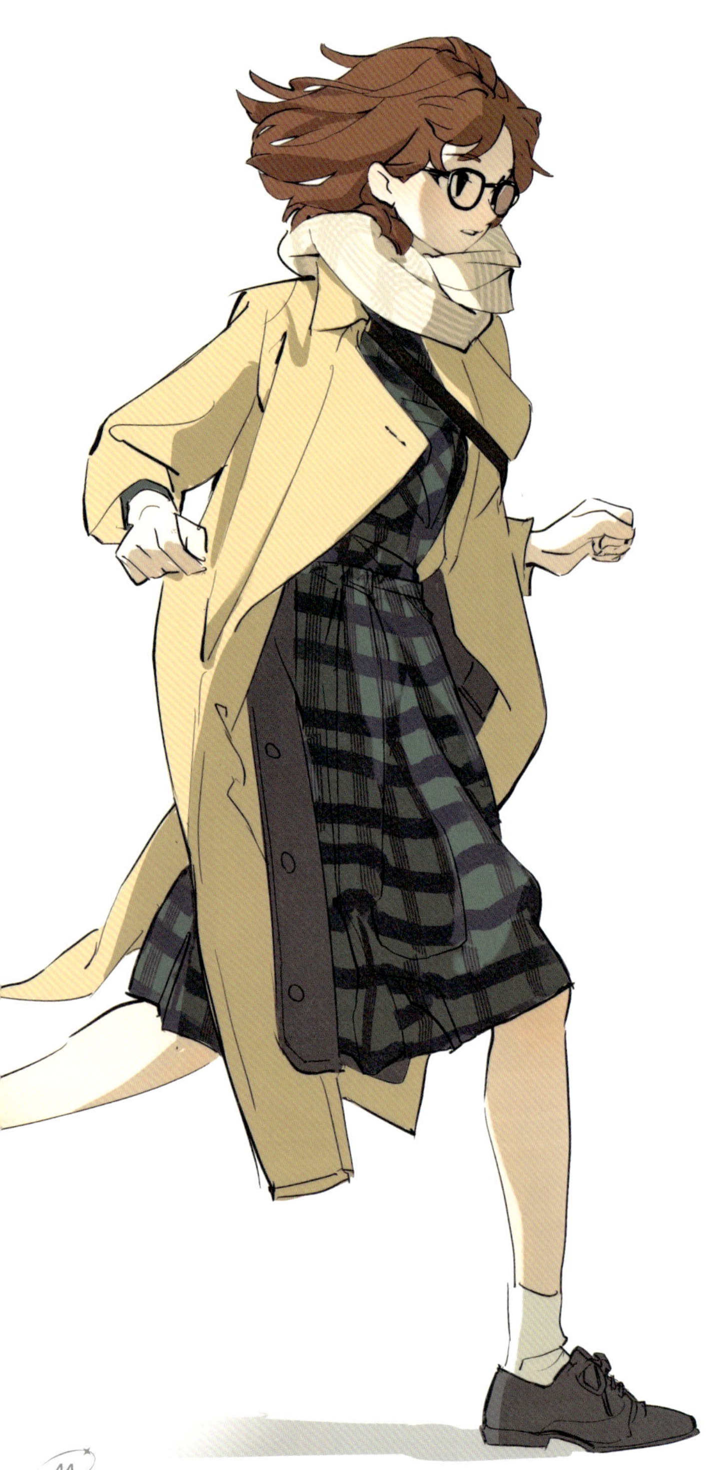

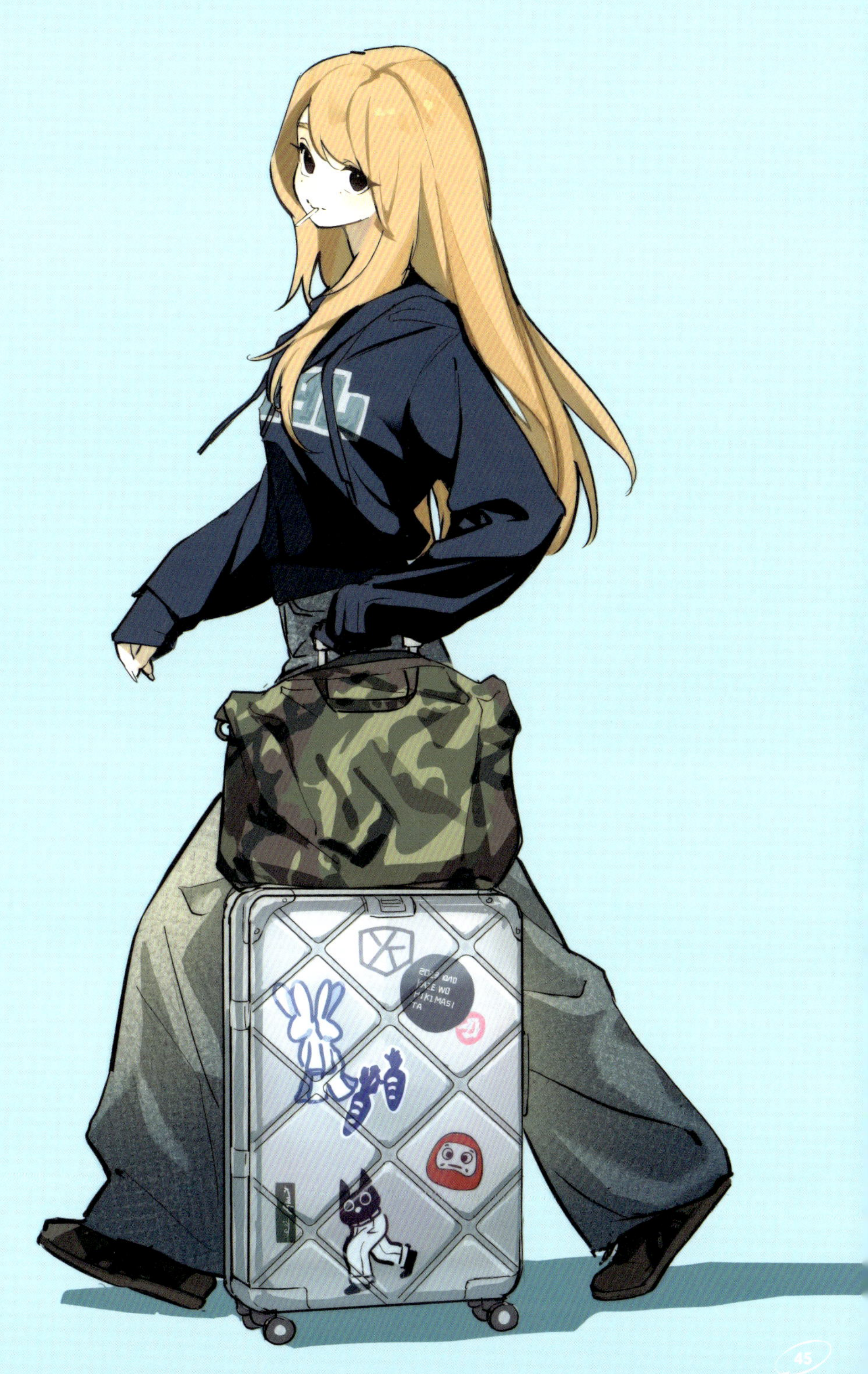

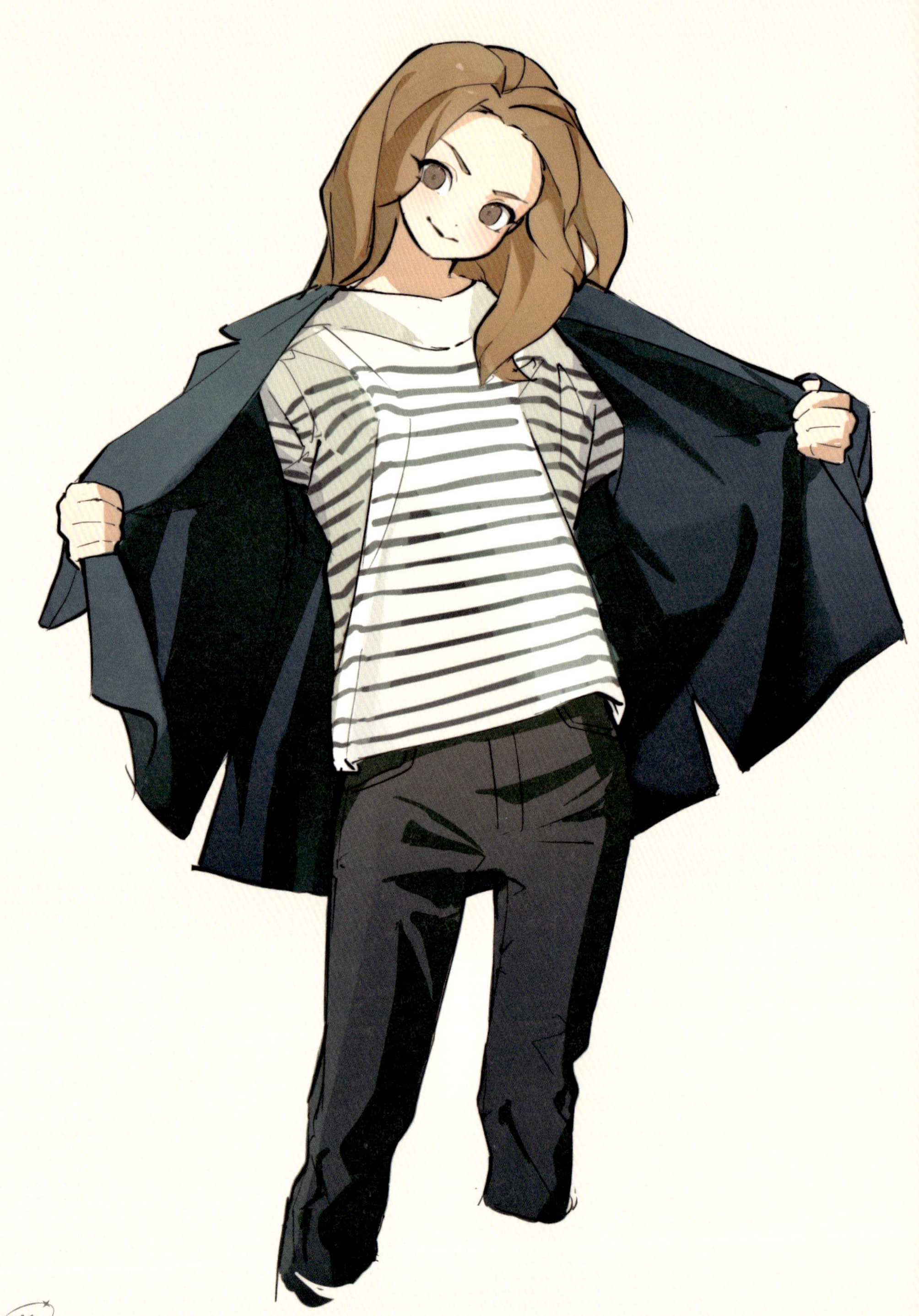

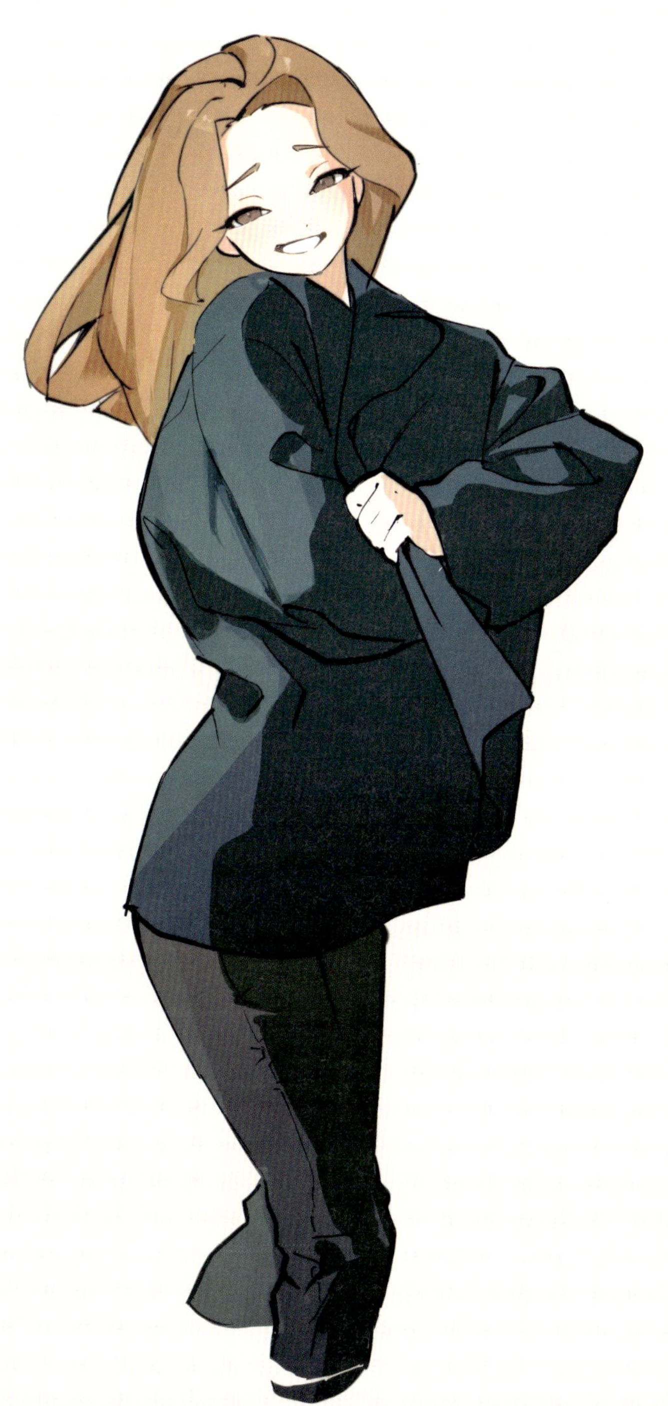

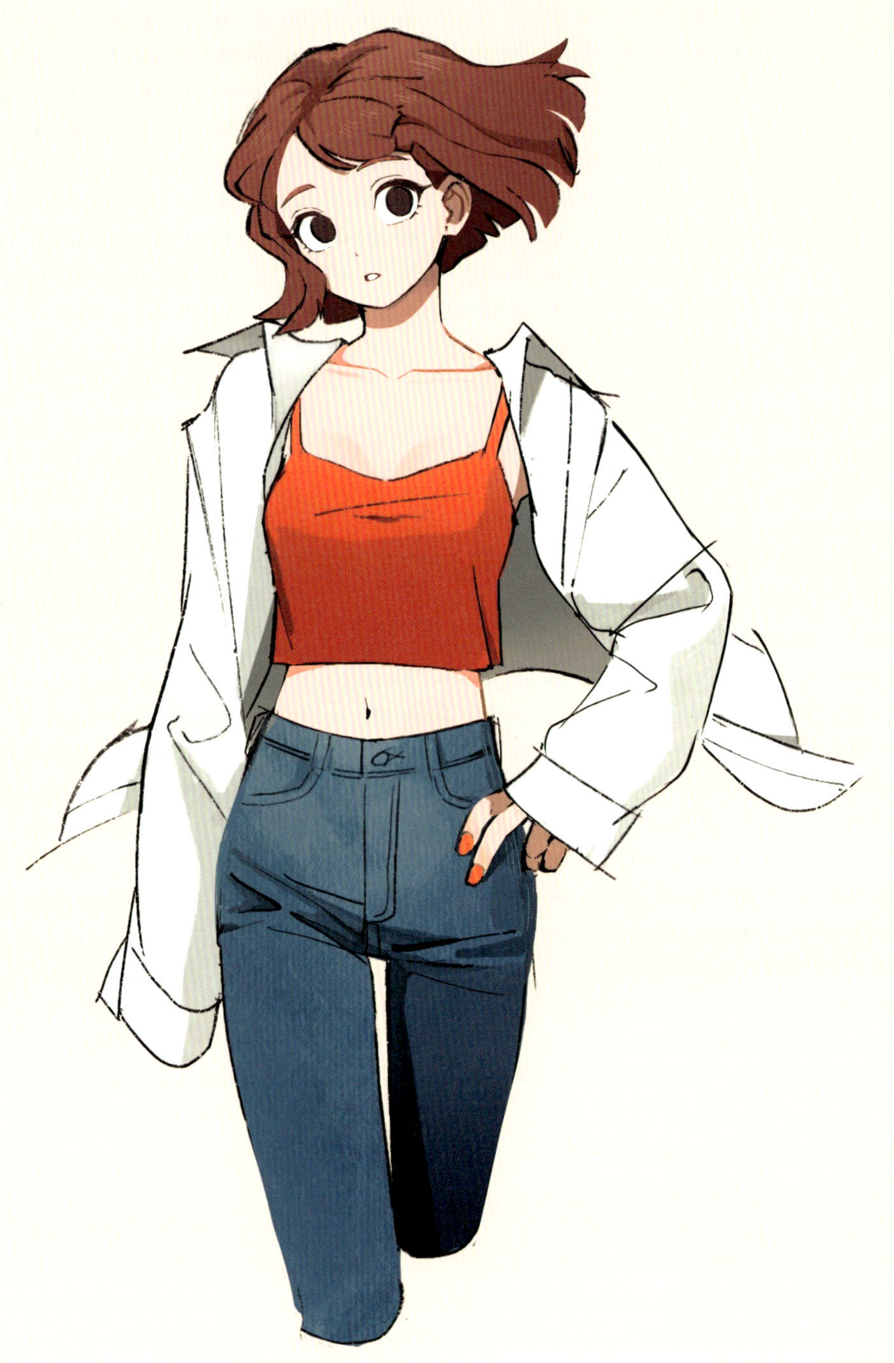

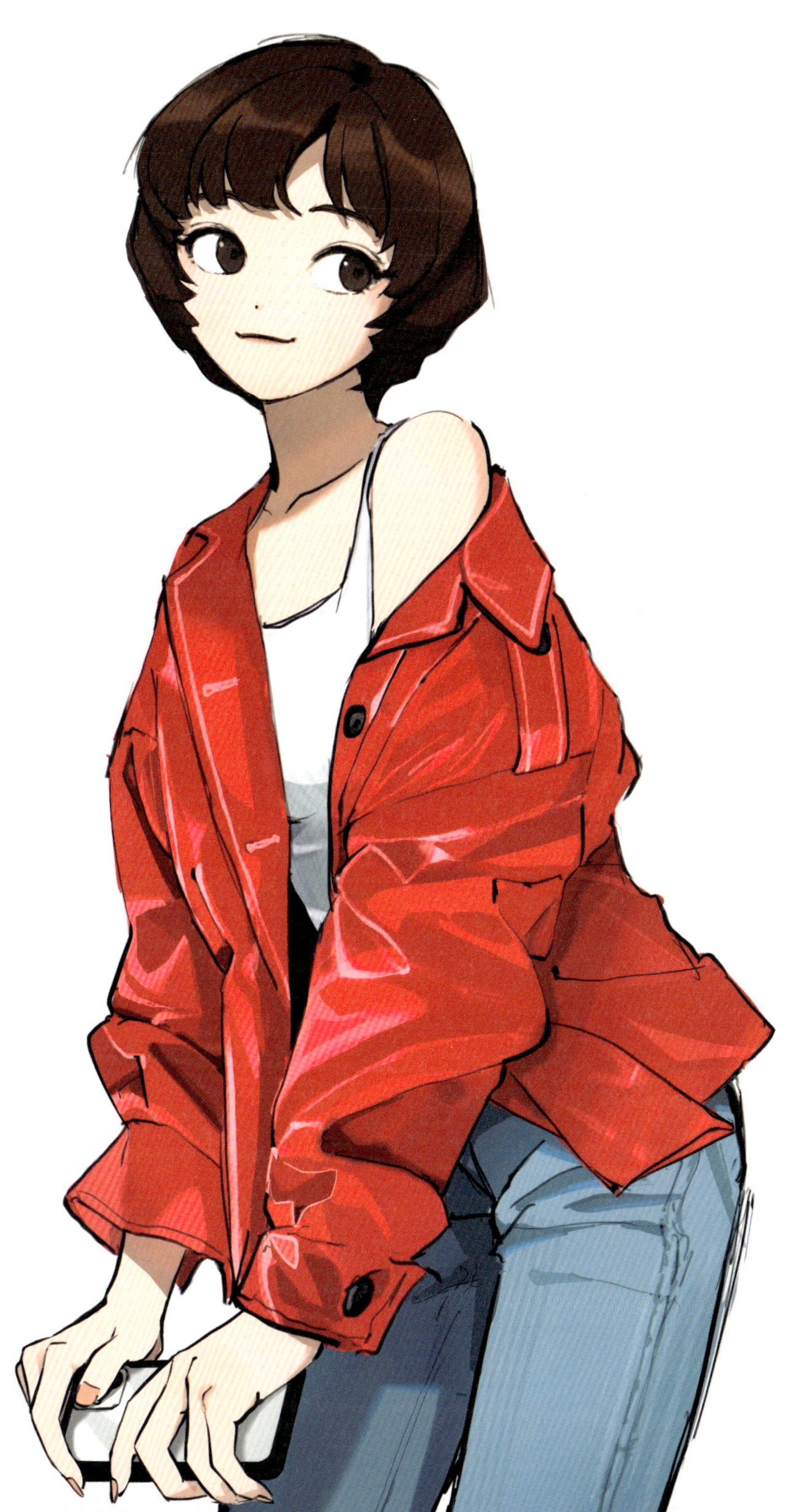

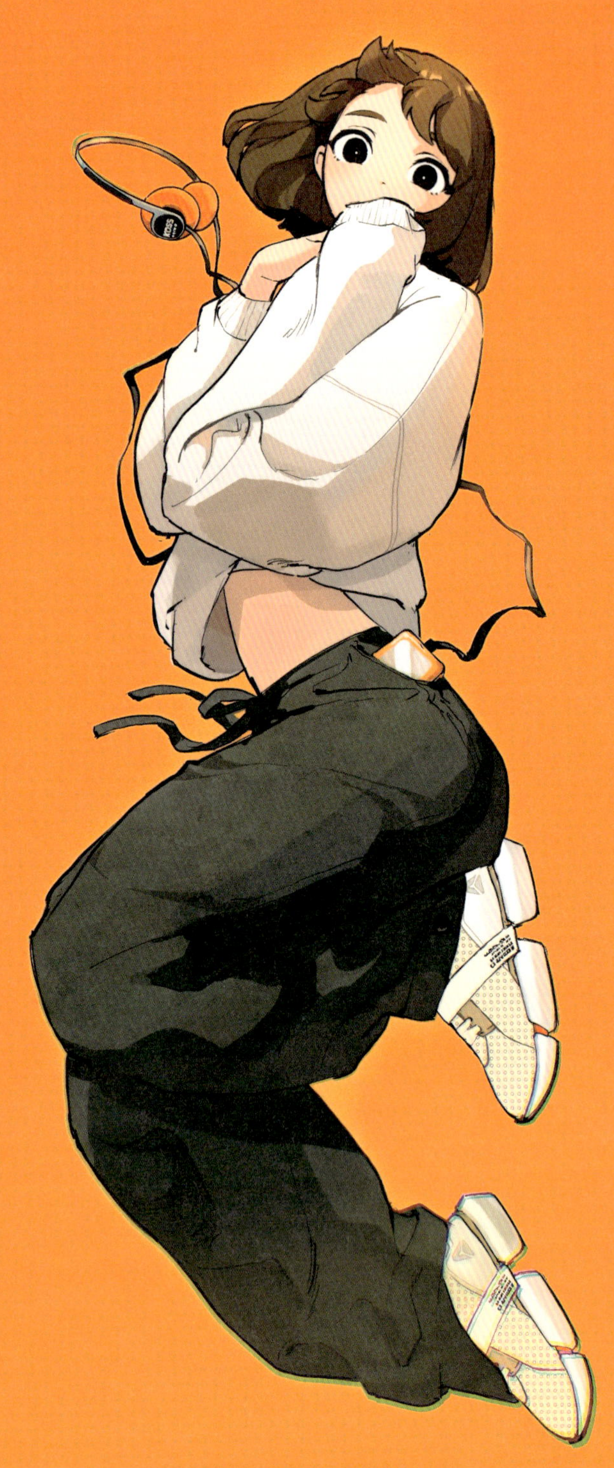

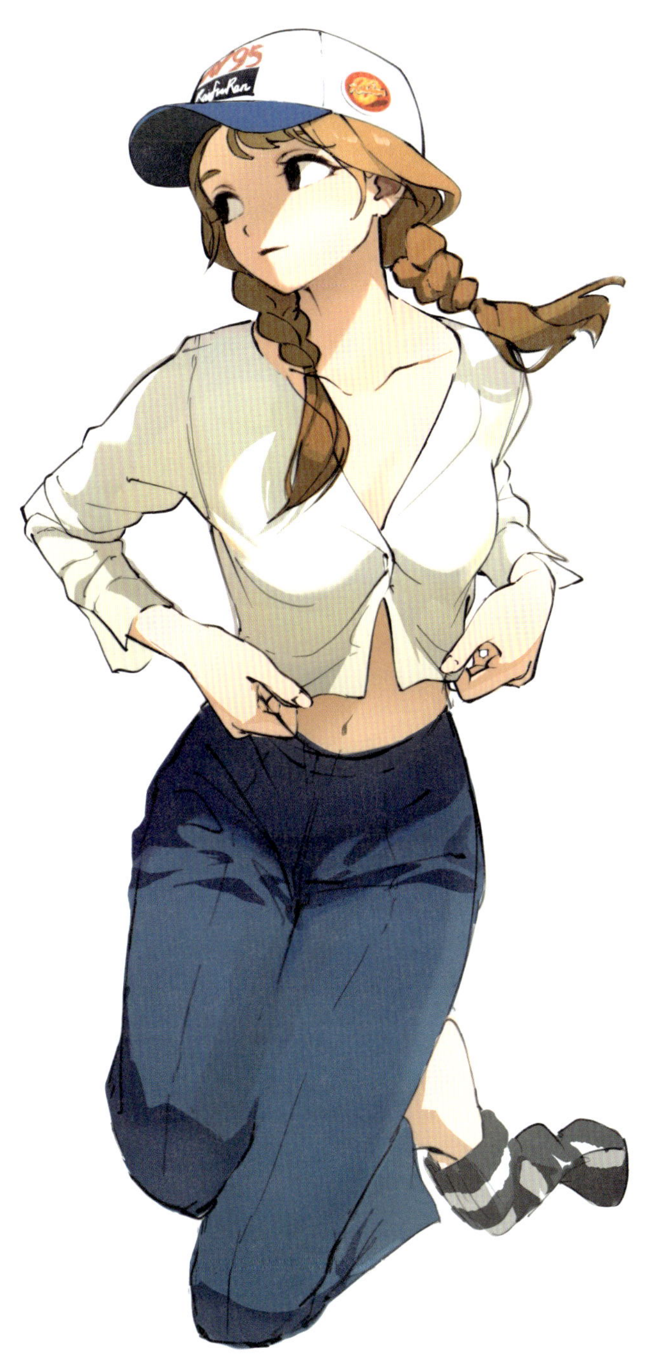

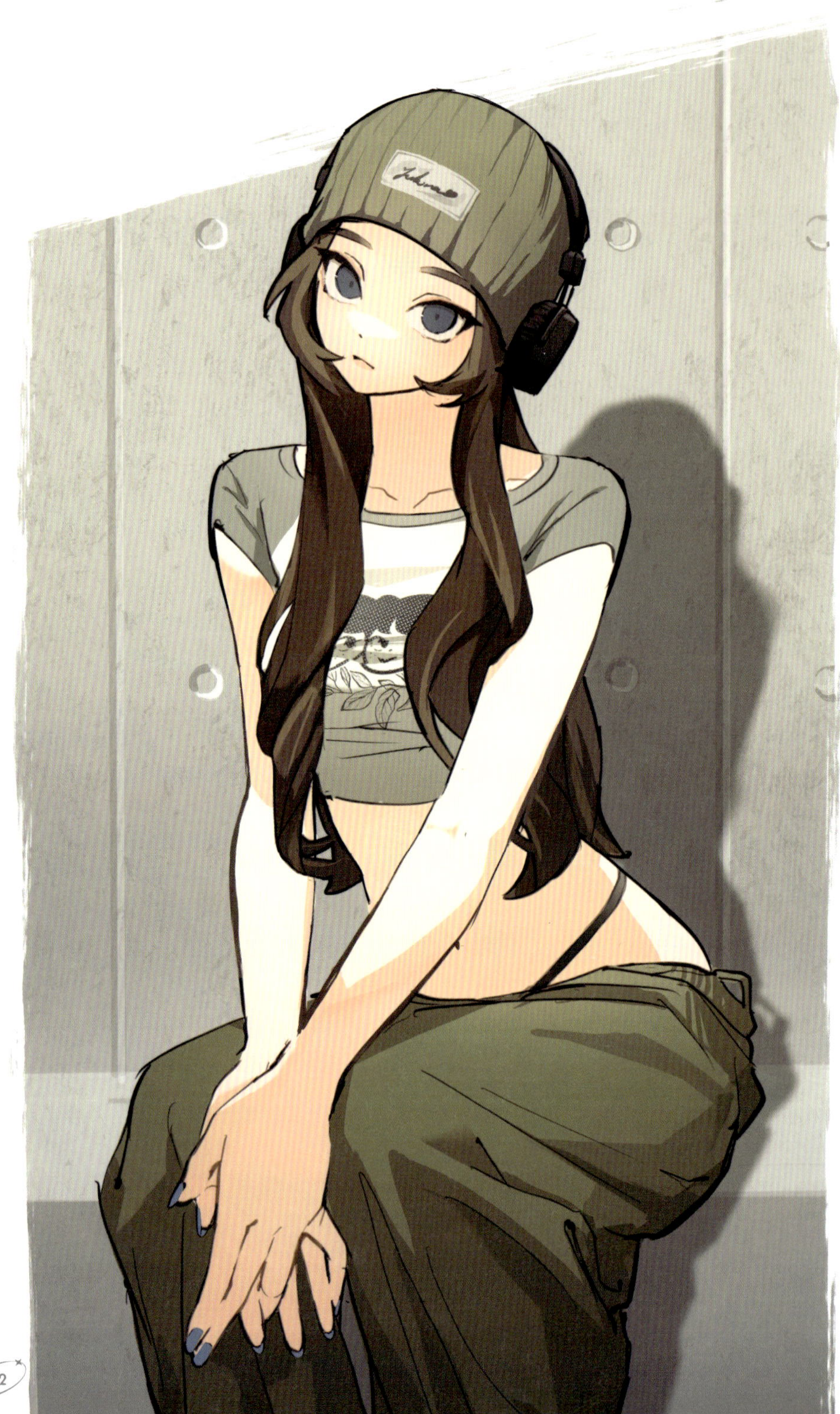

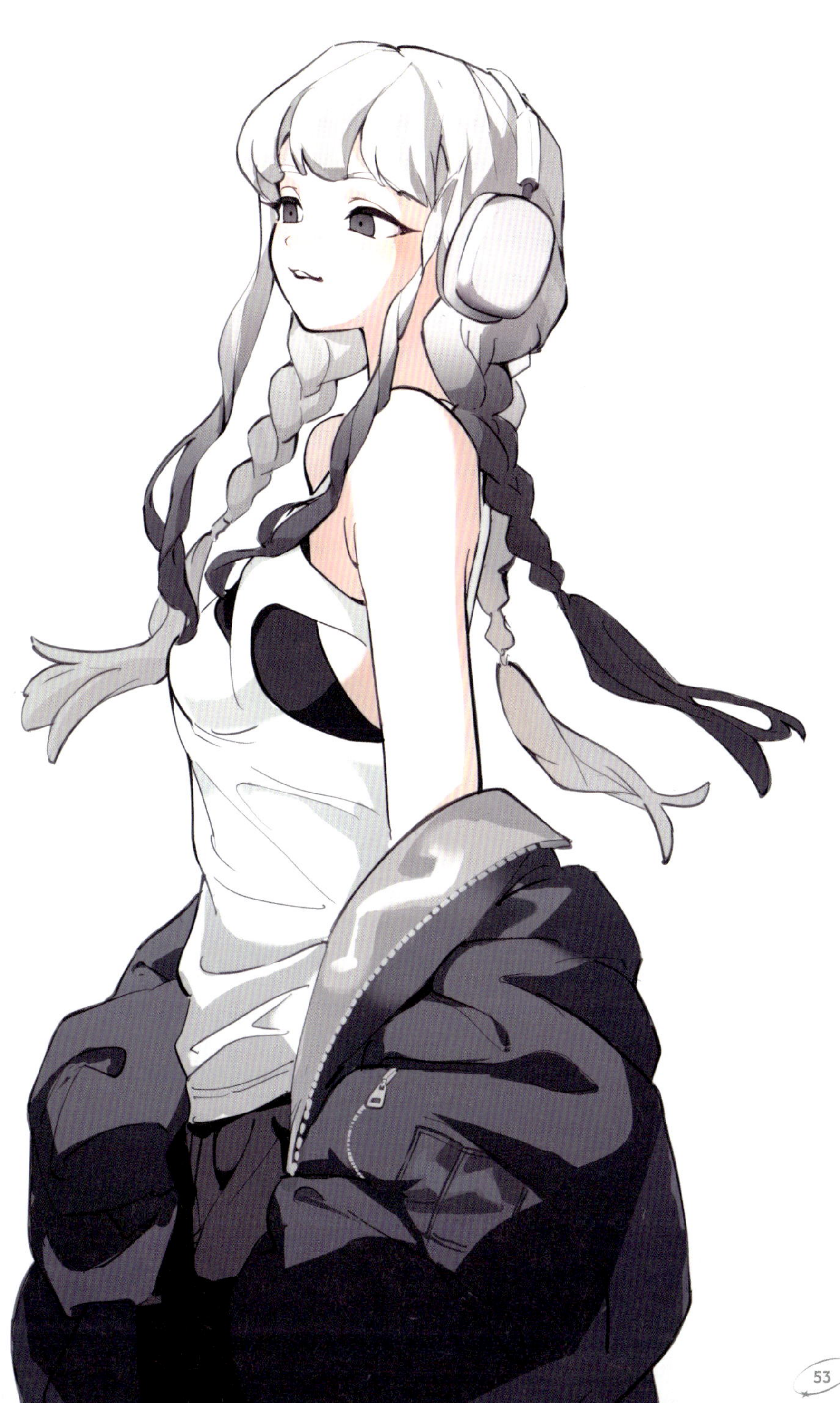

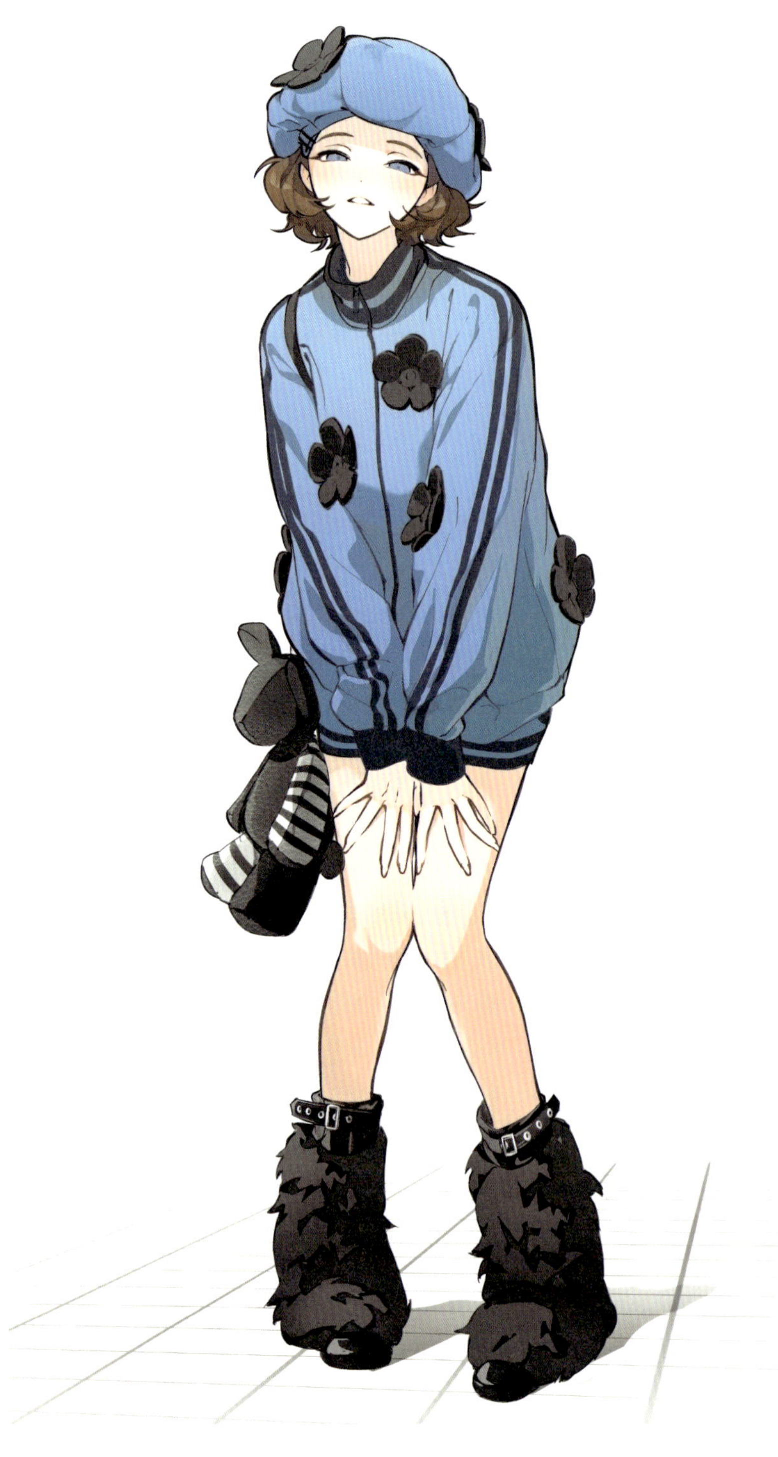

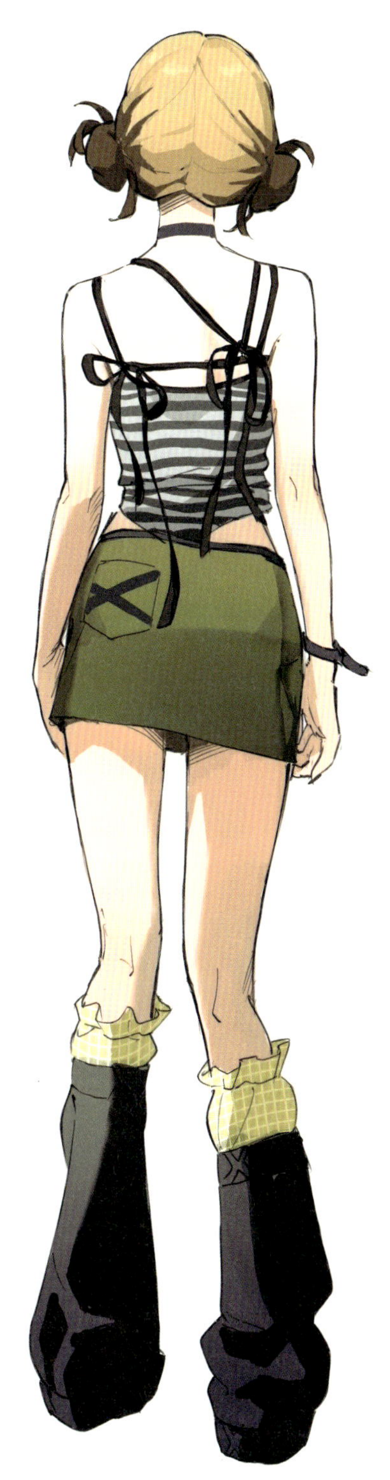

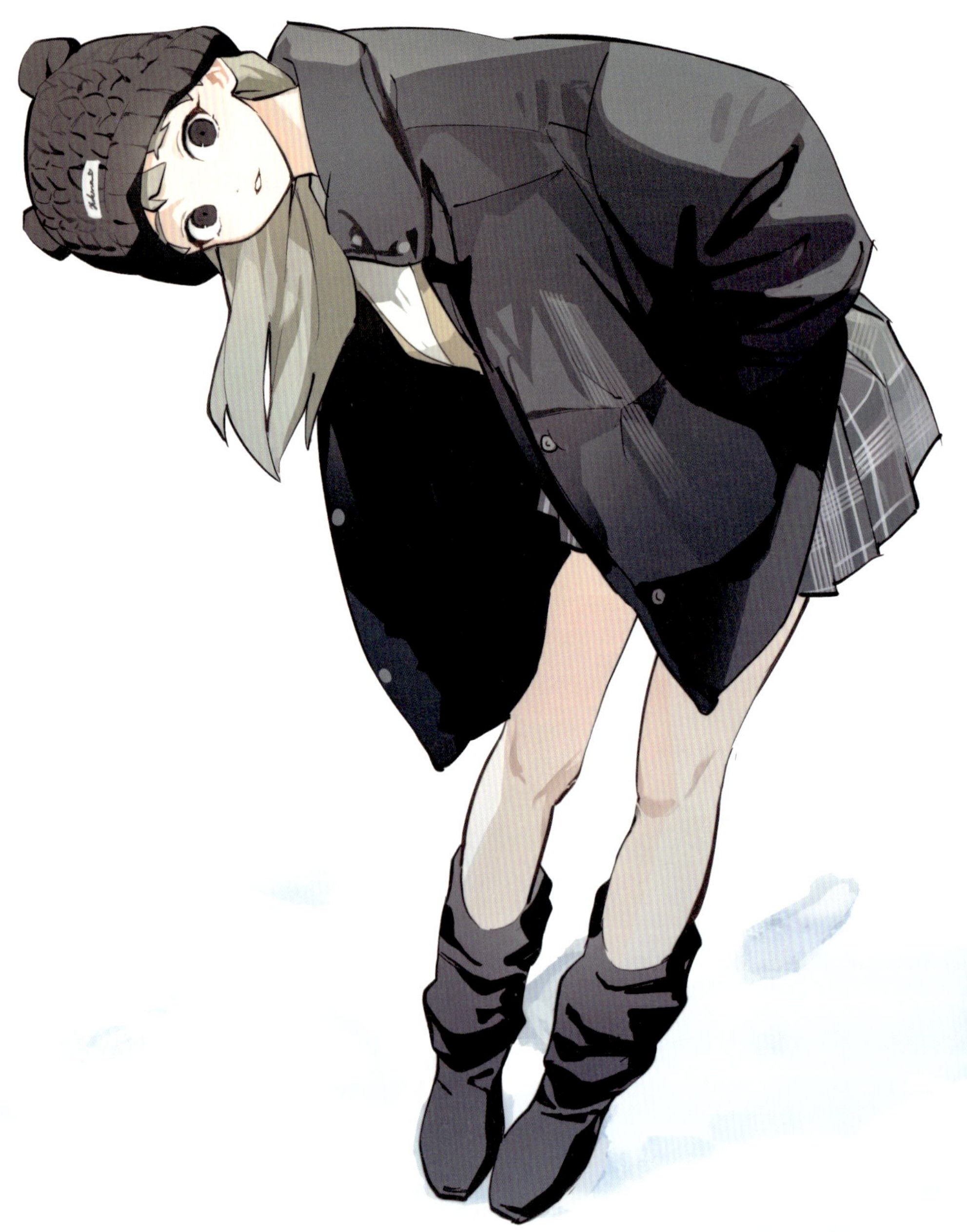

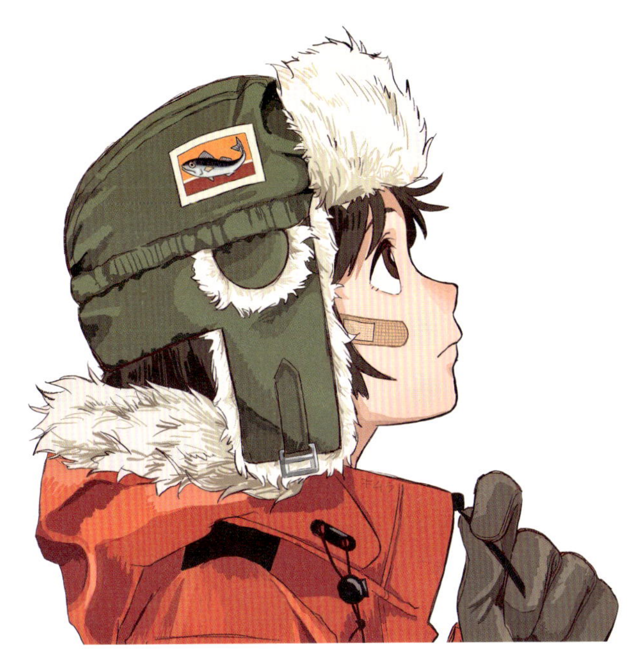

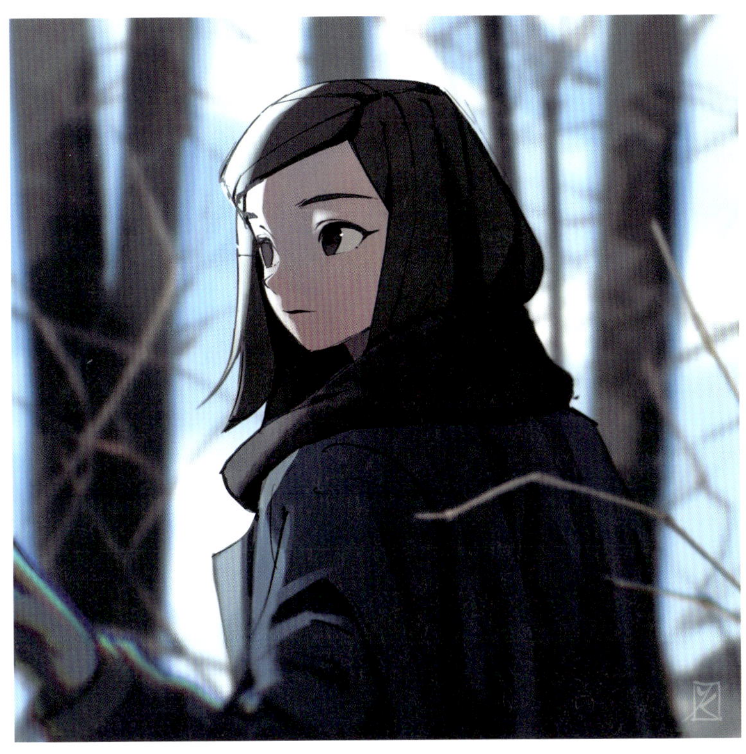

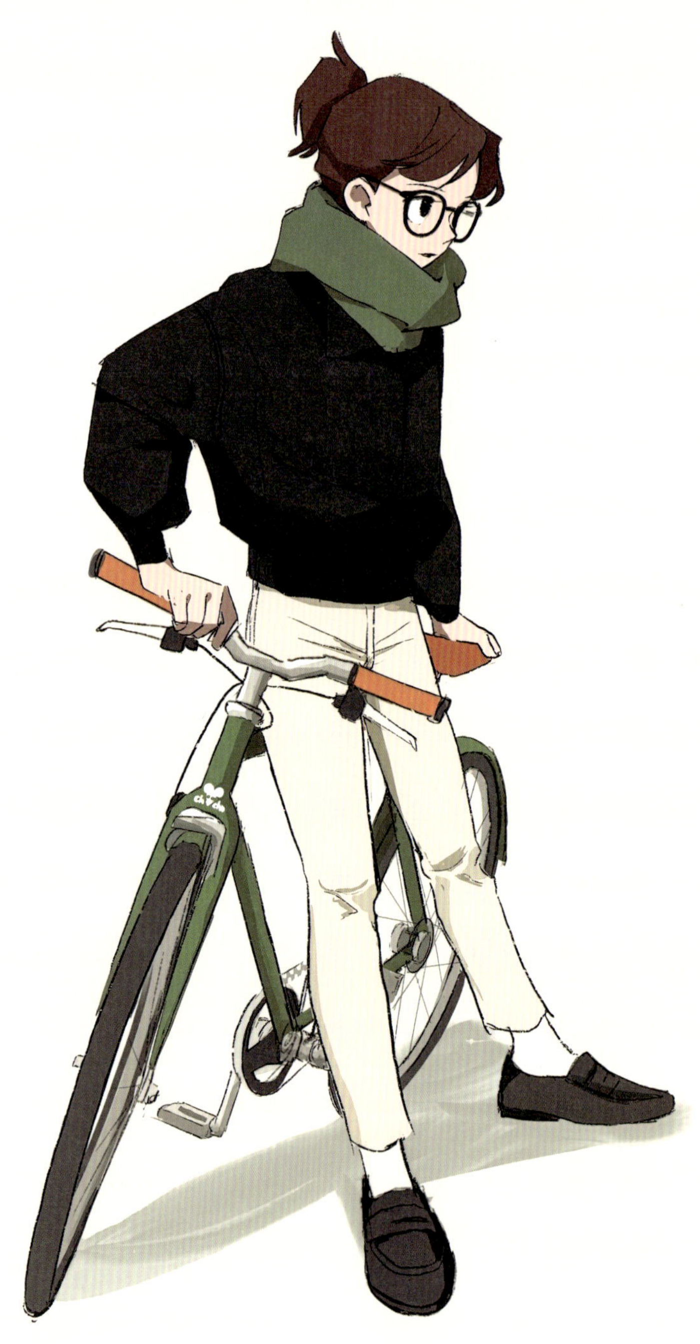

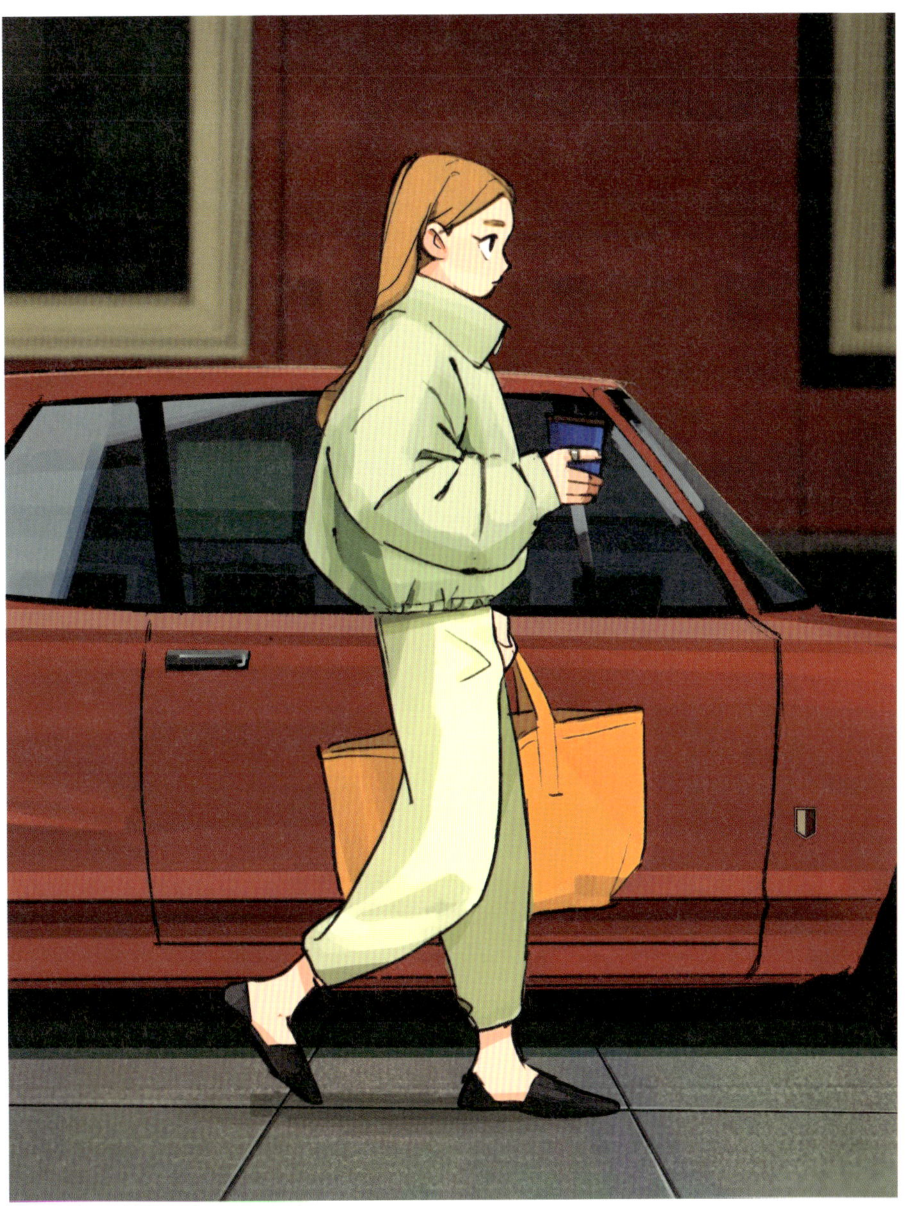

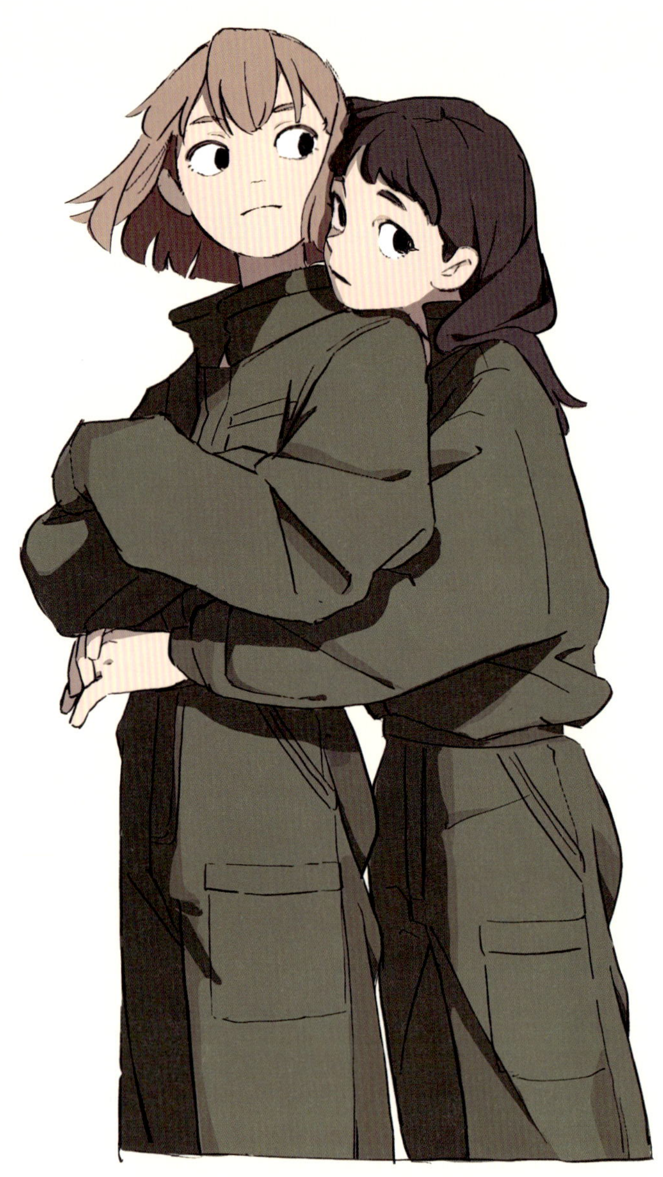

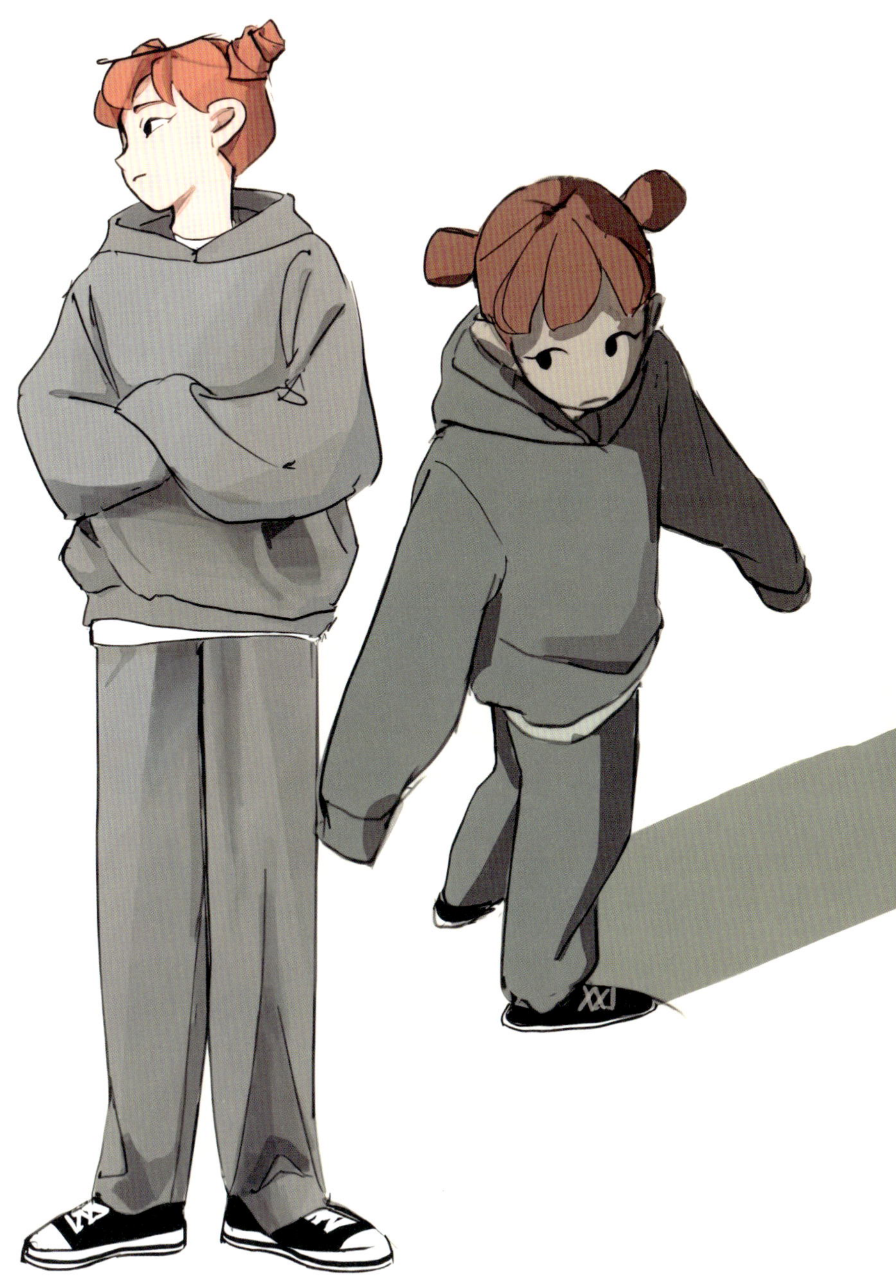

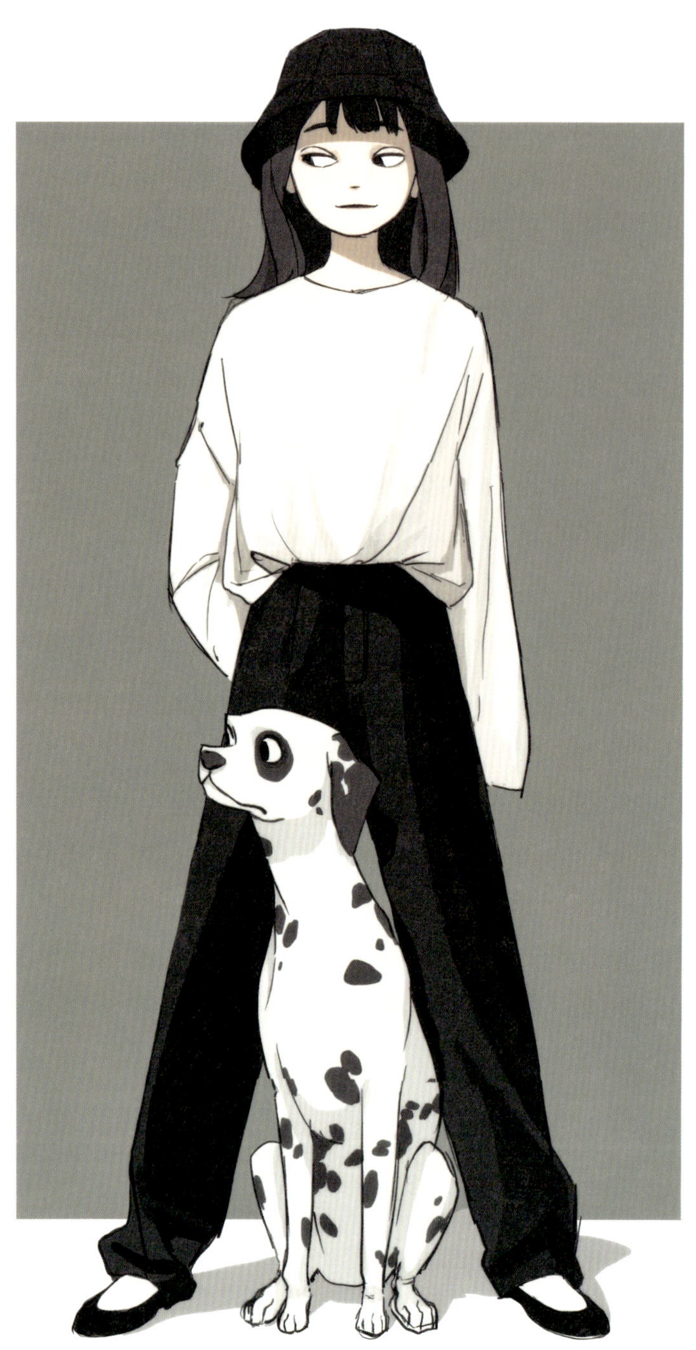

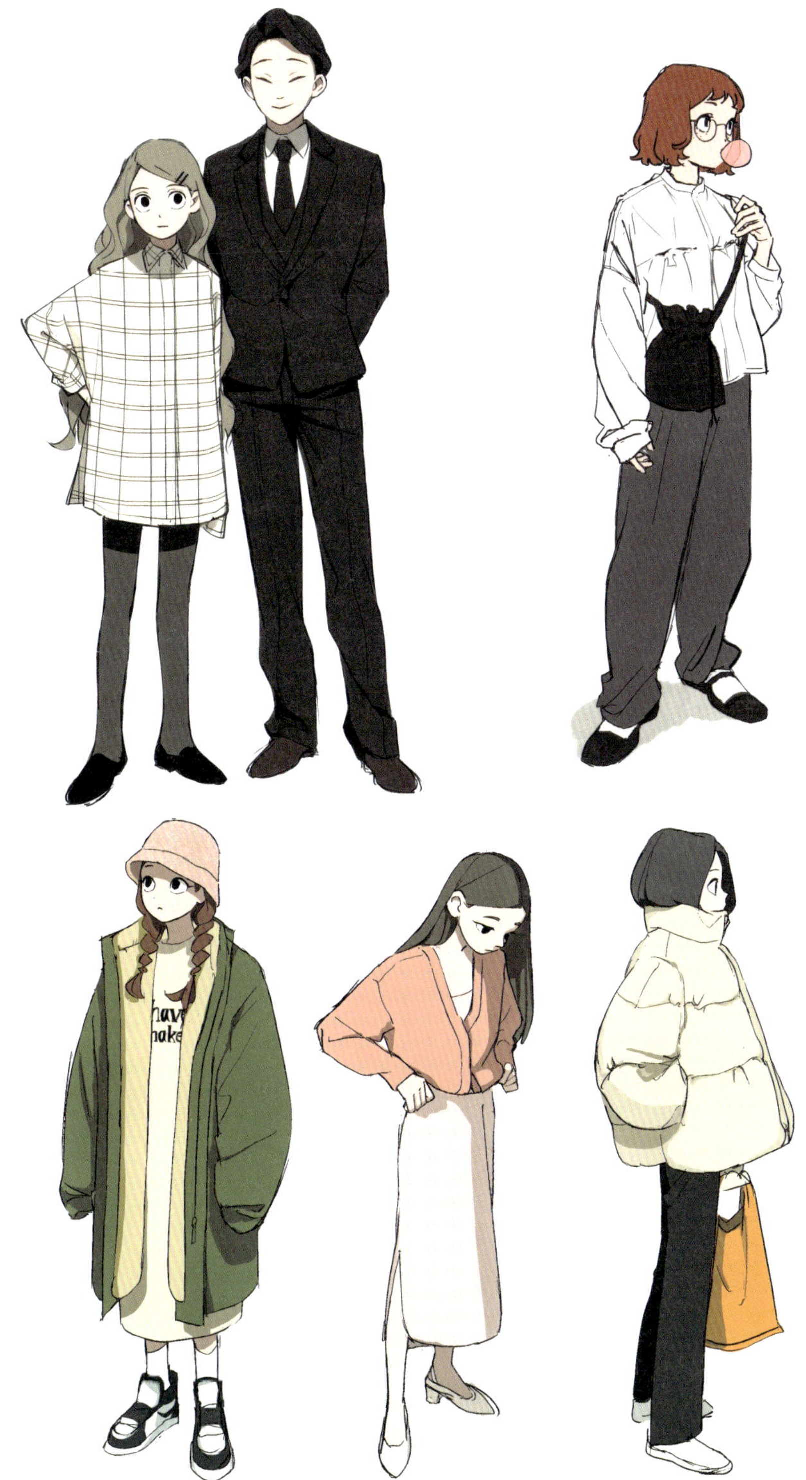

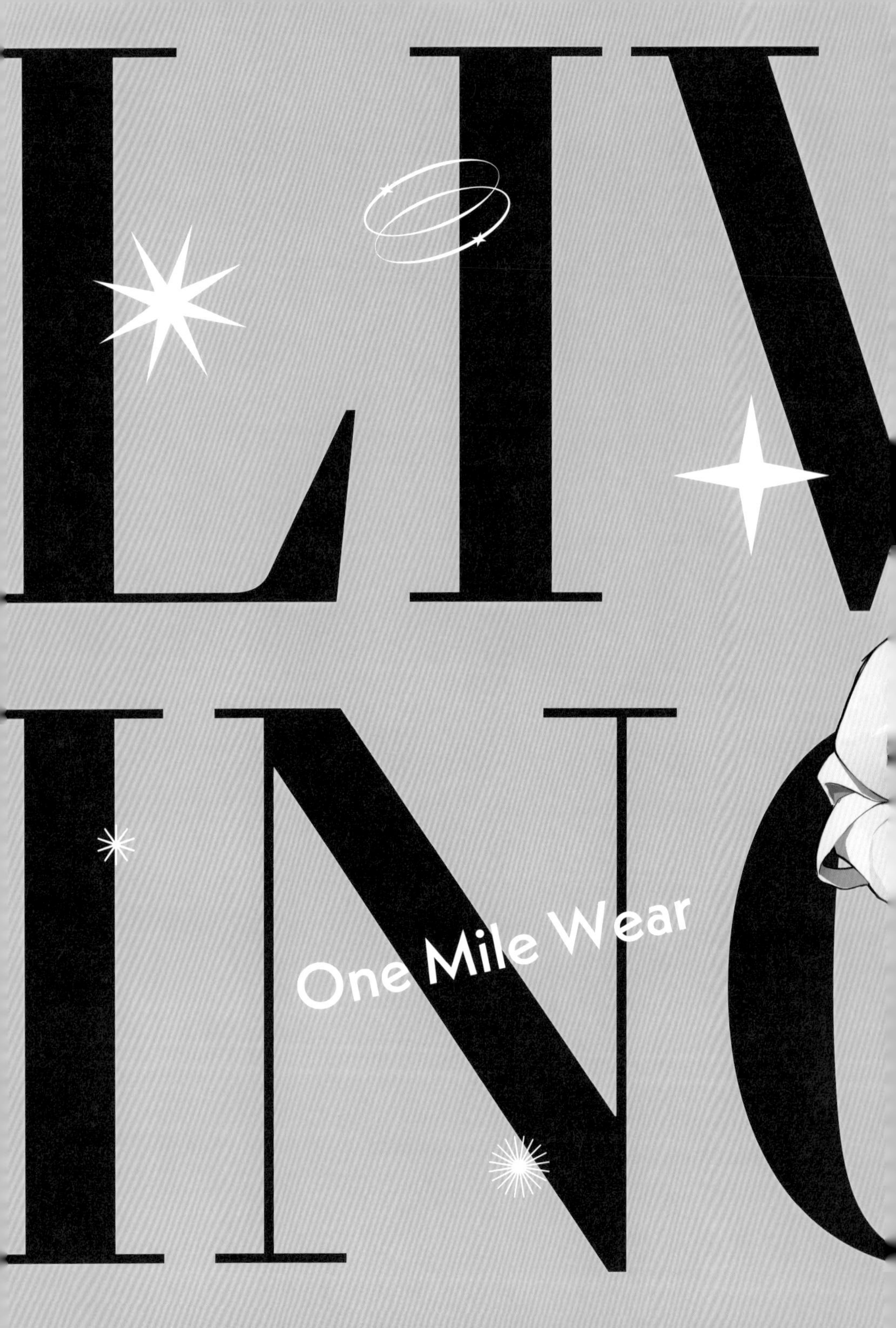

One Mile Wear

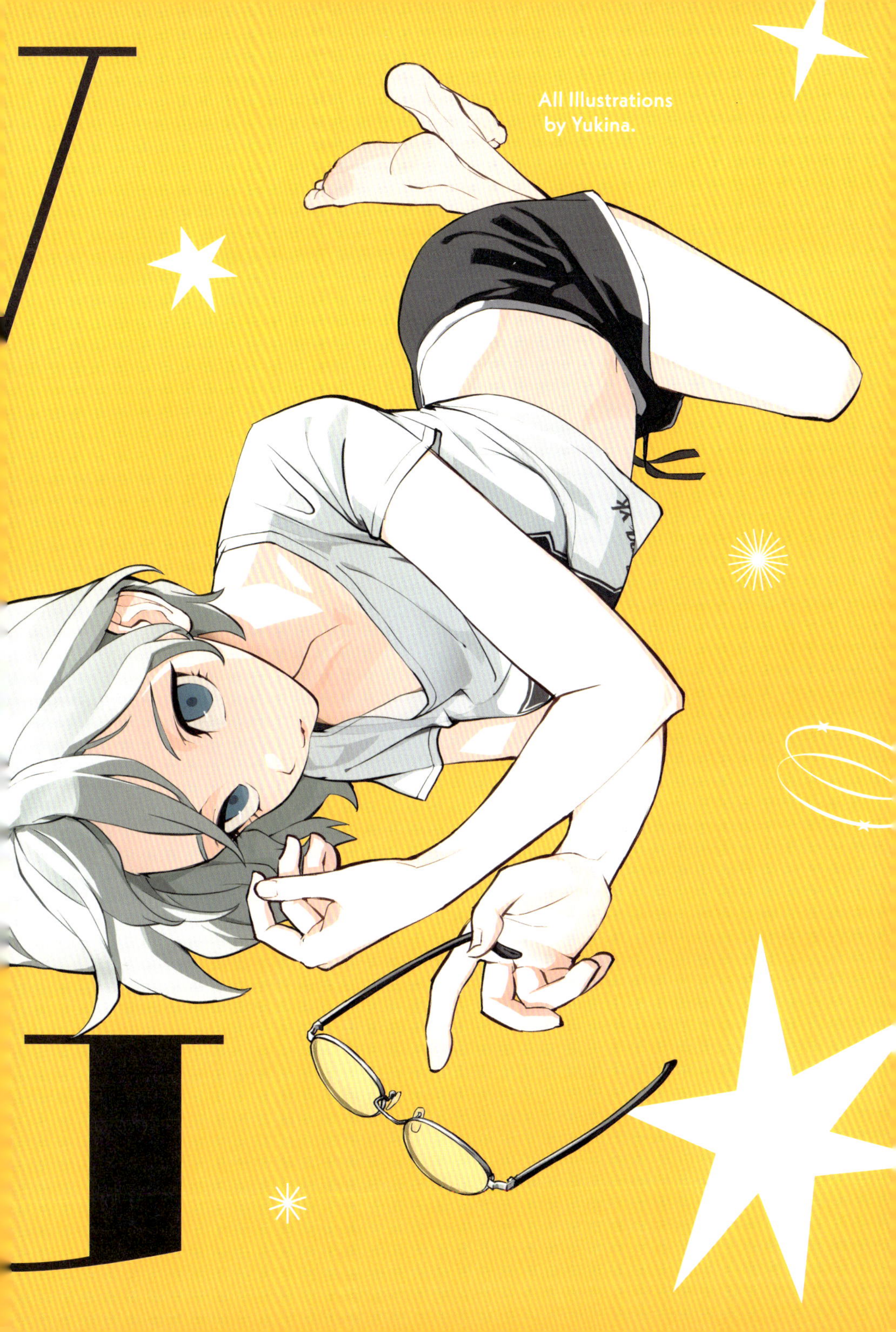
All Illustrations
by Yukina.

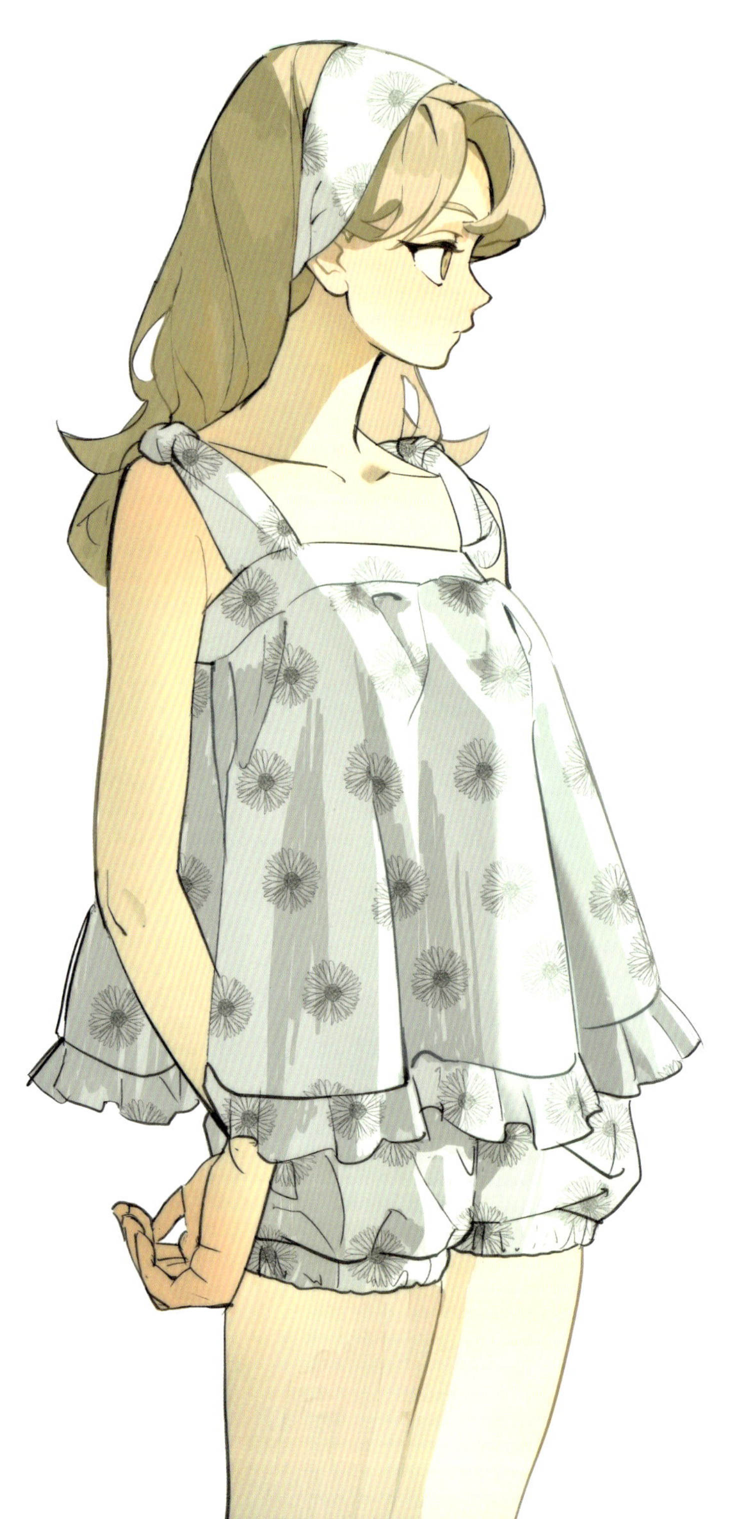

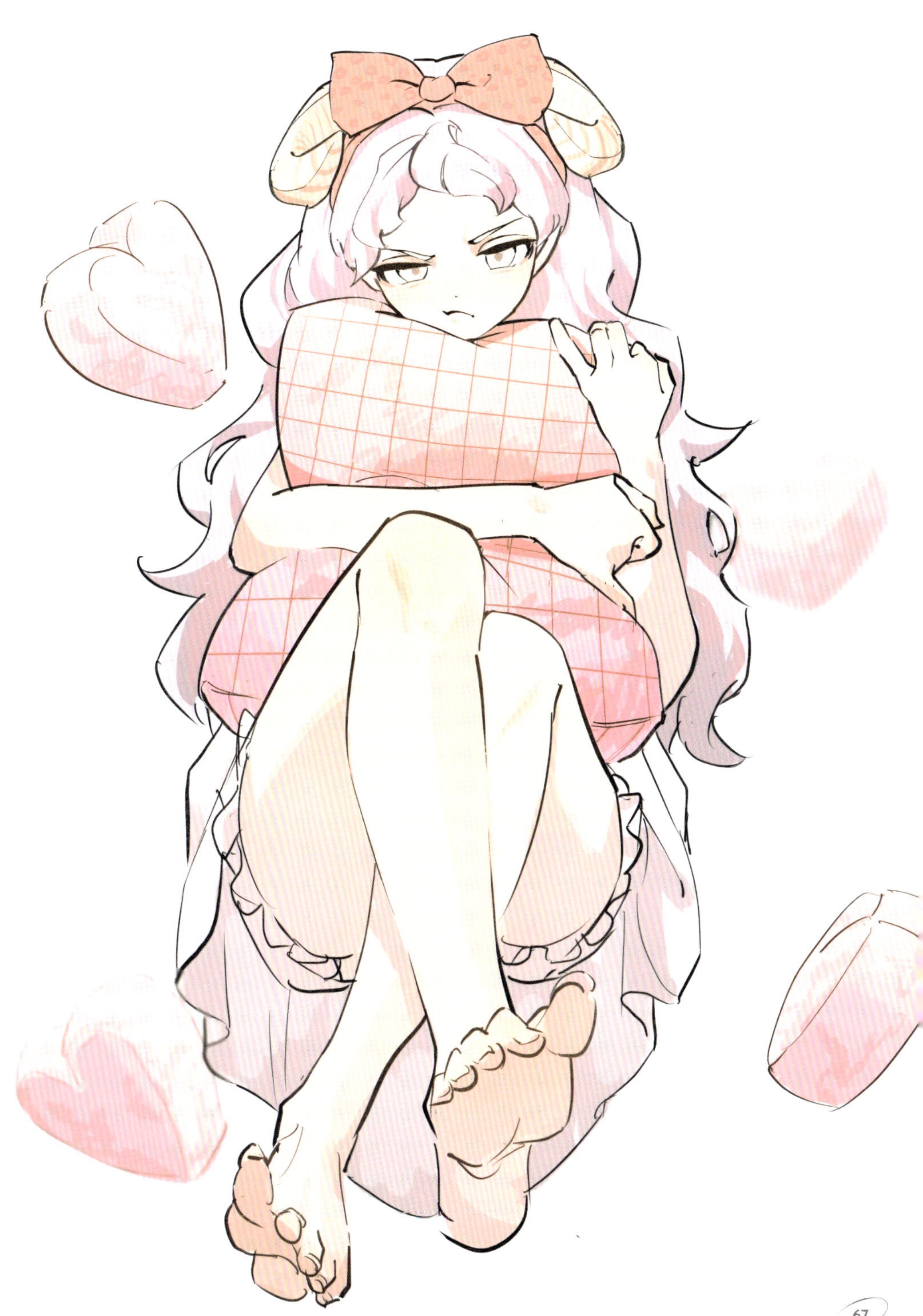

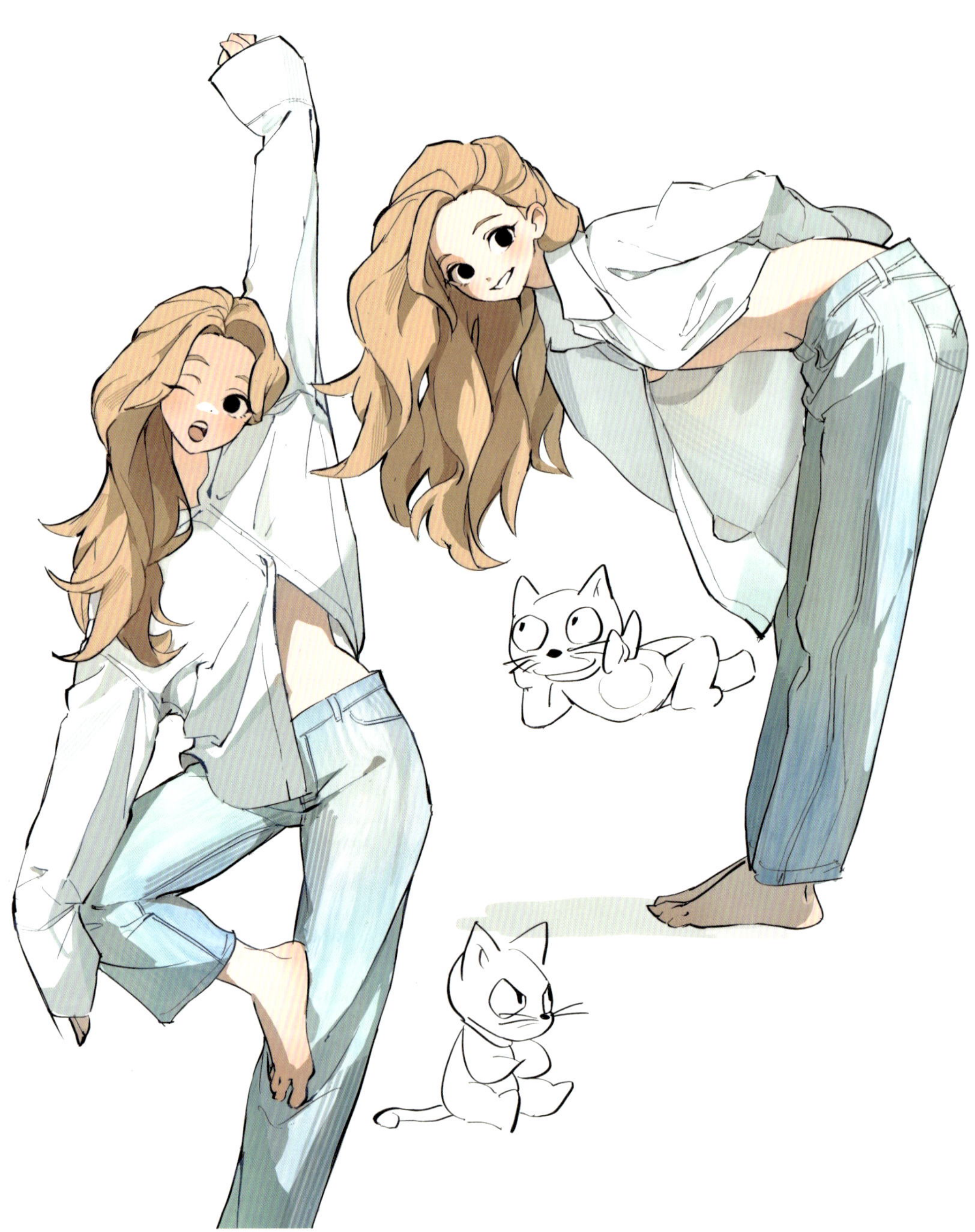

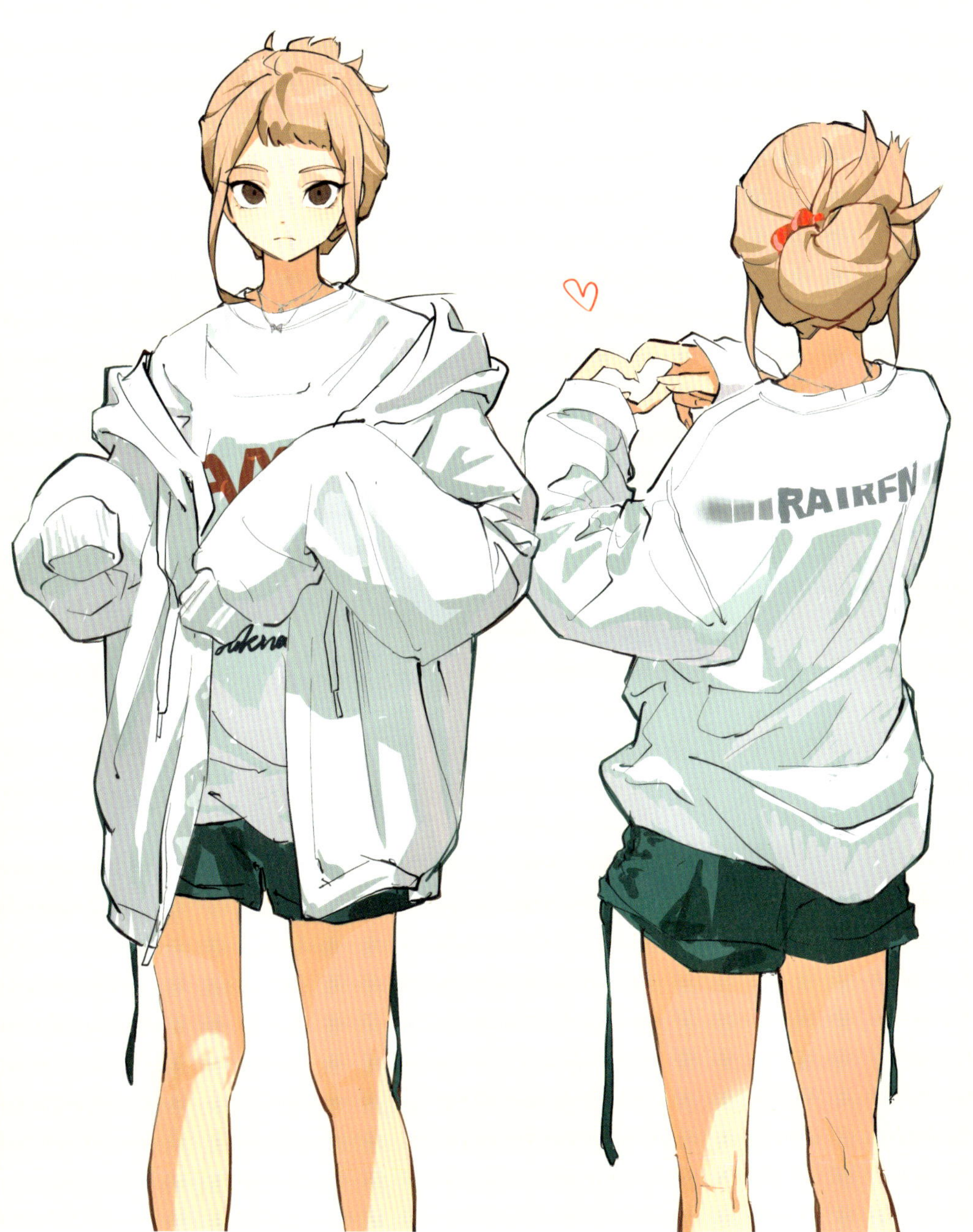
RAIRFN

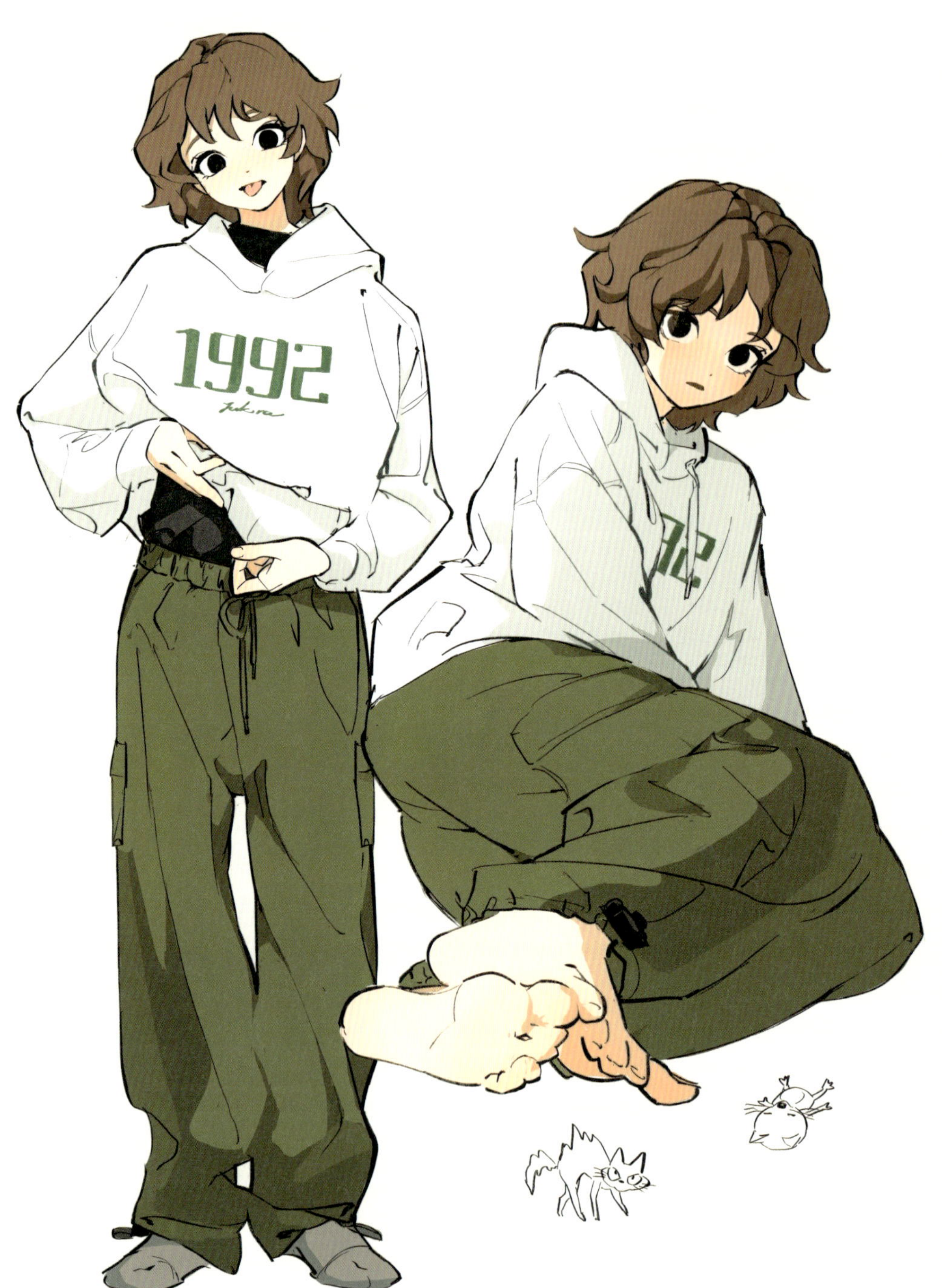
1992

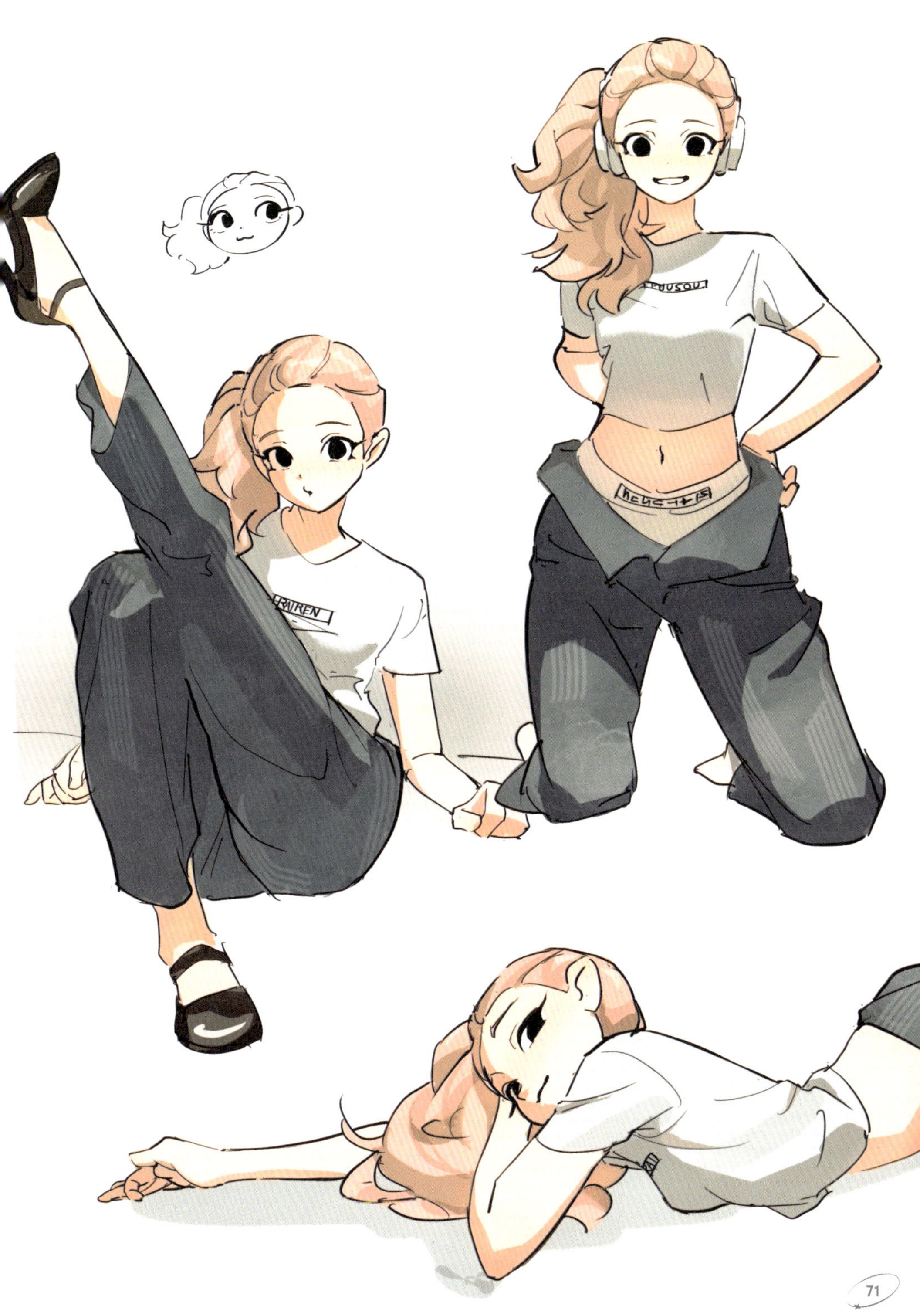
RAIREN

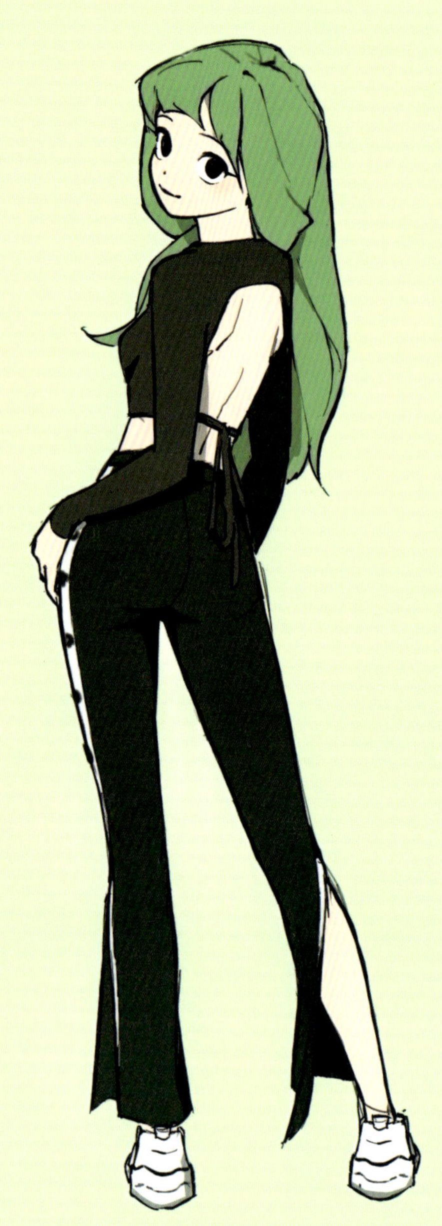

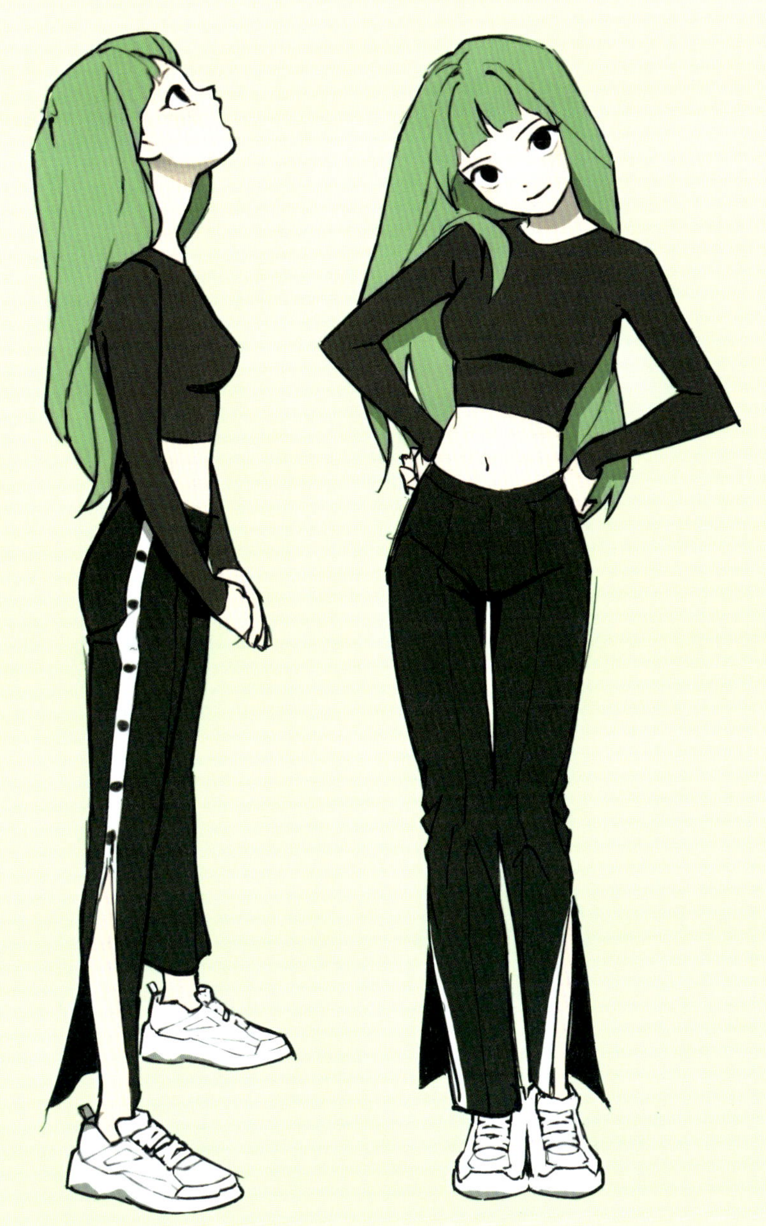

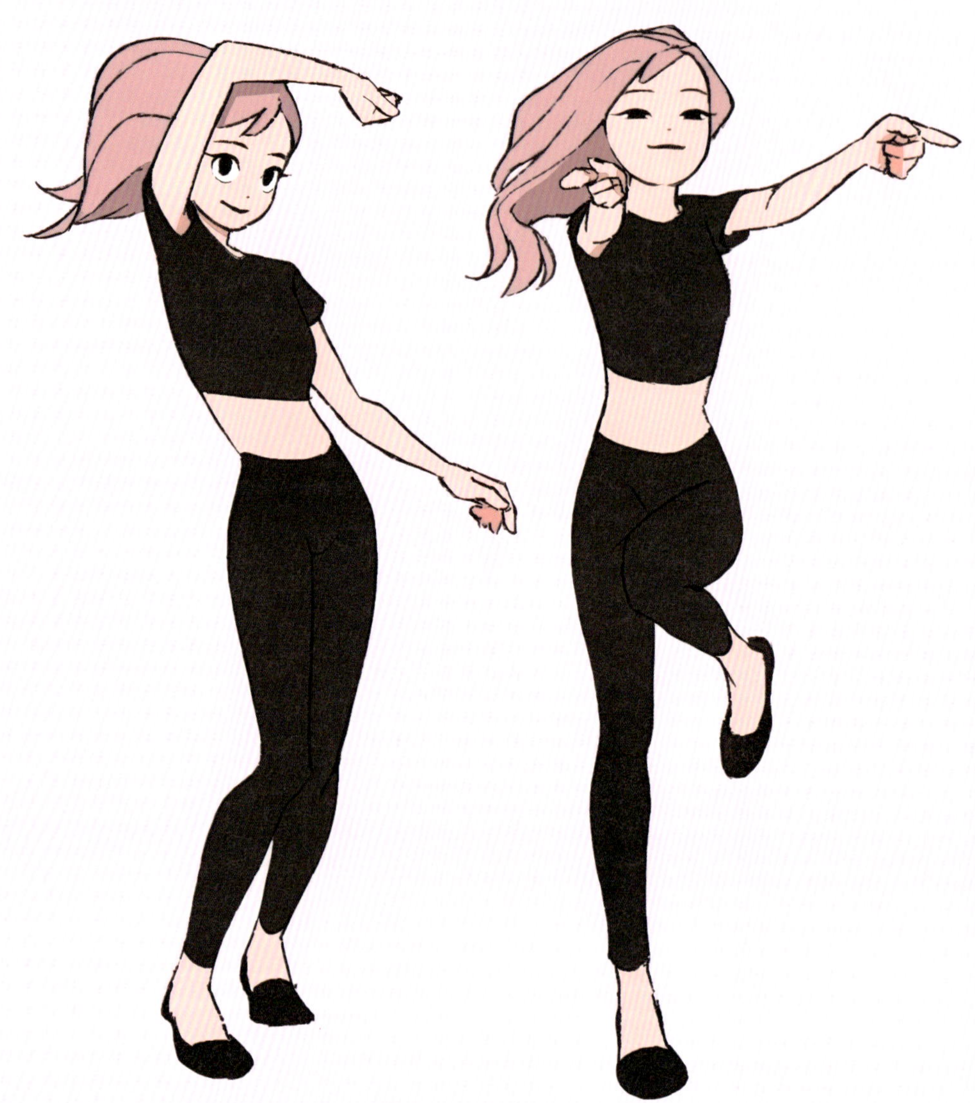

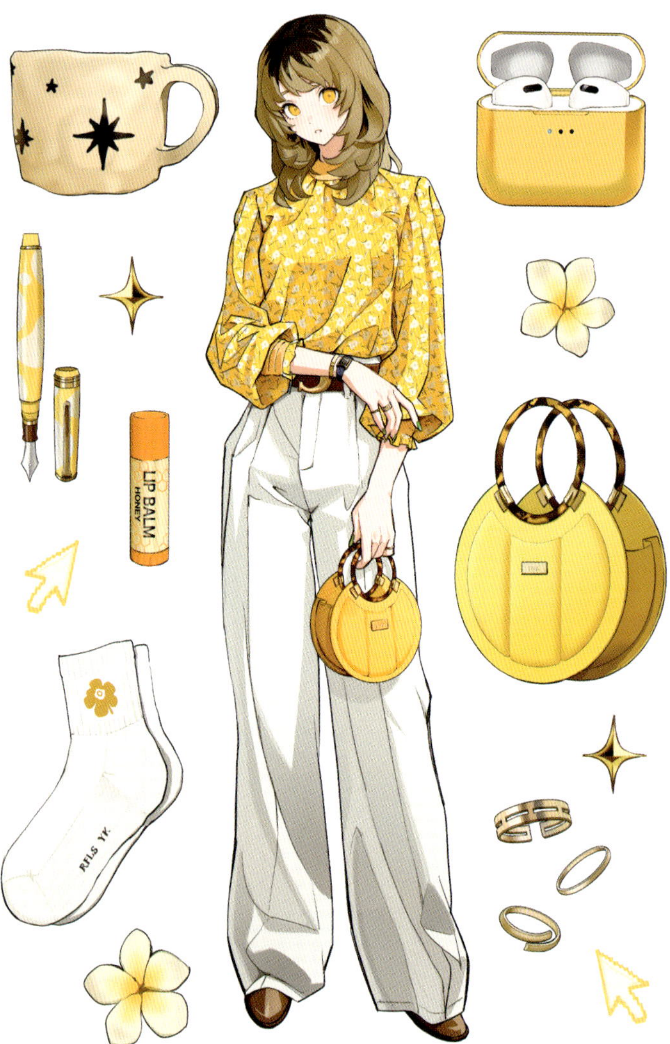
LIP BALM
HONEY

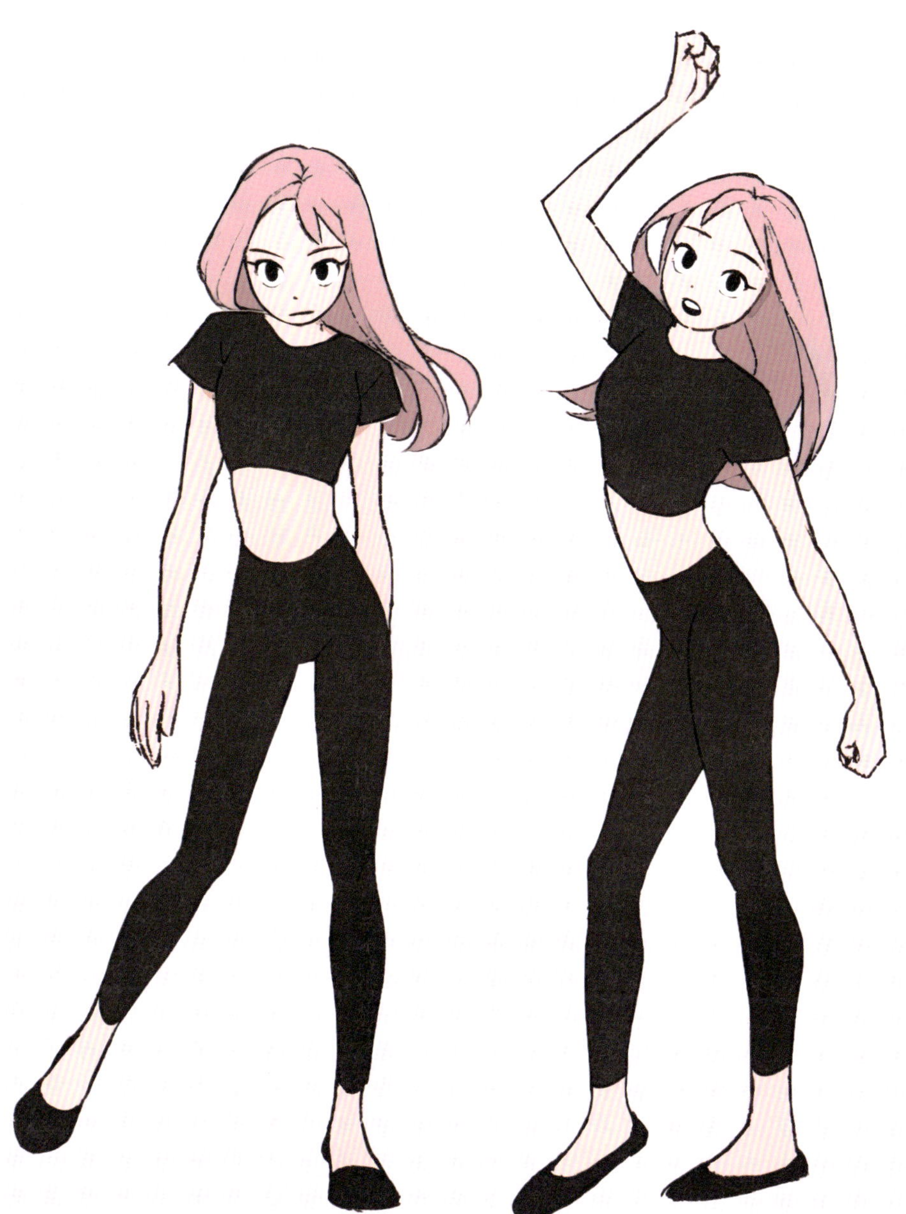

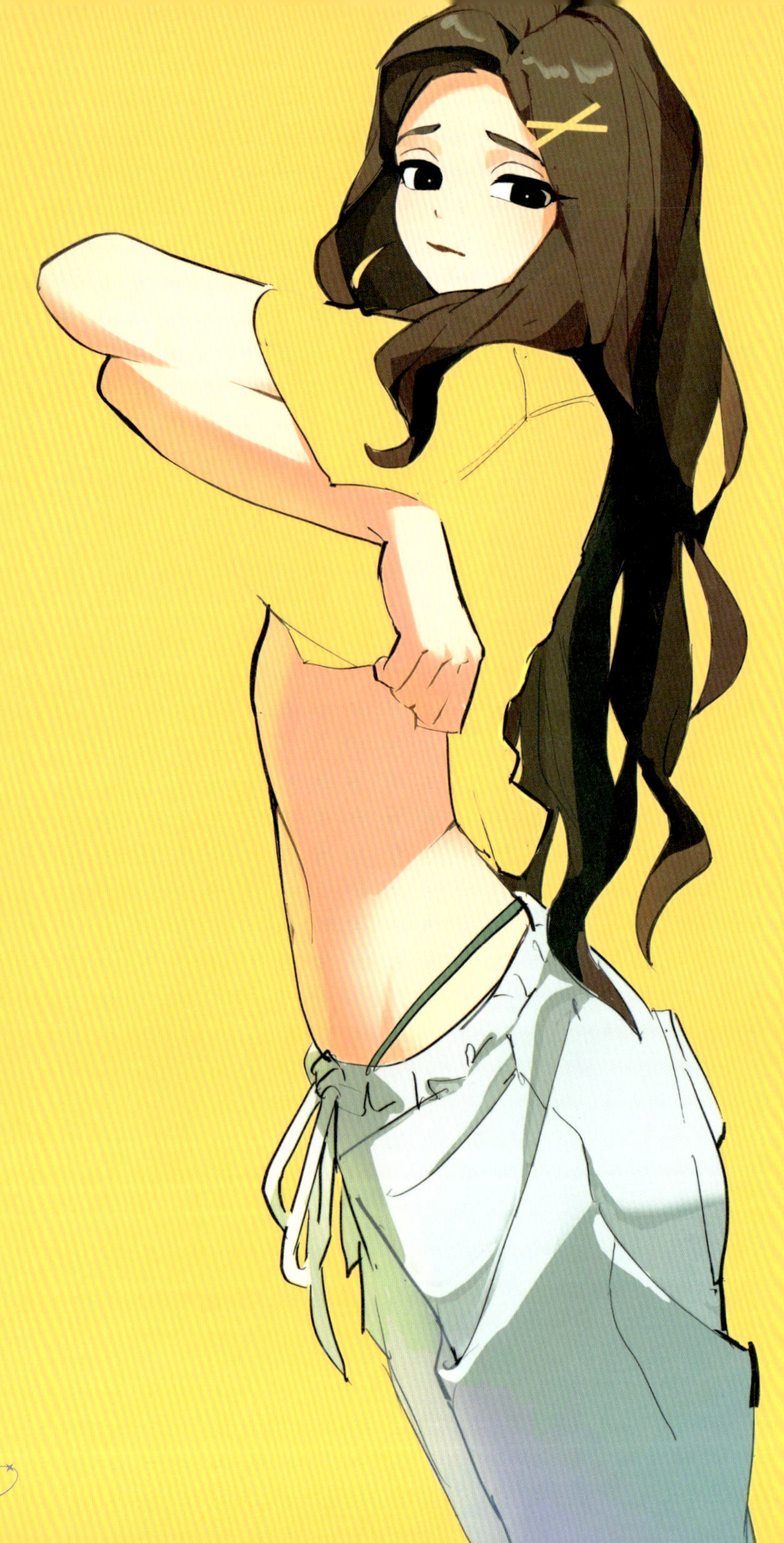

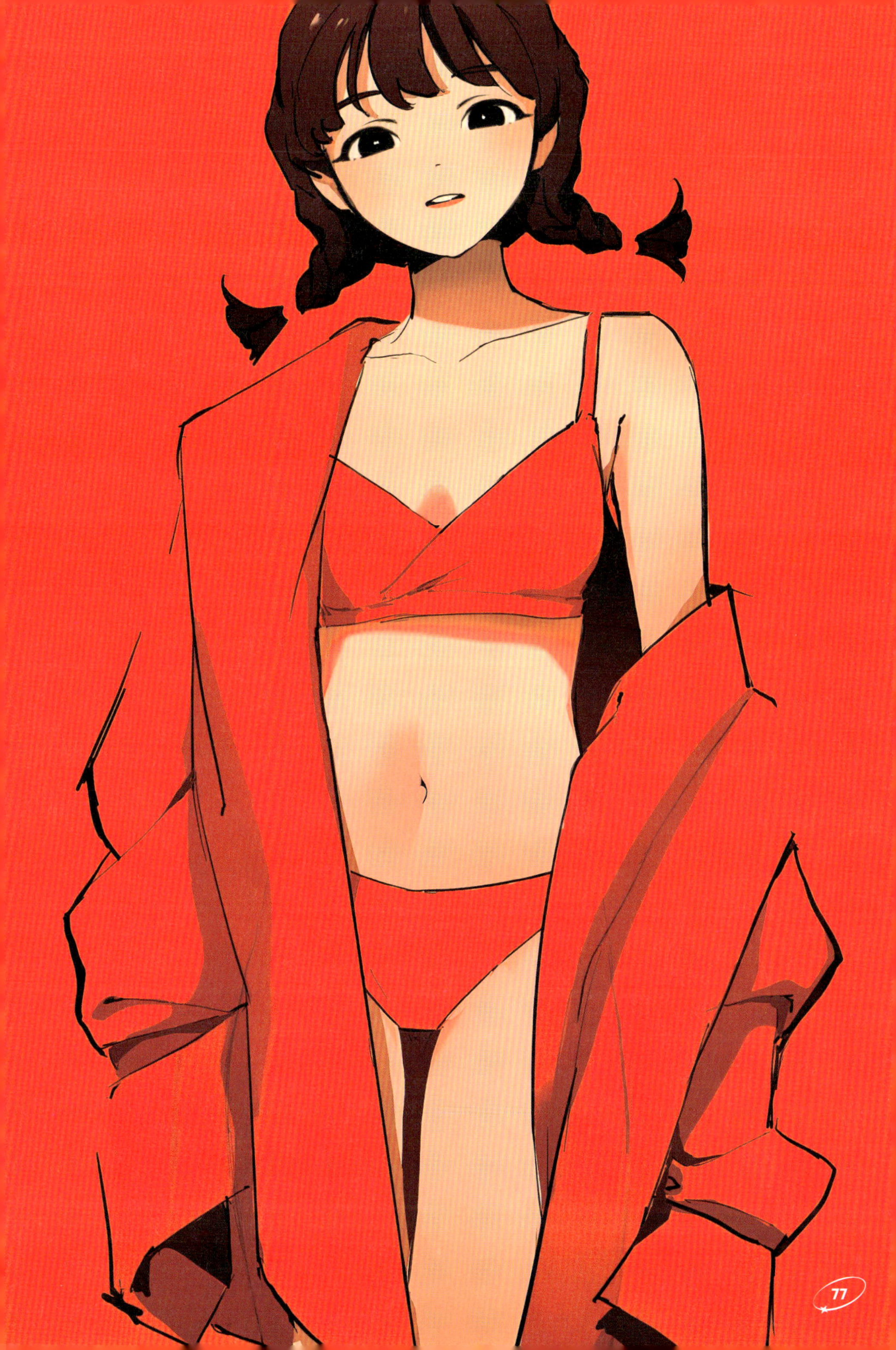

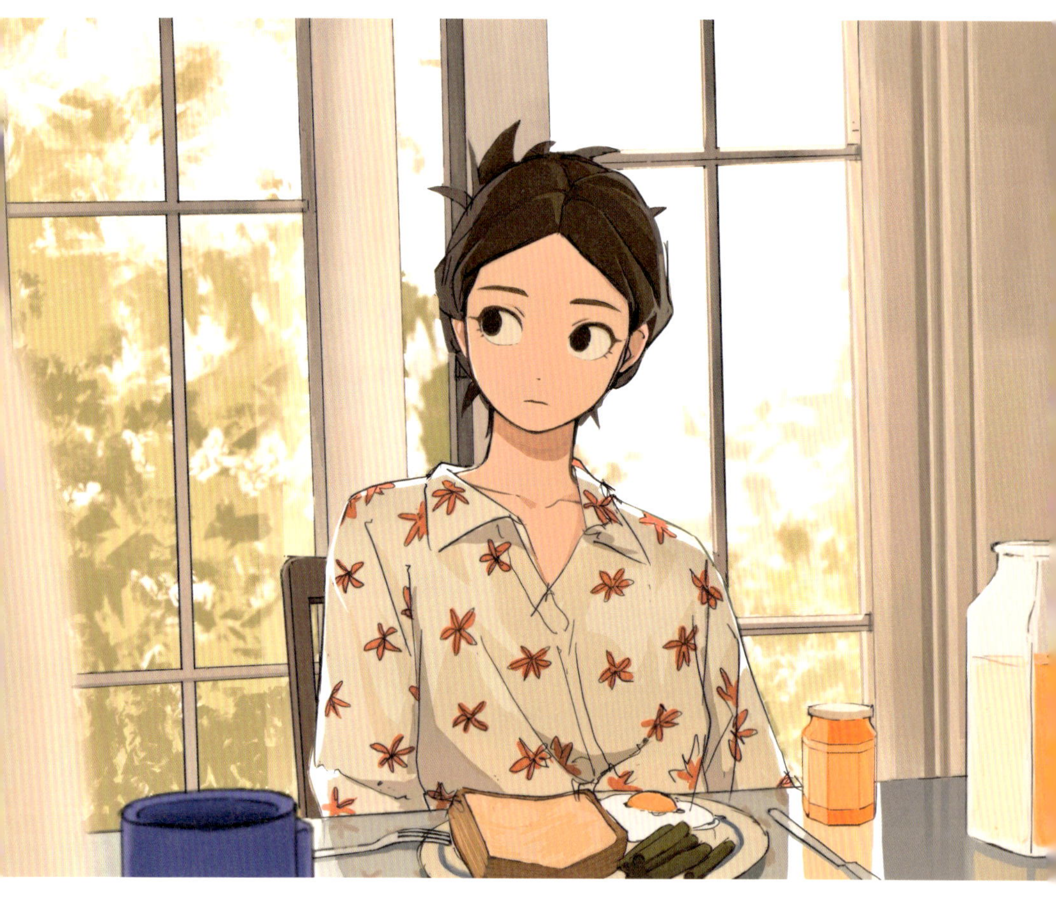

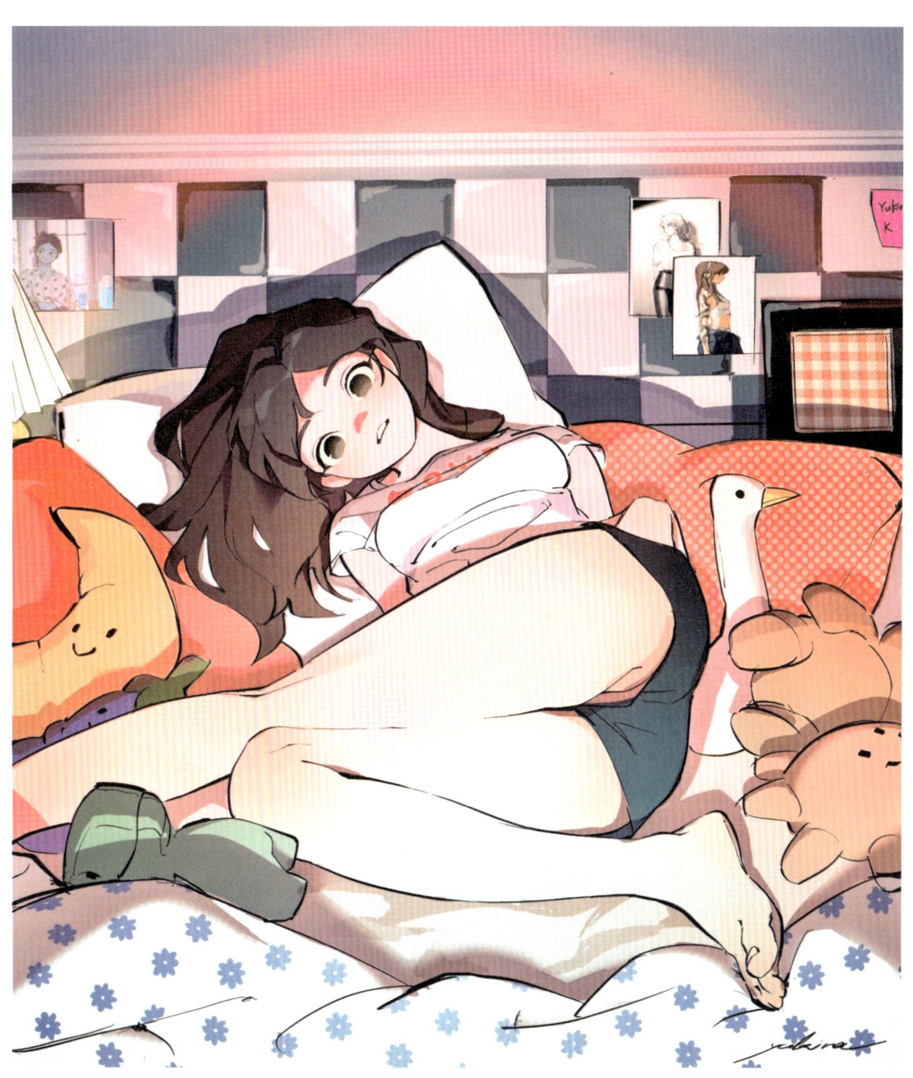

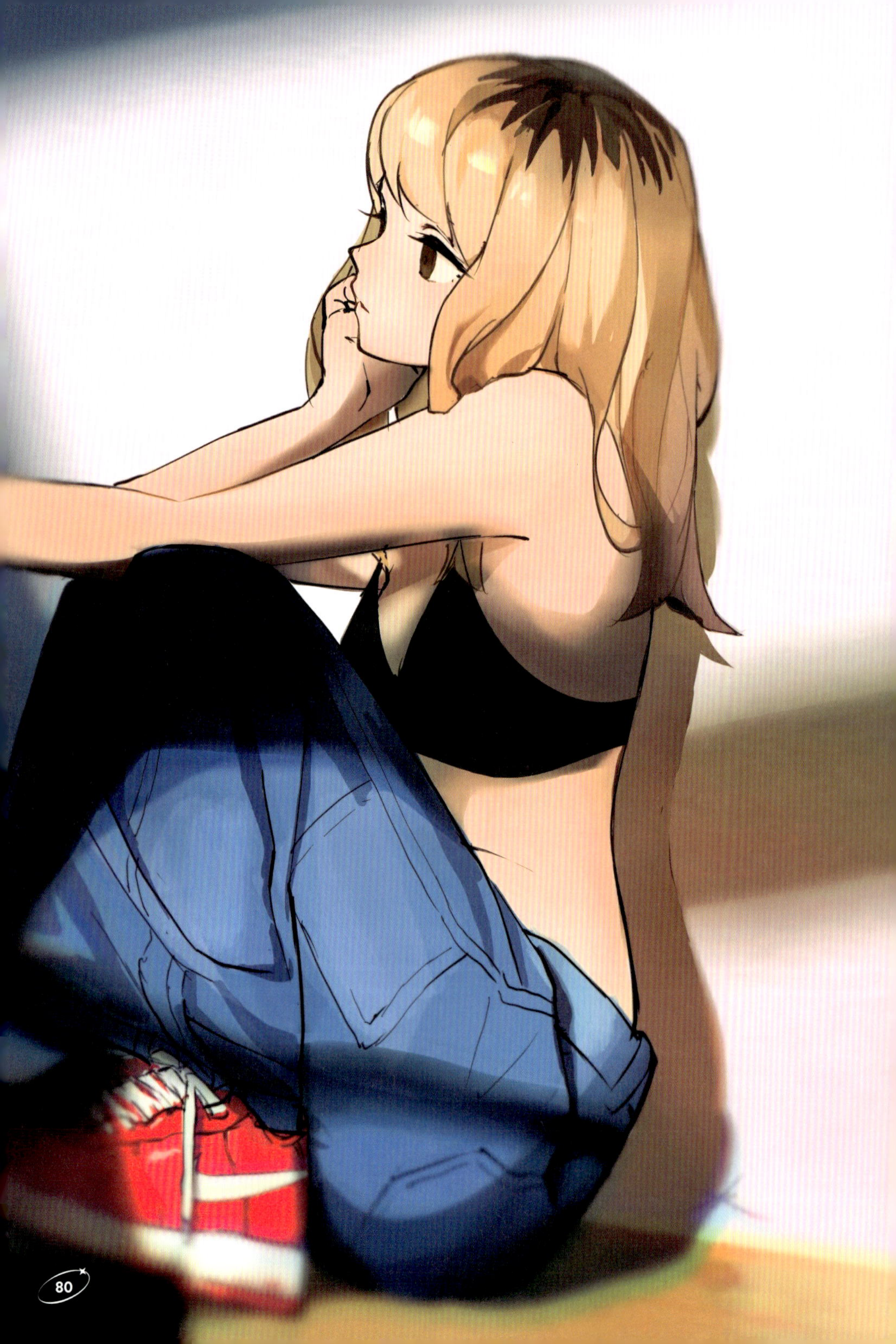

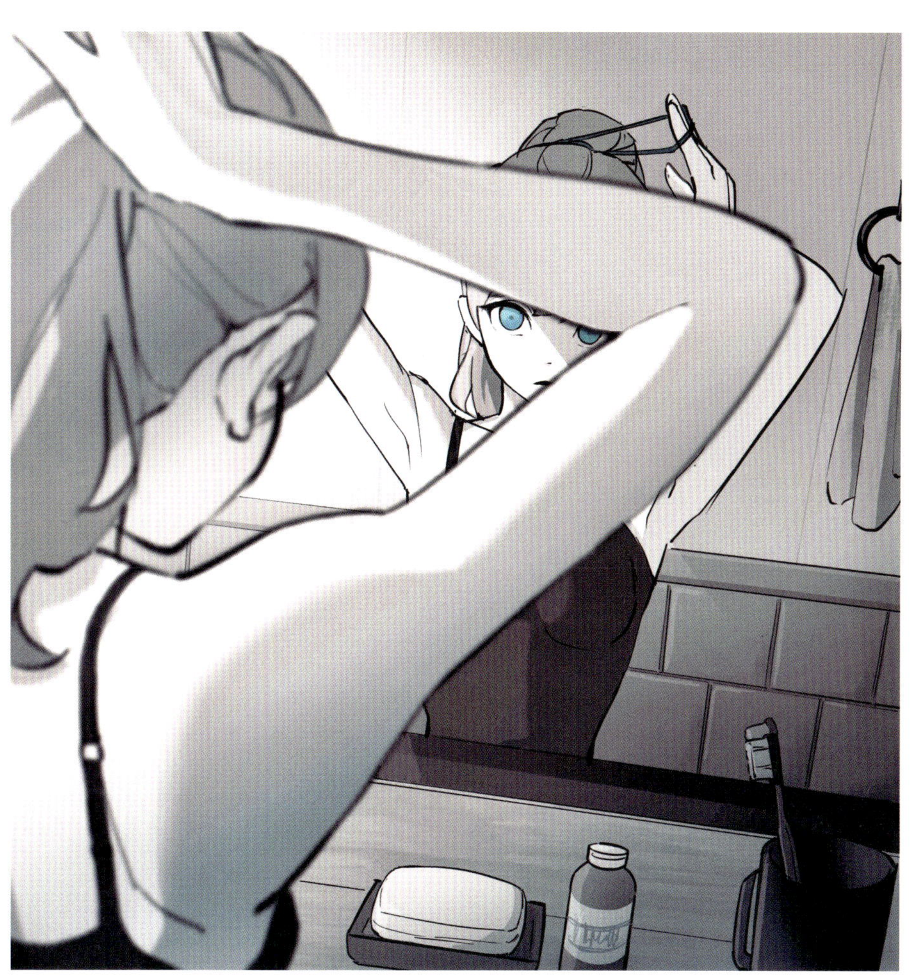

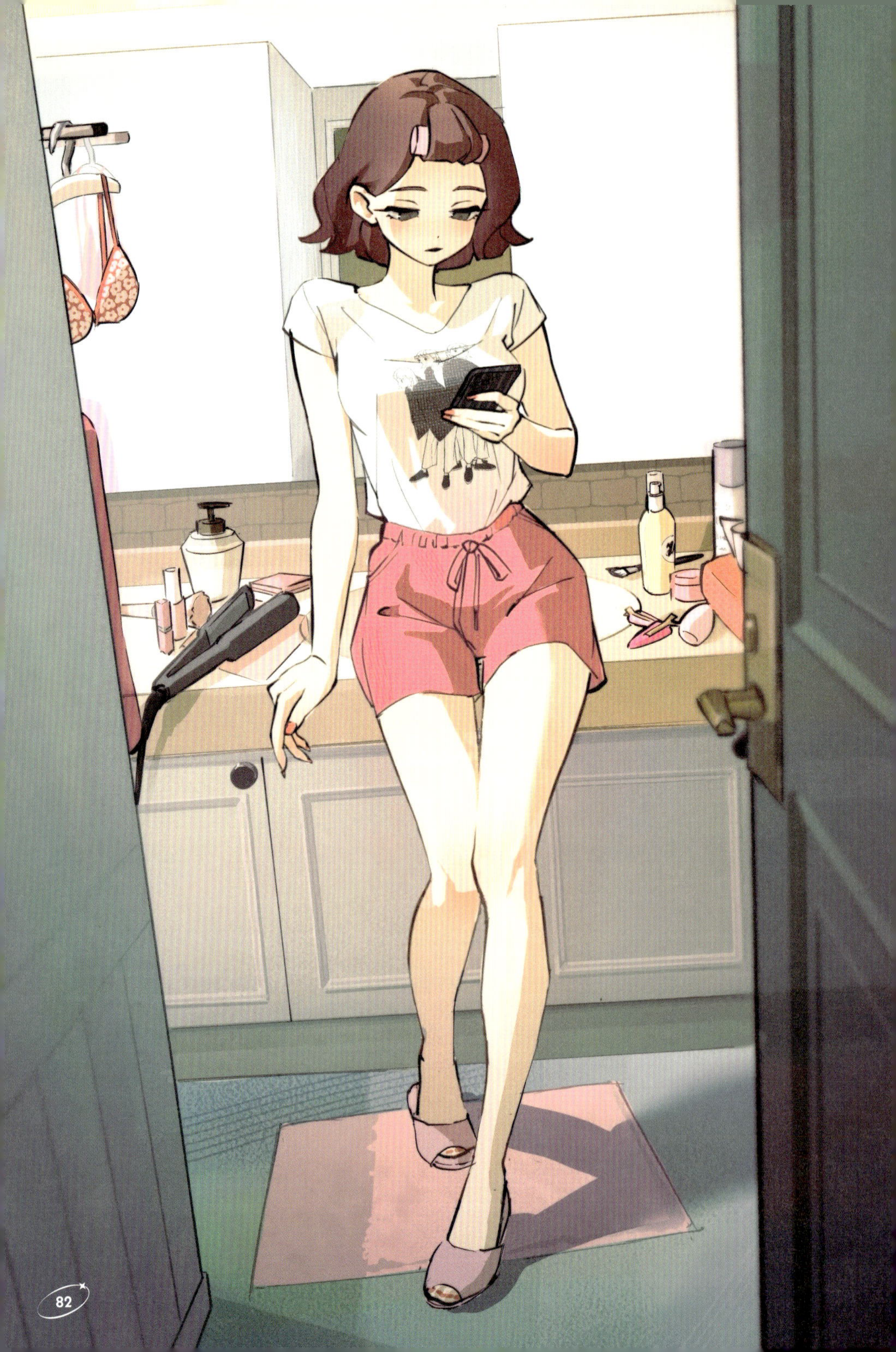

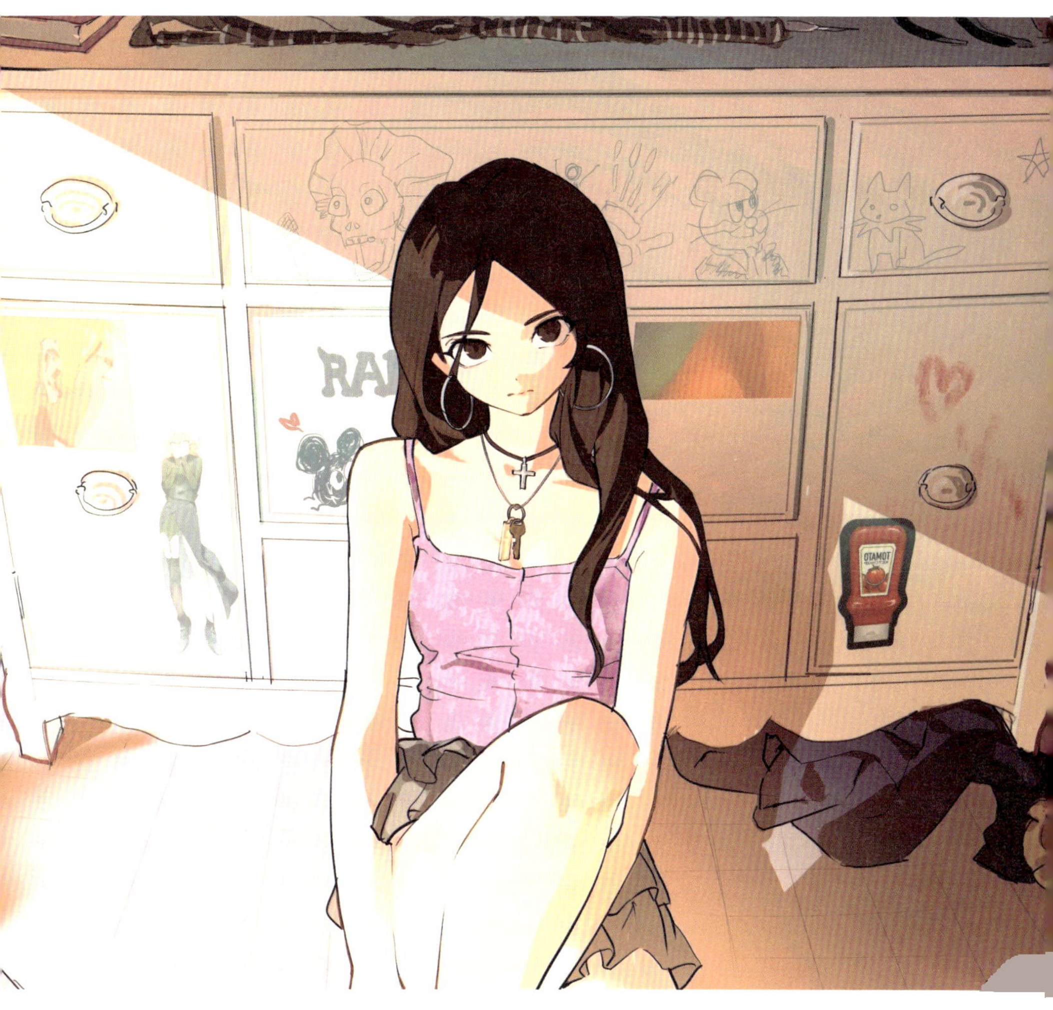
OTAMOT

Costume Themes

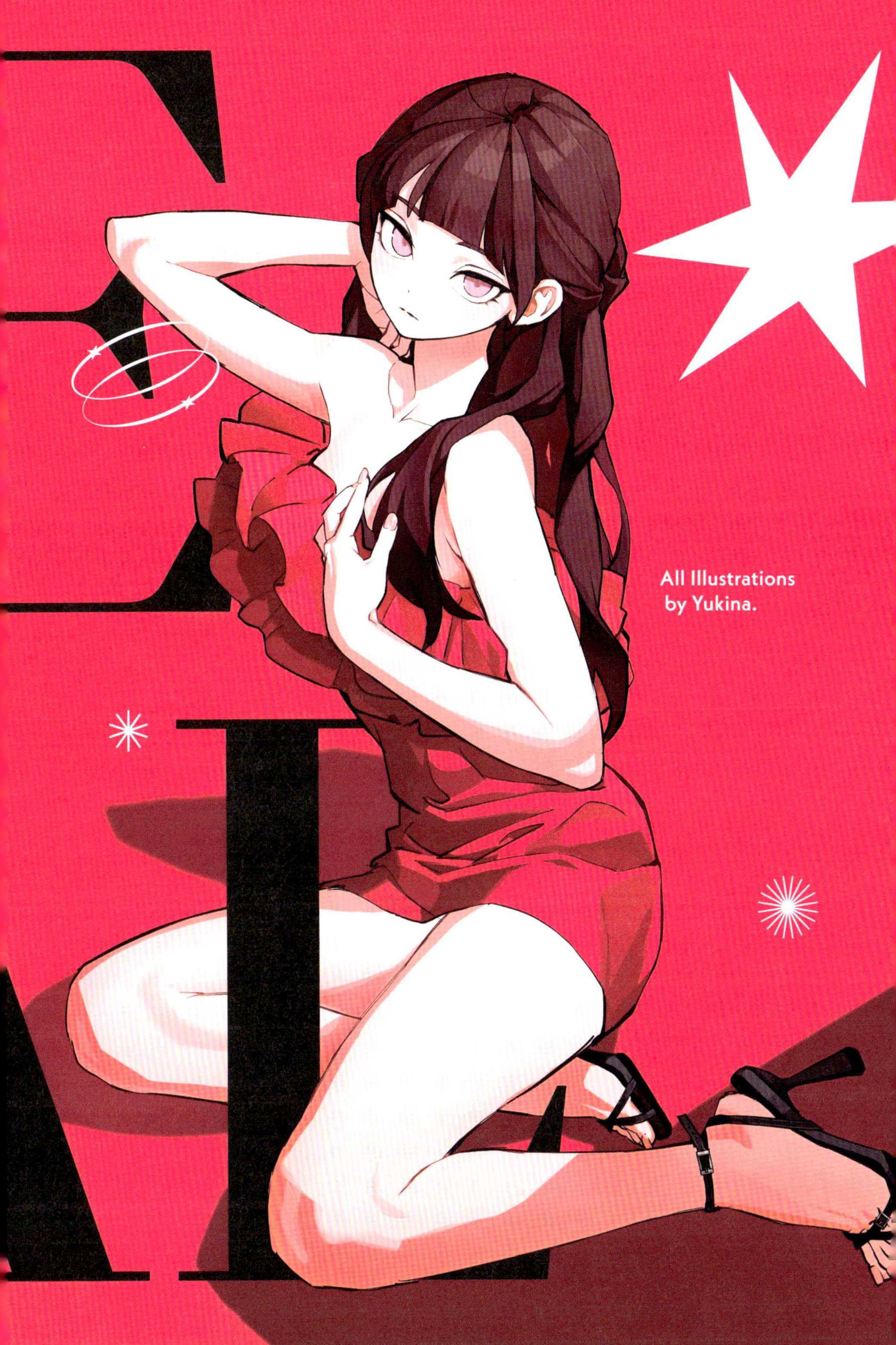
All Illustrations
by Yukina.

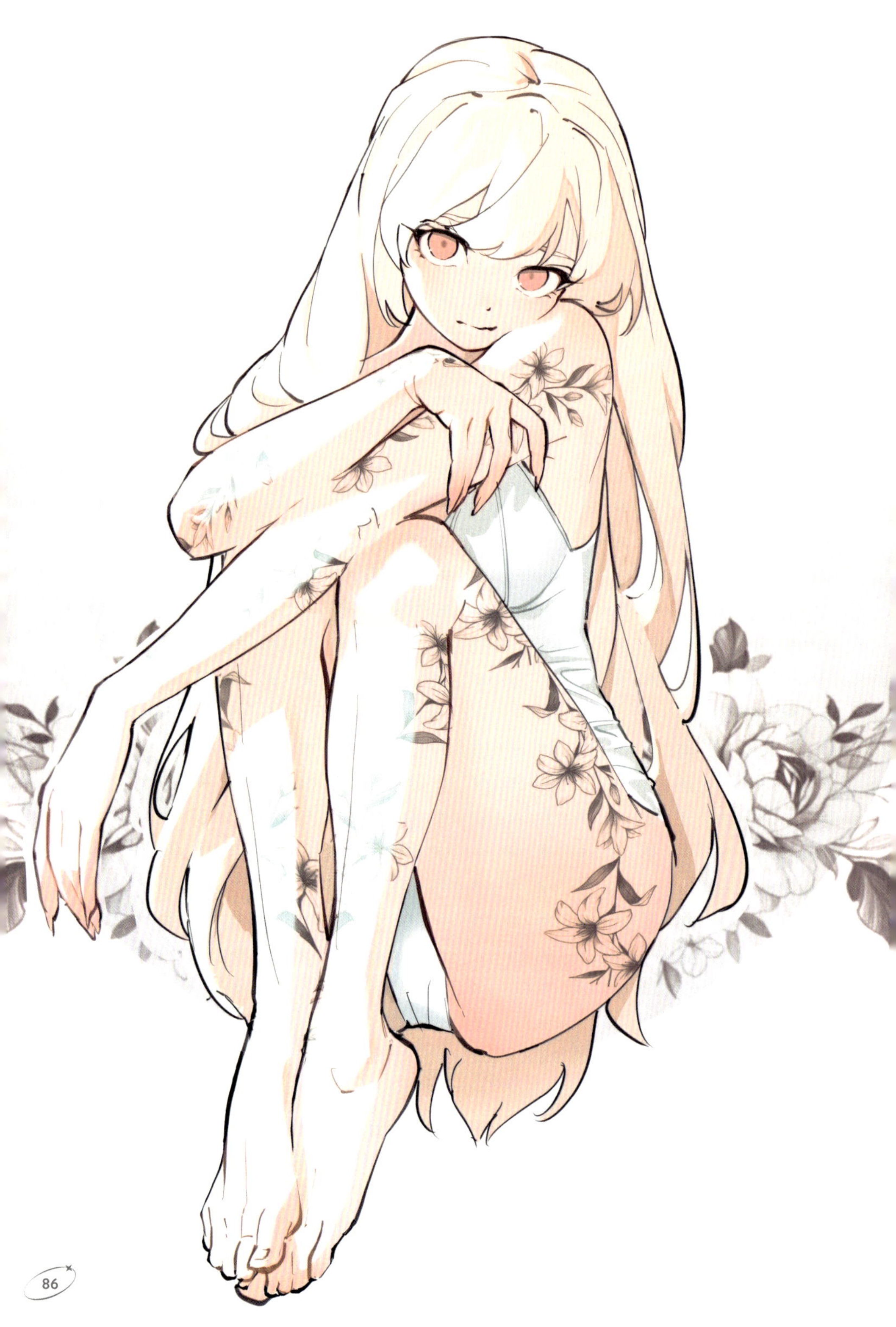

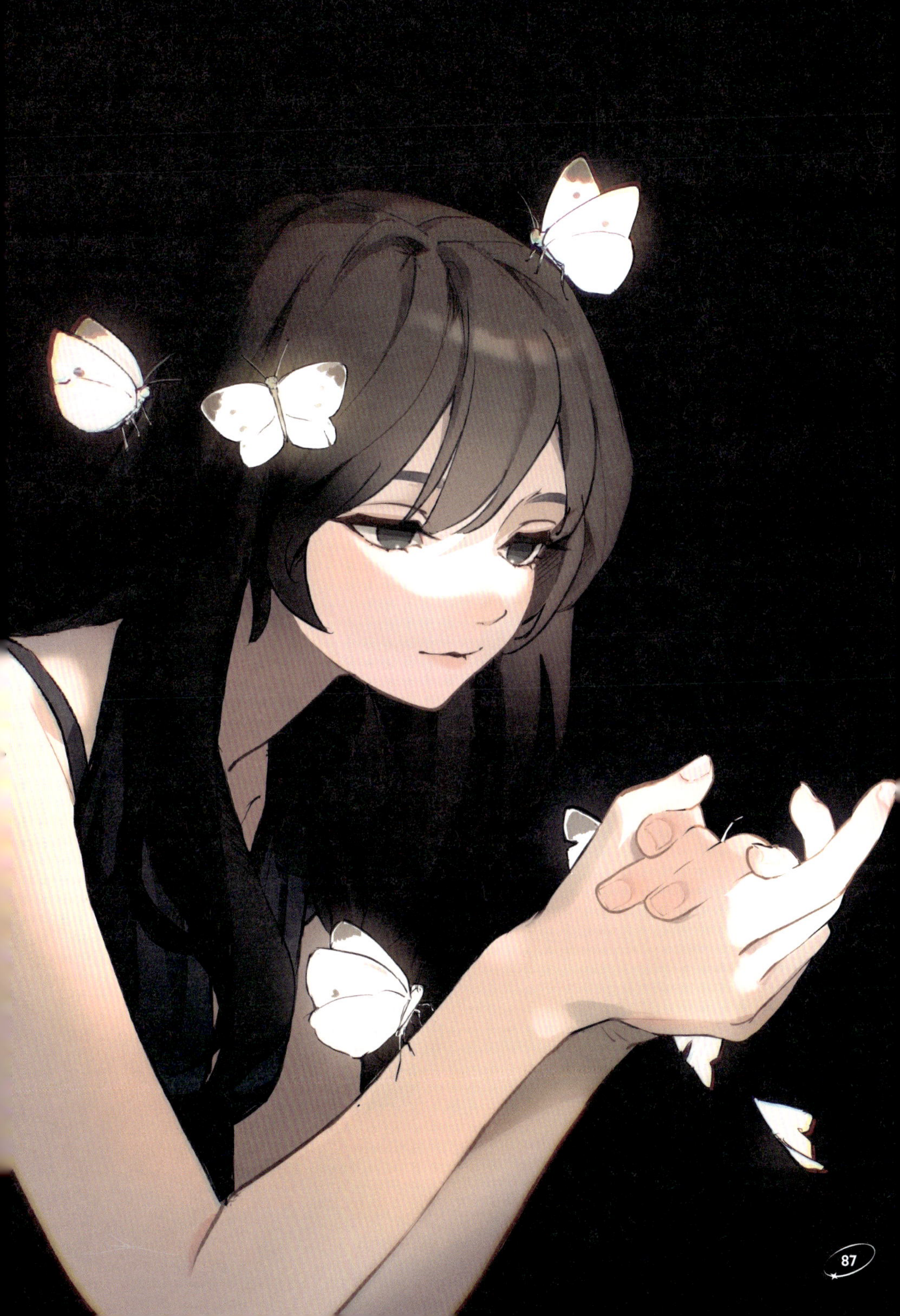

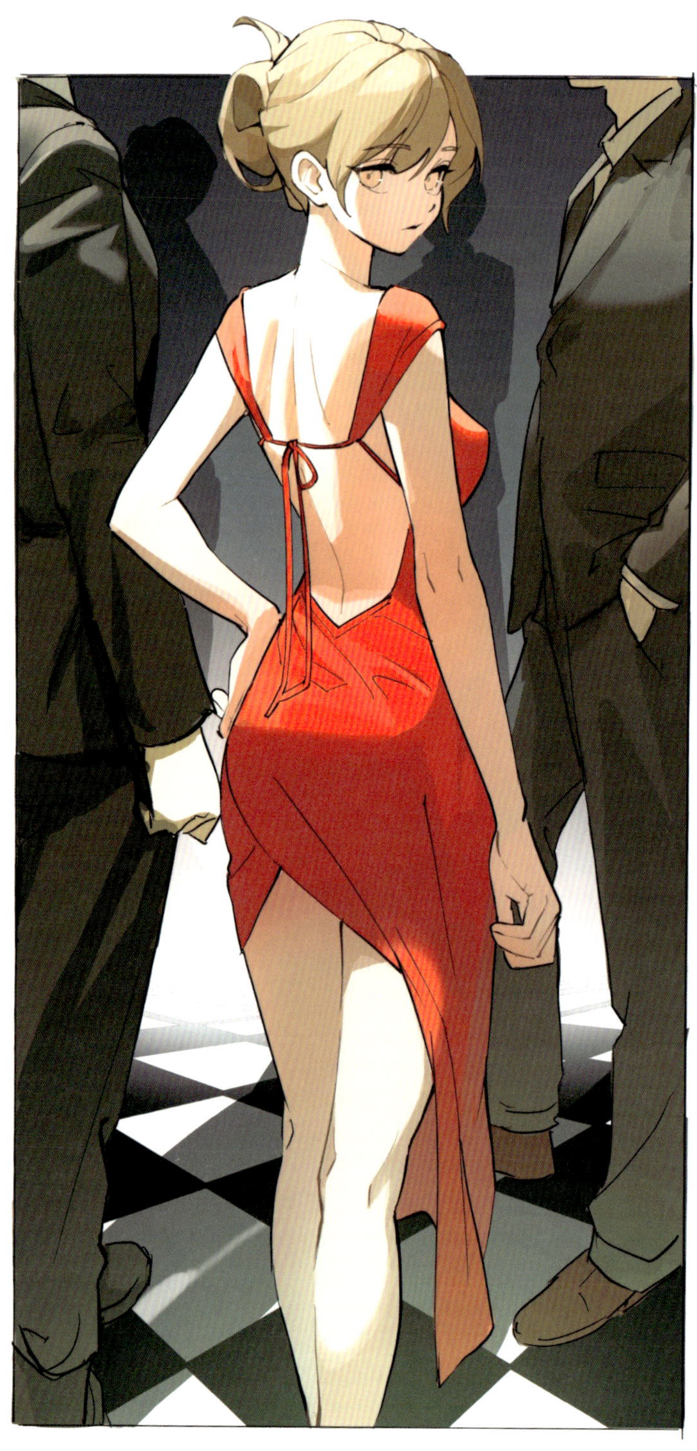

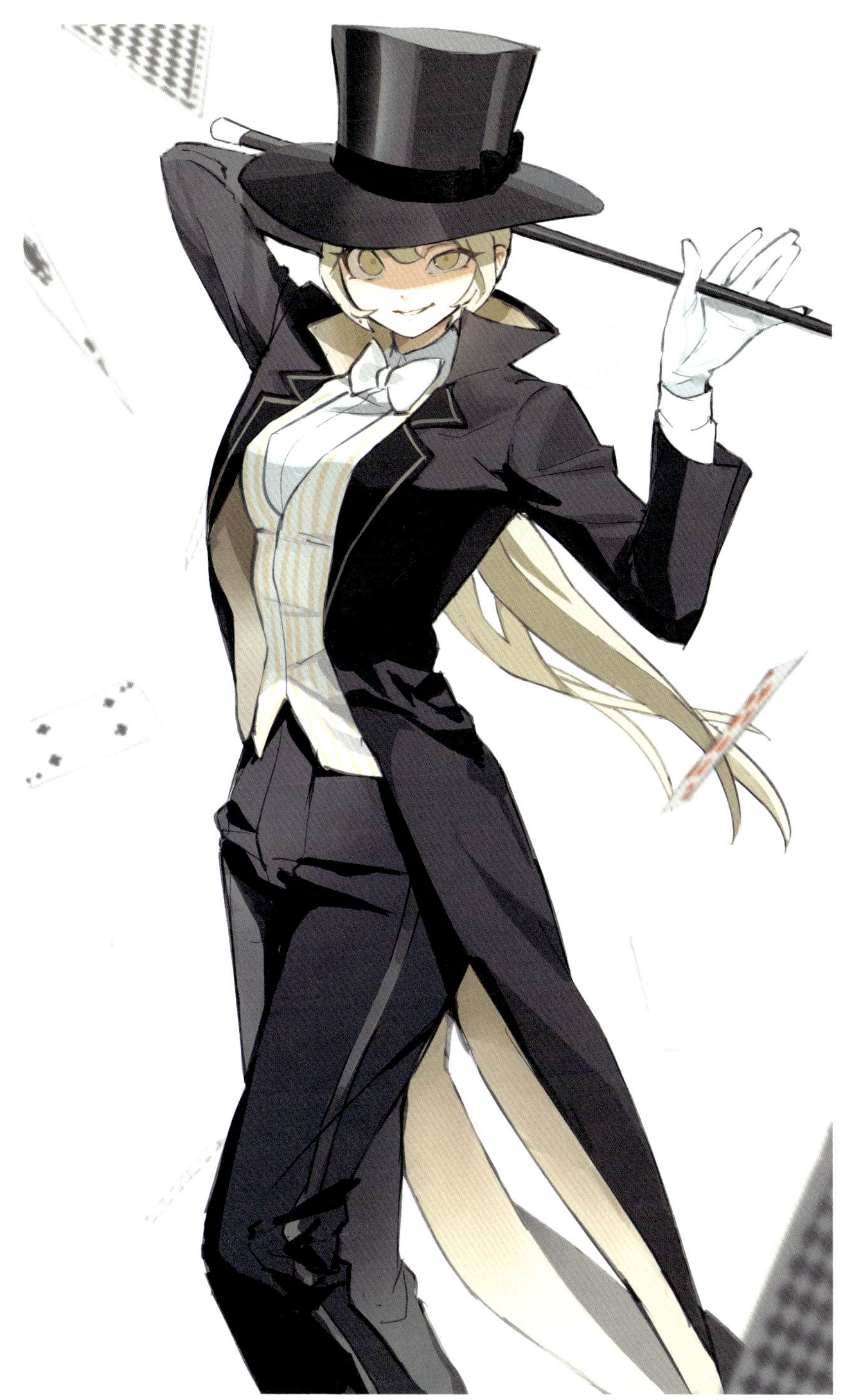

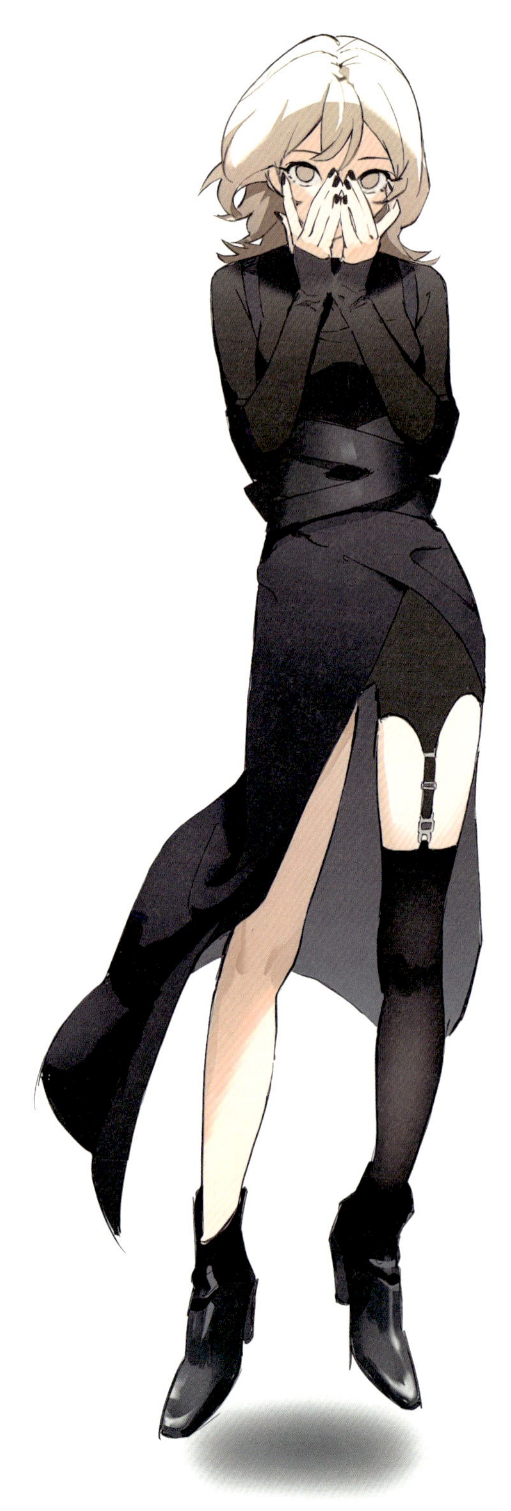

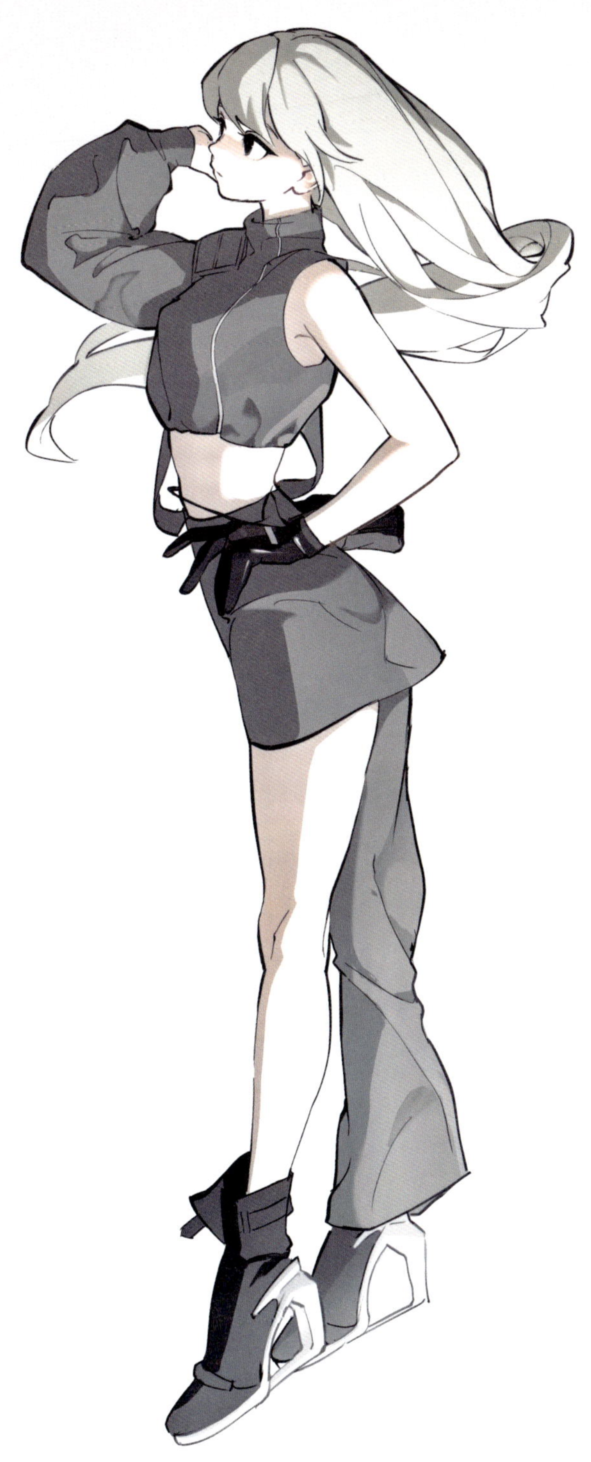

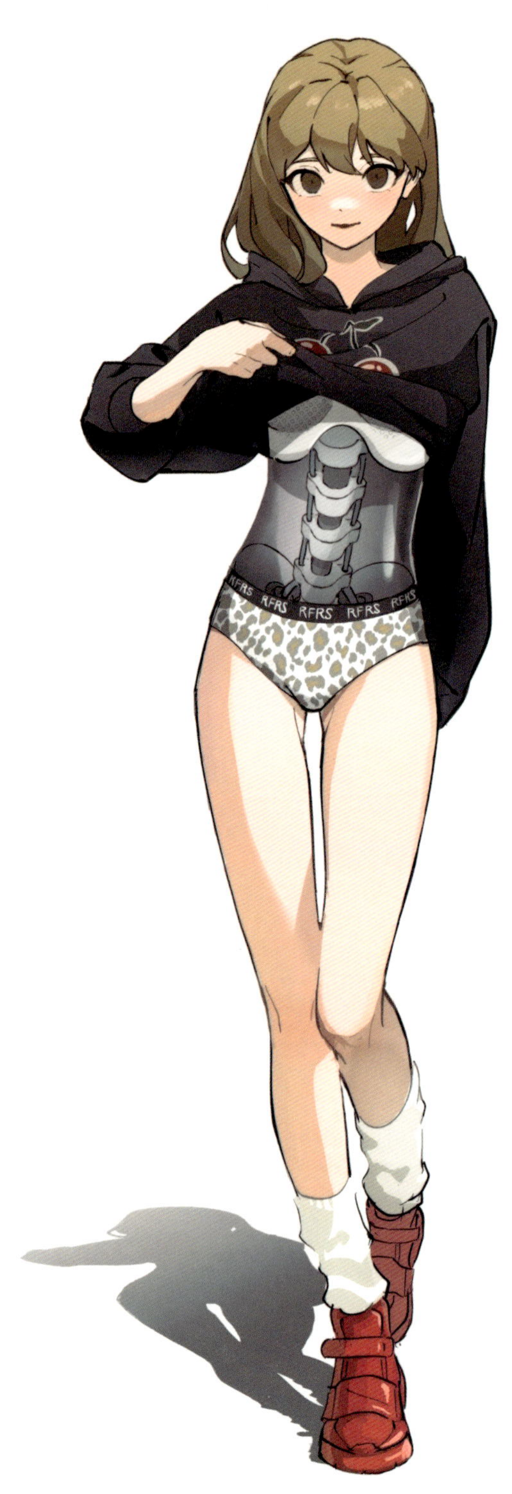
RFRS RFRS RFRS RFRS

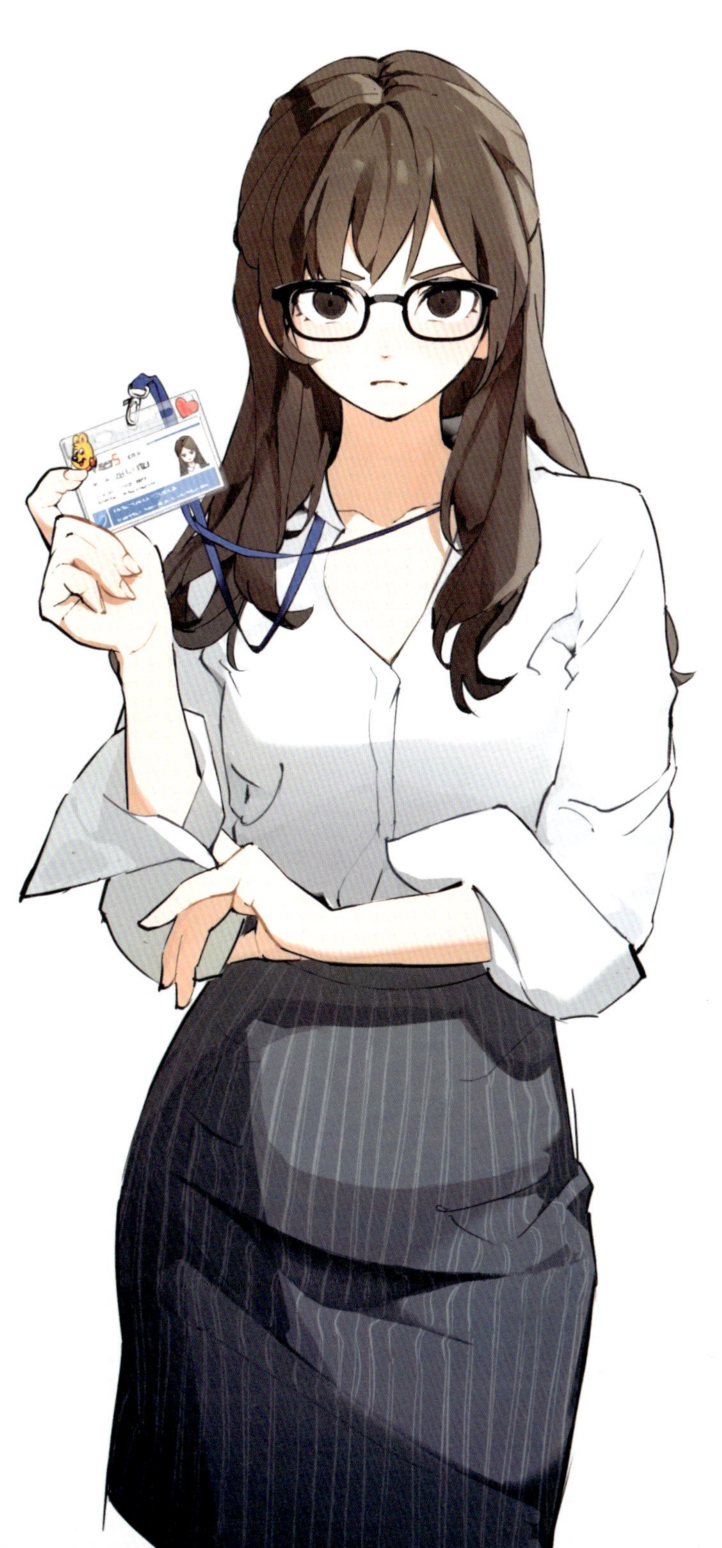

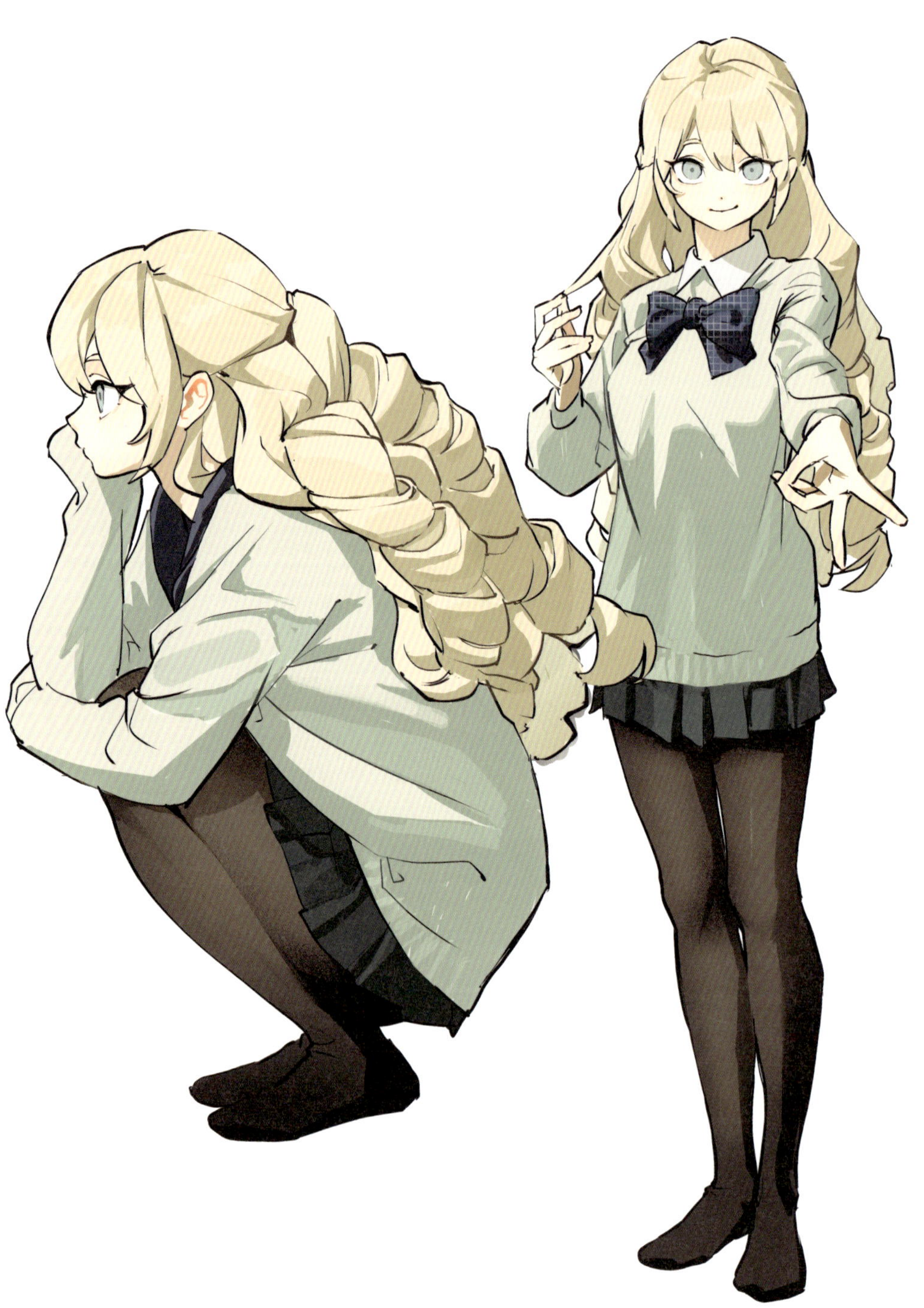

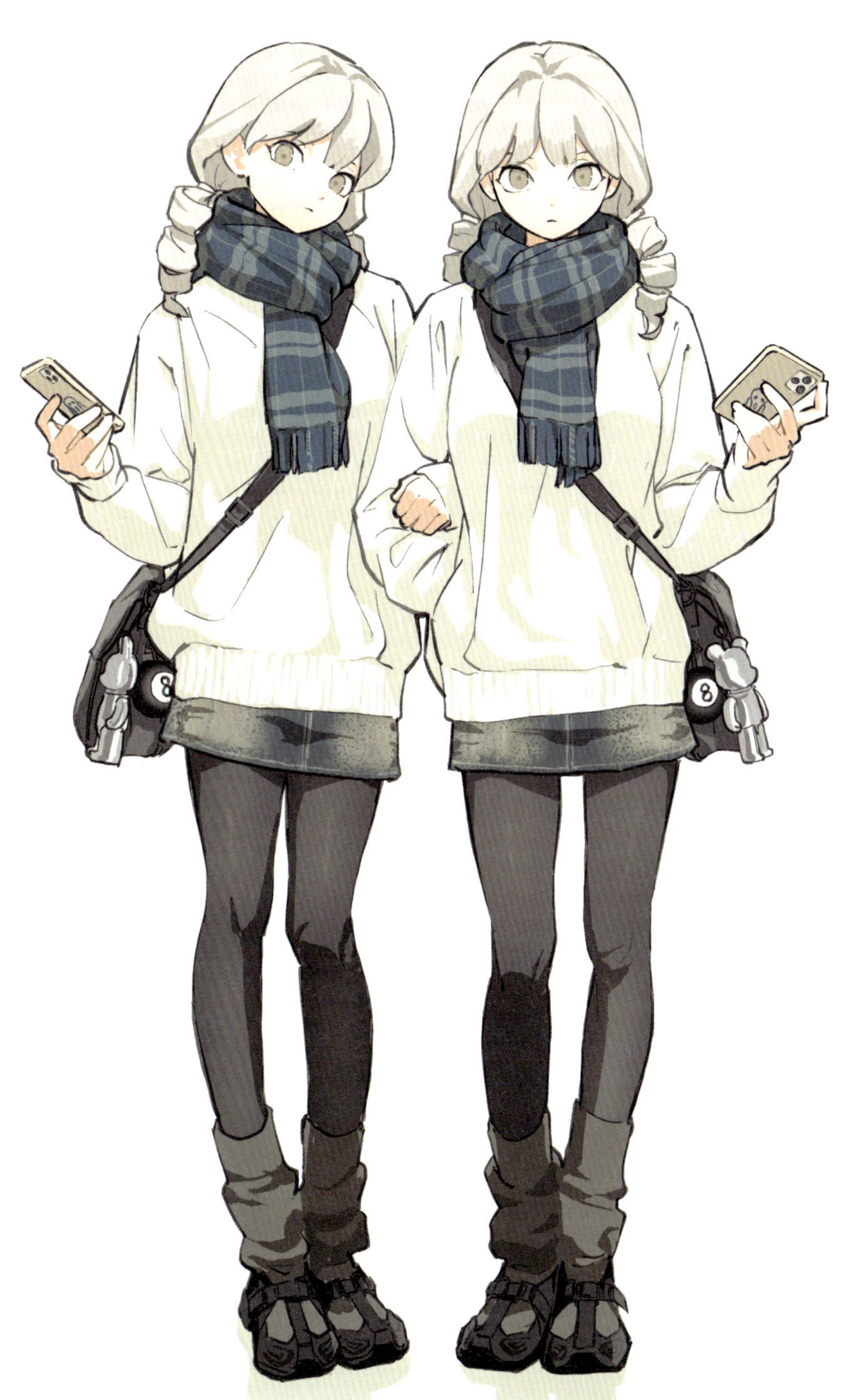

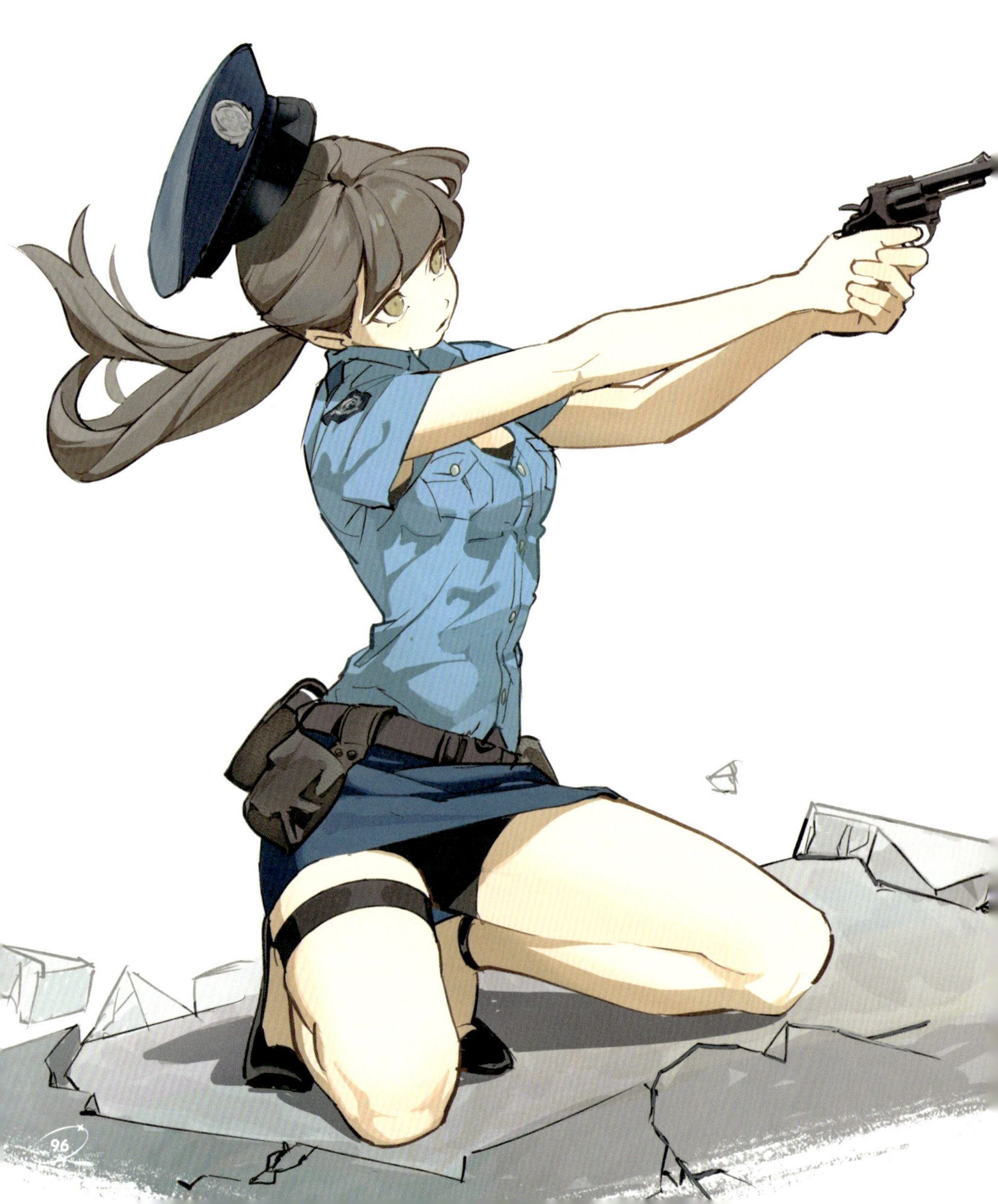

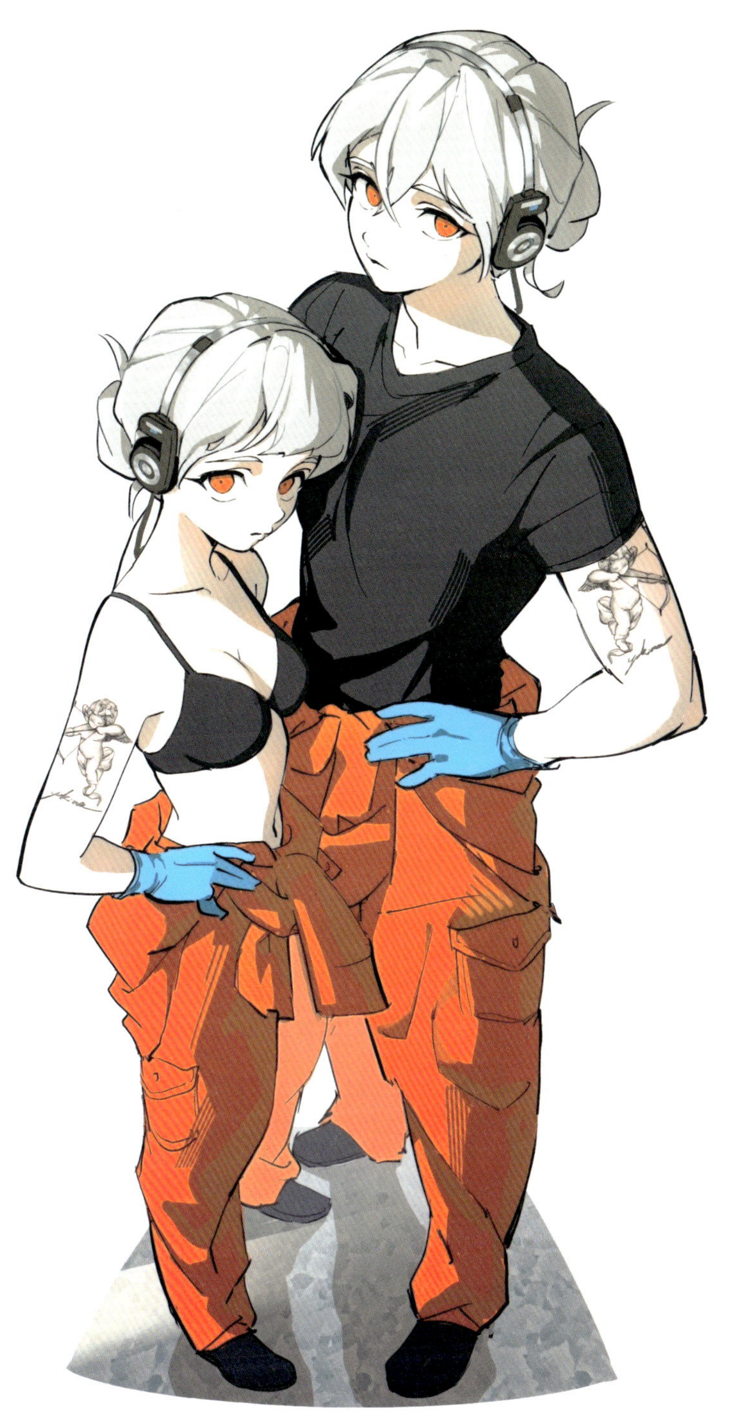

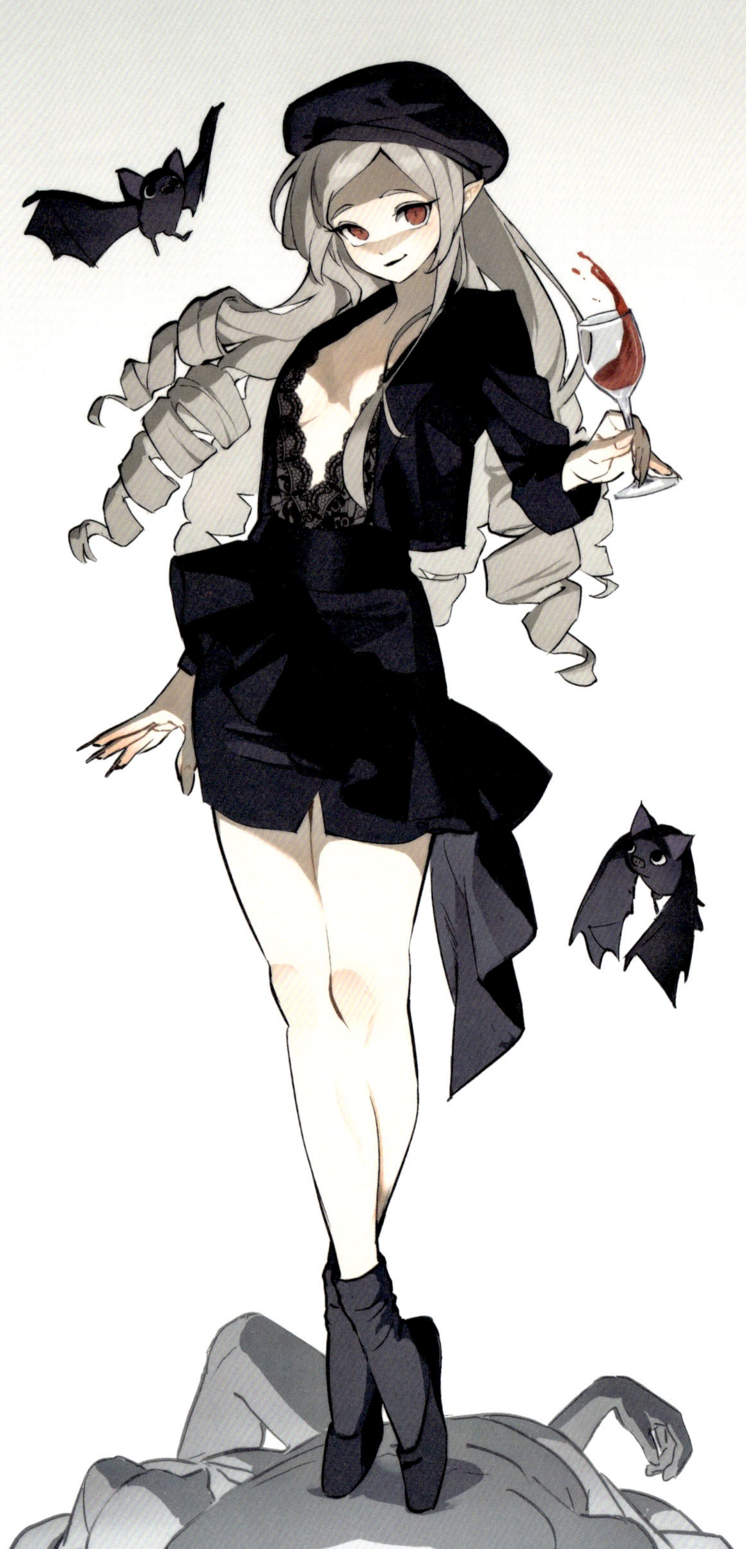

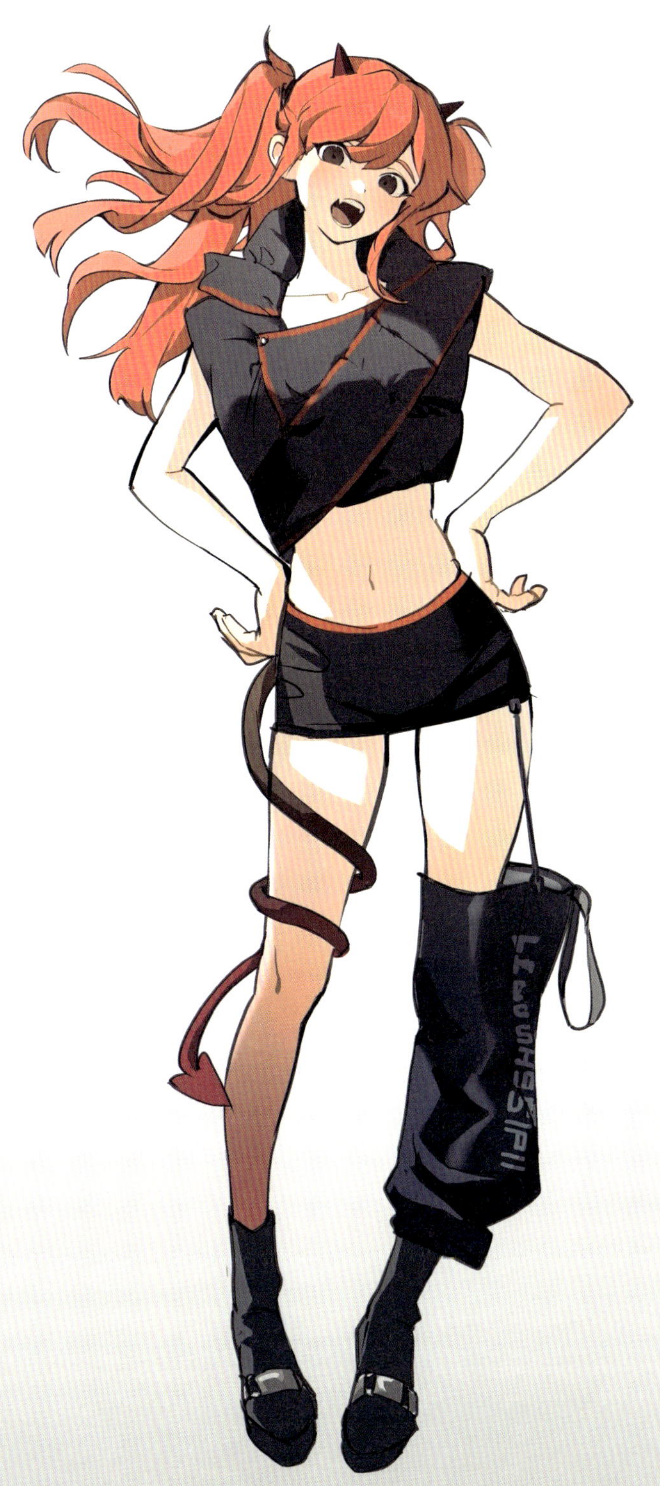

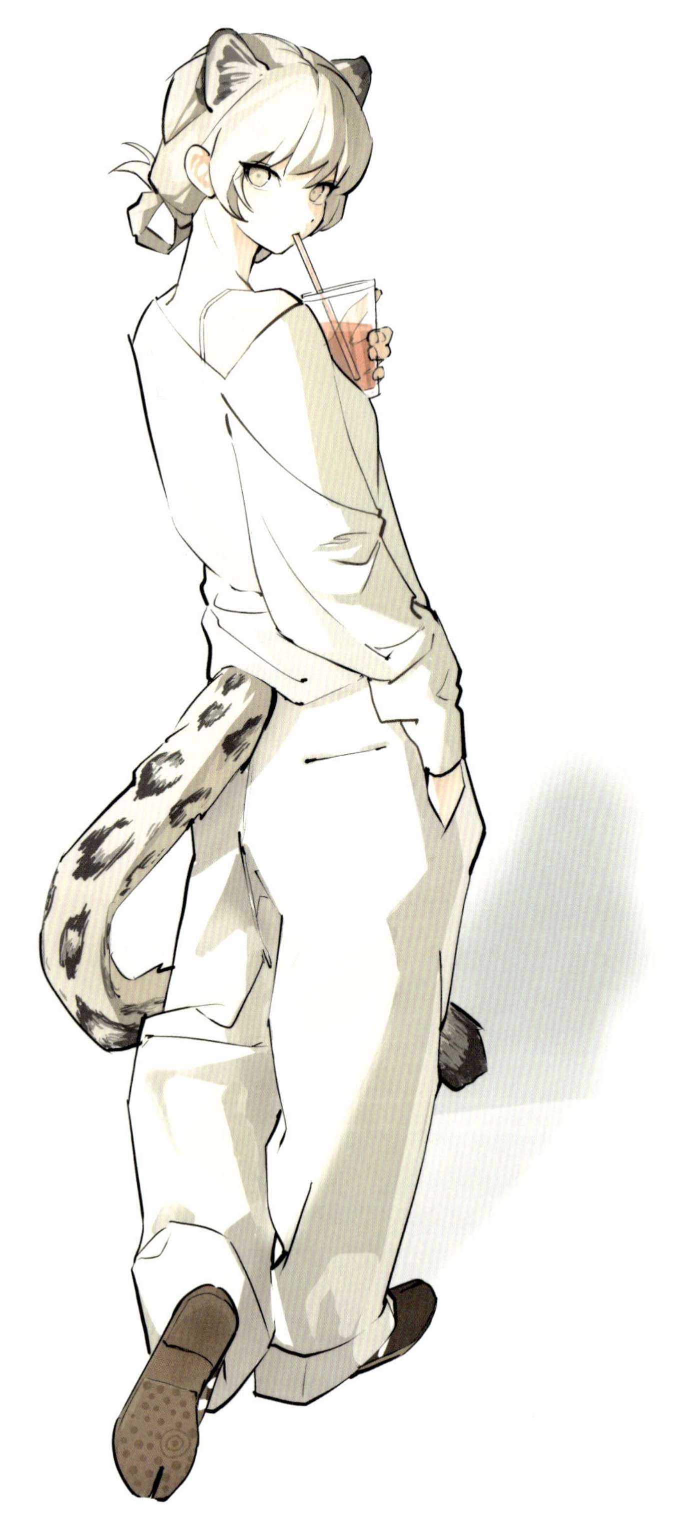

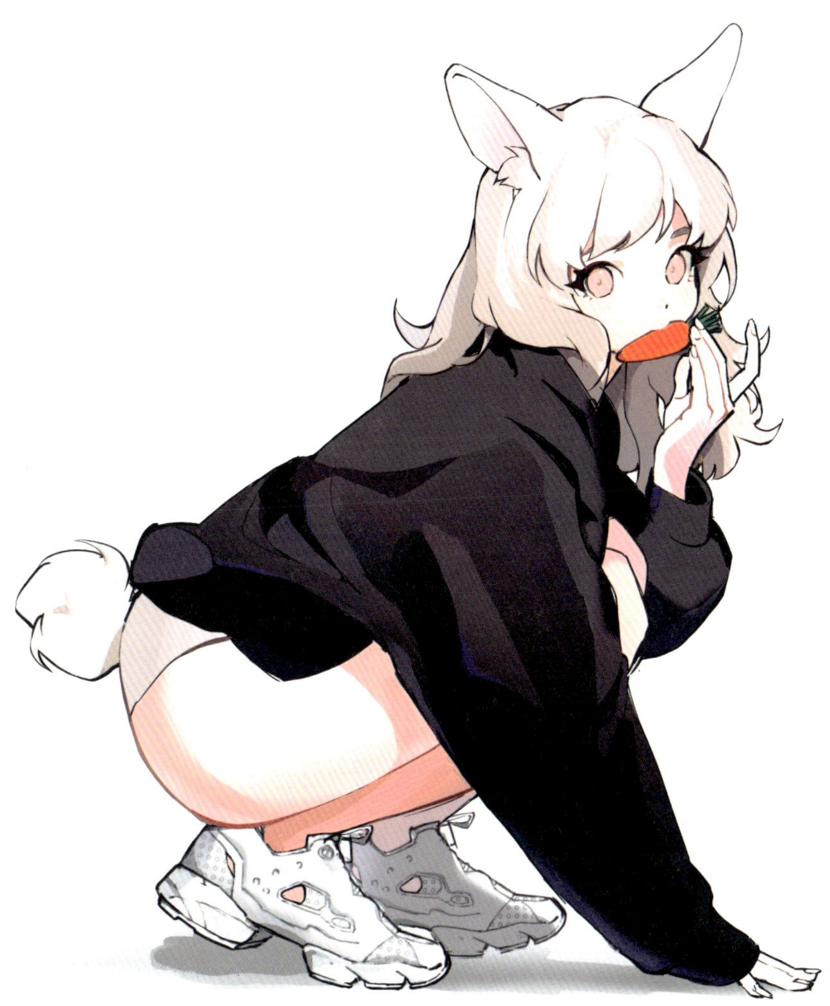

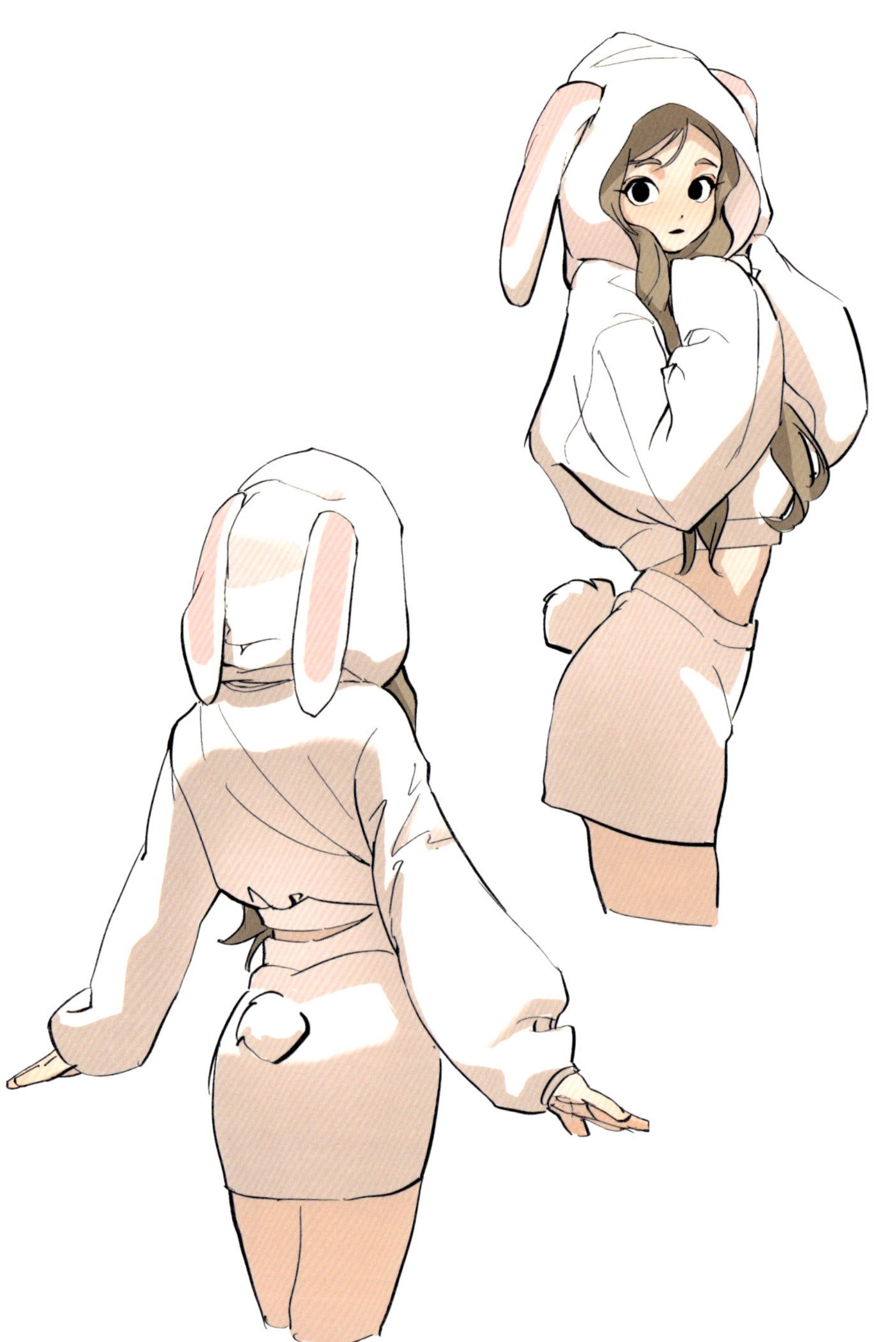

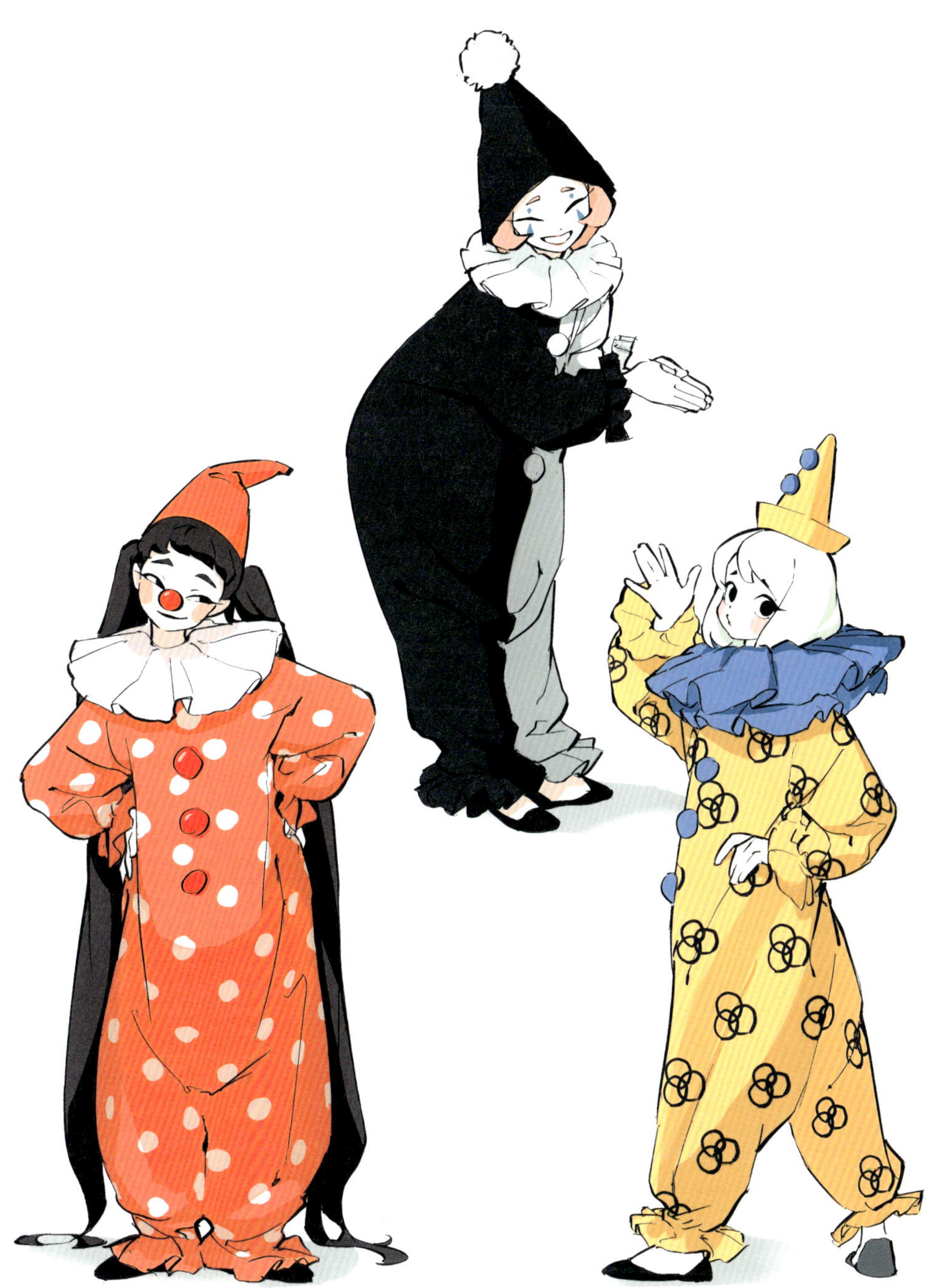

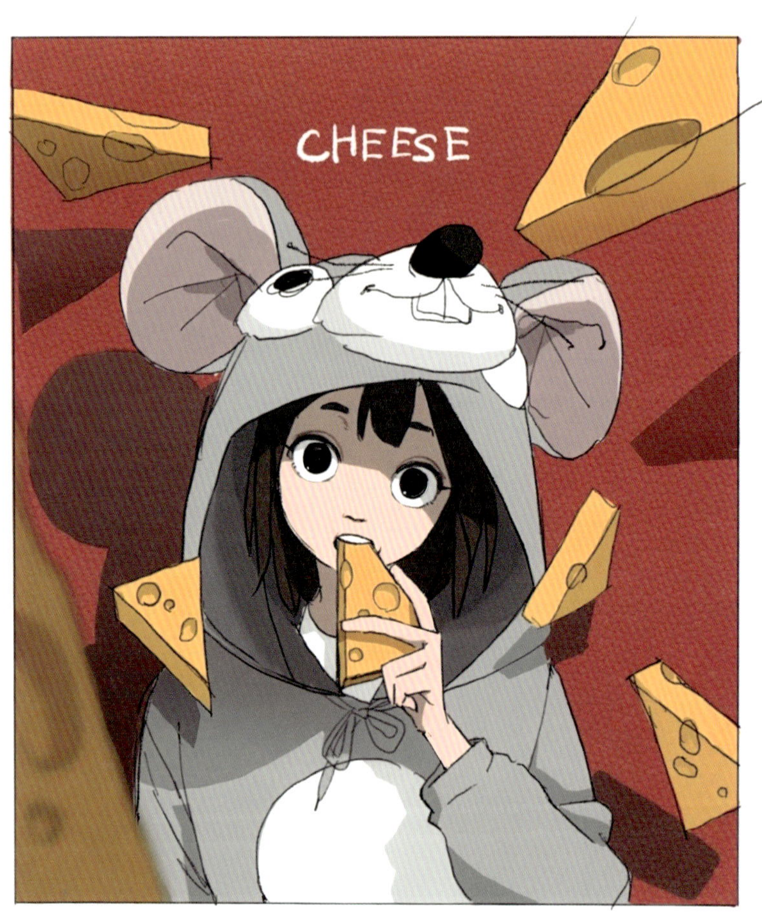
CHEESE

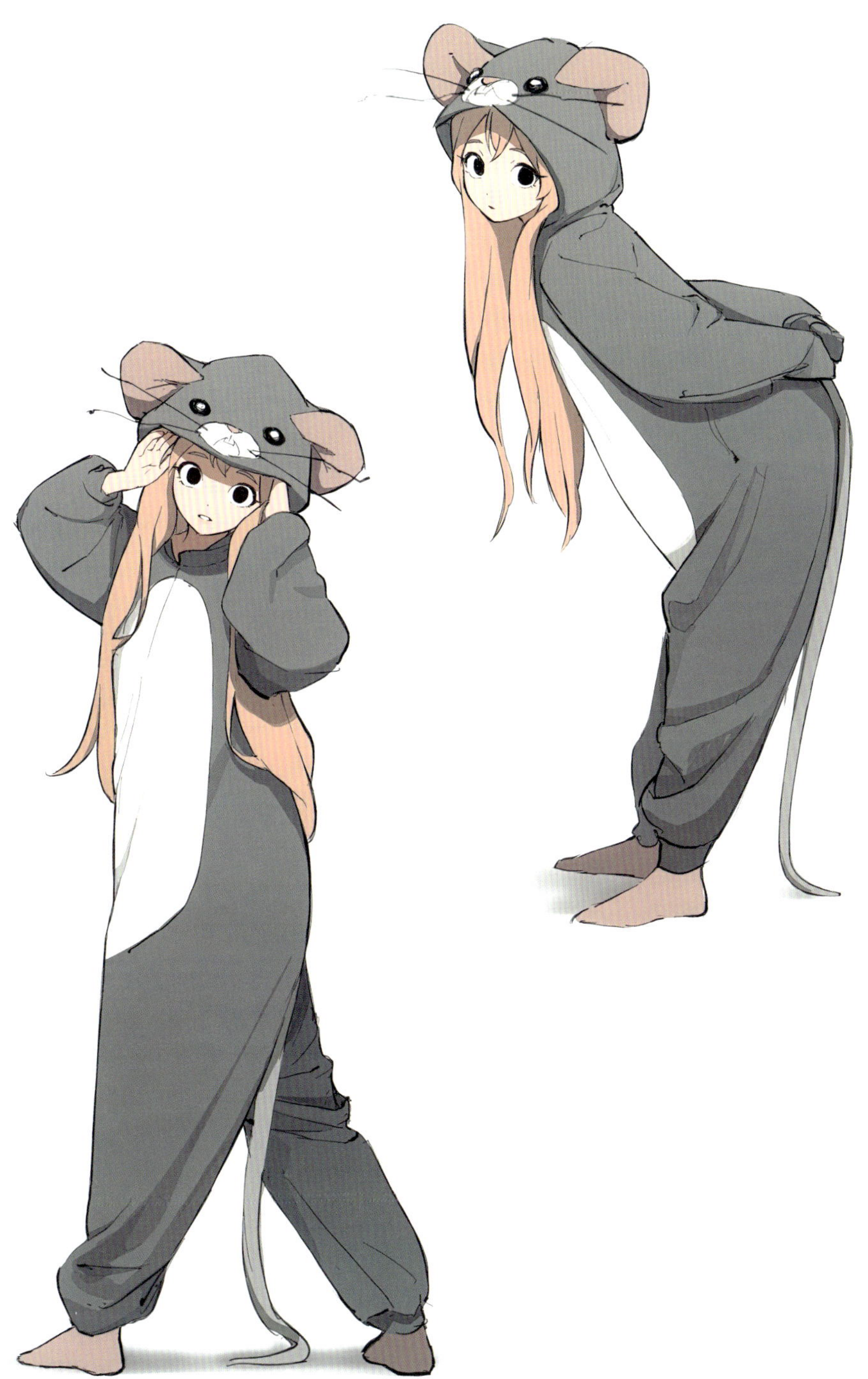

INDEX

List of Works

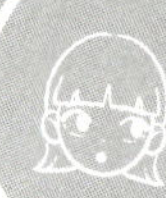

page 32 (2023)

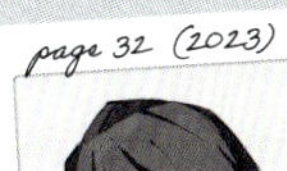

落書きです。いい顔♪

page 33 (2023)

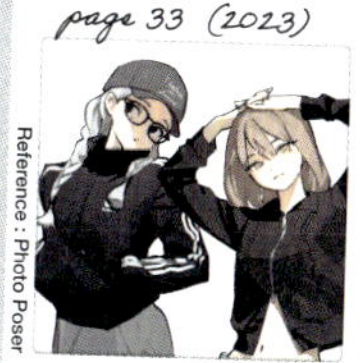

Reference : Photo Poser

描いてて楽しかった絵です。

page 34 (2023)

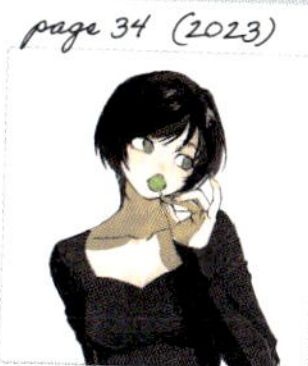

落書きです。いつもと描き方を変えてみました。

page 35 (2024)

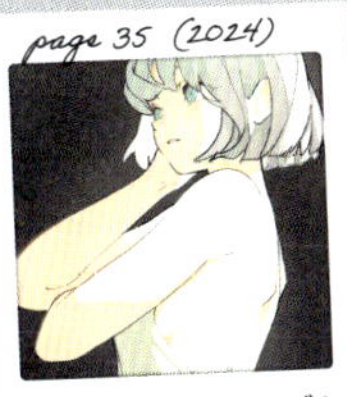

良い肩甲骨を描けた絵です。

page 36 (2022)

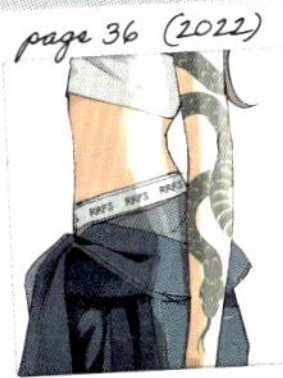

蛇のタトゥーをコンセプトにした絵です。

page 37 (2023)

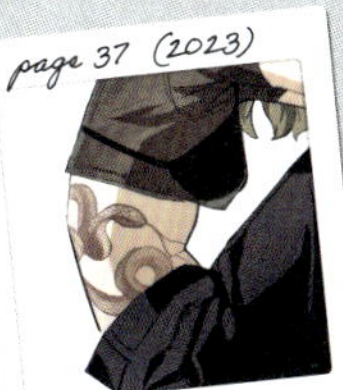

同じく、蛇のタトゥーをコンセプトにした絵です。

page 38 (2023)

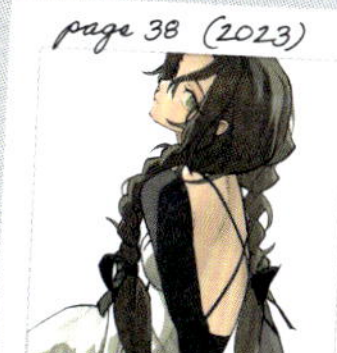

ロングヘアと背中が描きたかった絵です。

page 39 (2024)

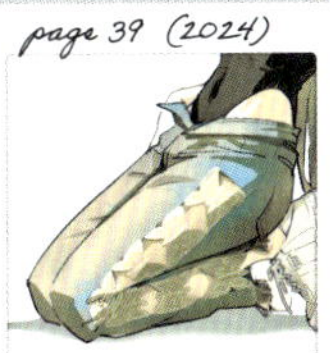

こんな感じのデニムを見つけて、良いなと思ったので描きました。

page 40 (2023)

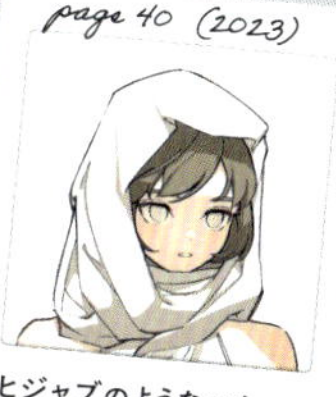

ヒジャブのようなスカーフを巻いた子が描きたかった絵です。

page 41 (2023)

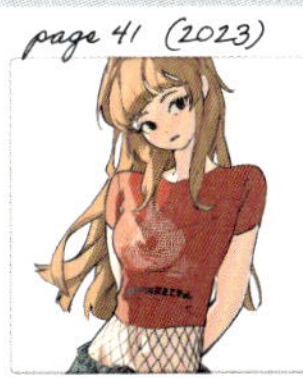

あみあみがコンセプトの絵です。

page 42 (2023)

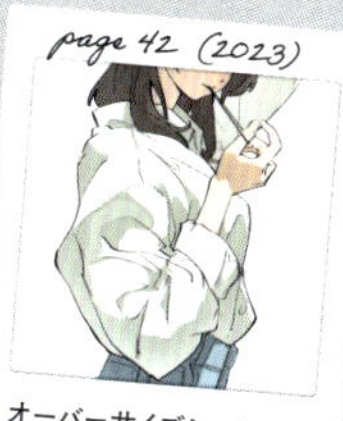

オーバーサイズシャツのシワは良いですね♪

page 43 (2022)

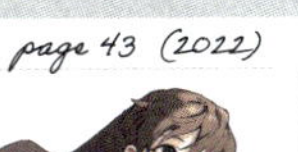

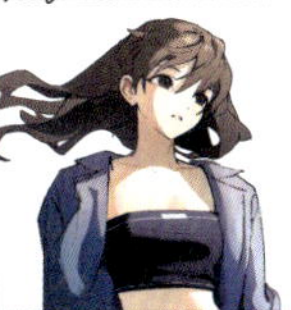

描き直したい絵ですが、当時の好きが詰まっているのでこのままにしておきます。

page 44 (2023)

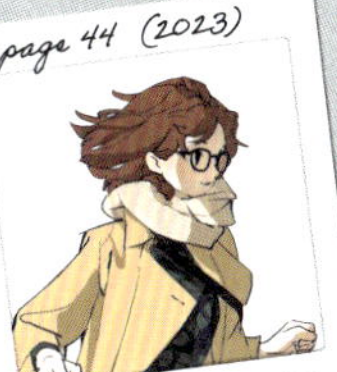

描いた記憶がないです。でも描いたんだと思います。

page 45 (2023)

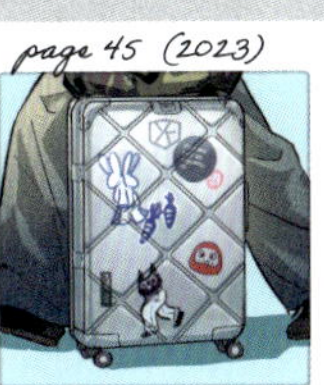

コンセプトは、旅先で買ったステッカーをキャリーケースにどんどん貼っていく子。

page 46-47 (2023)

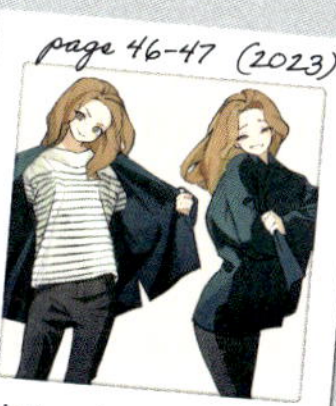

自分のポーズ写真を見ながら描きました。顔は願望です……。

page 48 (2022)

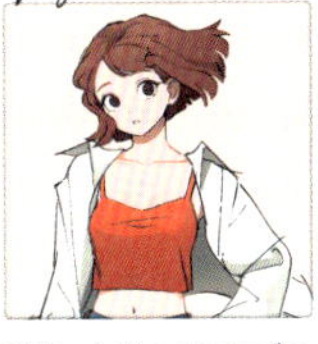

昔描いた絵のリメイクです。またさらにリメイクしたいです。

page 49 (2022)

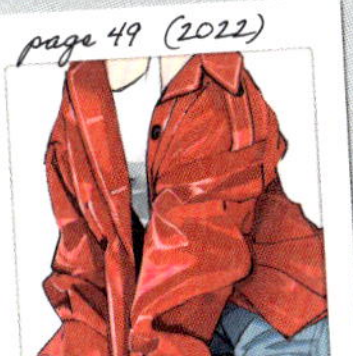

赤レザージャケットのシワが描きたかった絵です。

page 50 (2022)

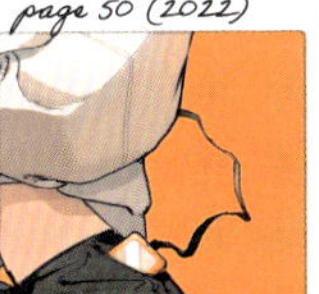

ヘッドホンのワイヤーって買ったばかりだと折り目がついてたりするな、という絵です。

page 51 (2022)

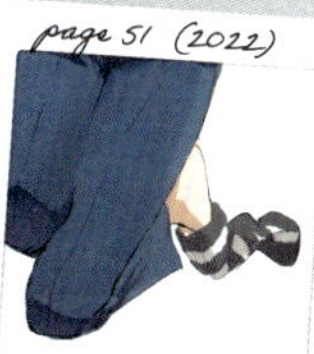

持っている靴下を履かせました。よくこんな感じで爪先だけで履いています。

page 52 (2023)

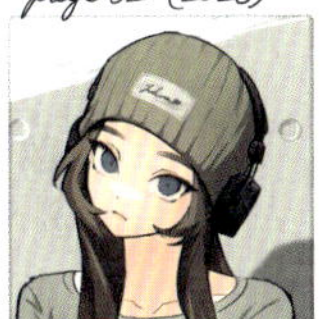

ニット帽にヘッドホンが描きたかった絵です。

page 53 (2023)

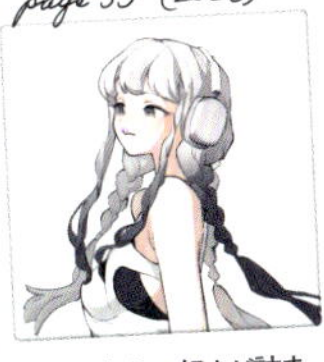

当時の自分の好きが詰まっています。納得のいっていない絵ですが思い出です。

page 54 (2023)

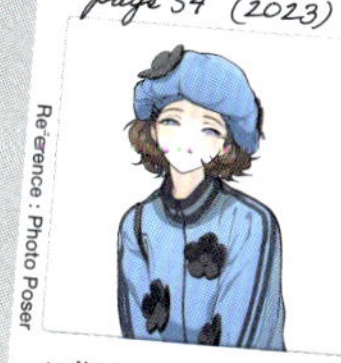

Reference : Photo Poser

お花が可愛い服のコーデを参考にしました。

page 55 (2023)

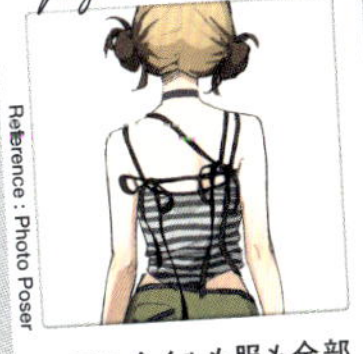

Reference : Photo Poser

ヘアスタイルも服も全部可愛いかったコーデを、参考にしました。可愛い！

page 56 (2023)

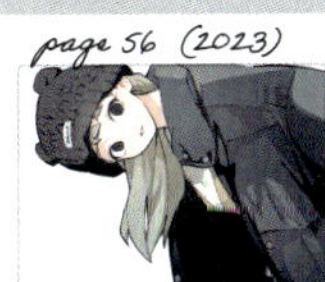

くまちゃんニット帽とダウンが描きたかった絵です。足元の雪で心が折れました。

page 57 (2020)

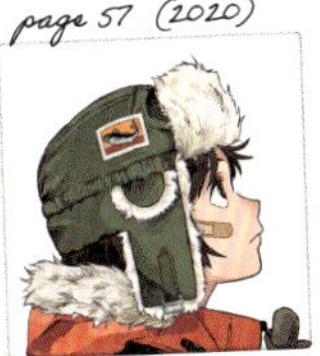

フライトキャップが描きたかったのだと思います。

INDEX

List of Works

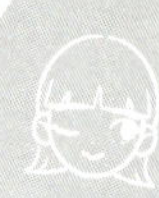

page 57 (2022)

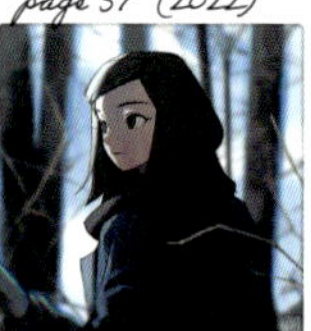

背景の習作です。上手く描けなかったので強めにぼかしてごまかしてます。

page 58 (2021)

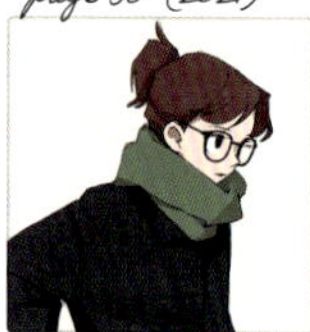

街中で見かけた方を思い出しながら描きました。

page 59 (2022)

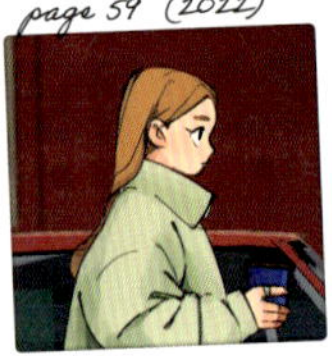

描いてて楽しかったので気に入っています♪

page 60 (2021)

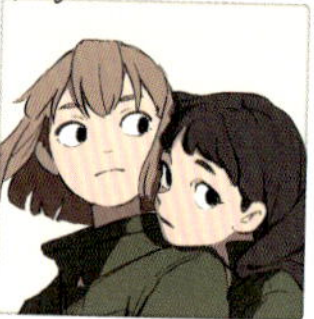

左の人物は、女の子でも男の子でもないイメージで描きました。

page 61 (2022)

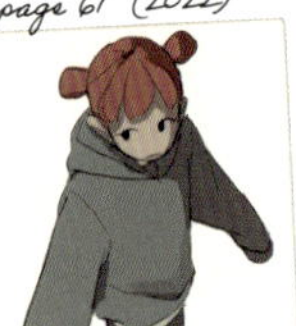

落書きです。この頃からルーズな服が好きでした！

page 62 (2020)

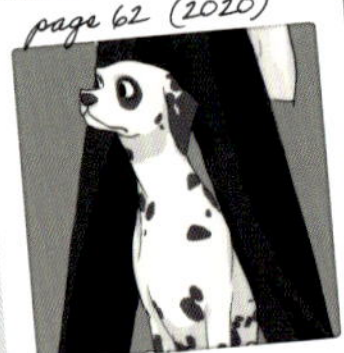

この絵の主役はダルメシアンです。

page 63 (2020-2021)

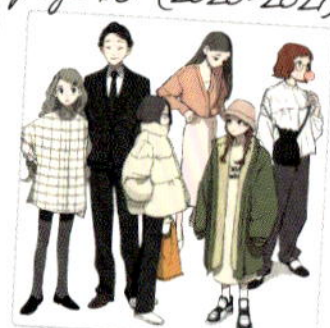

昔描いた絵なのであまり記憶にないですが、執事とお嬢さんの絵が好きですね～♪

page 64-65 (2024)

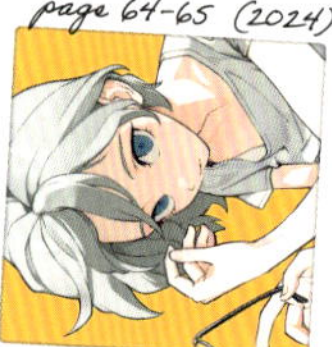

リビングでゴロゴロしている女の子。

page 66 (2023)

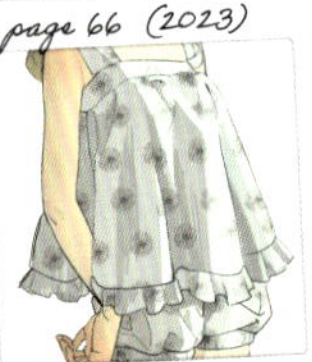

こんな感じの可愛い部屋着を着たくて描きました。

page 67 (2023)

足と表情が気に入っています。

page 68 (2023)

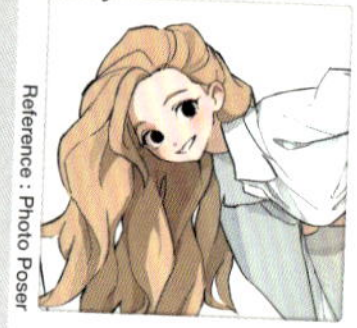

Reference : Photo Poser

シャツのシルエットが好きすぎて描きました。

page 69 (2023)

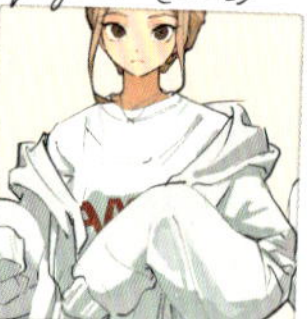

服のシワが描きたかったのだと思います。

page 70 (2023)

カーゴパンツを買ったので描きました。結局あまり履いていません……。

page 71 (2023)

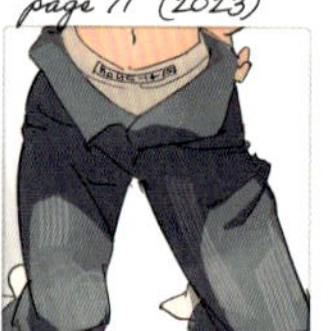

デニム描くのは楽しいな♪と思いながら描きました。

page 72-73 (2022)

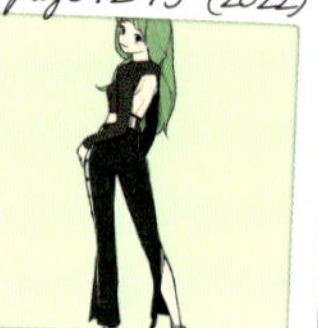

バックオープントップスとスリットパンツ。

page 74-75 (2021)

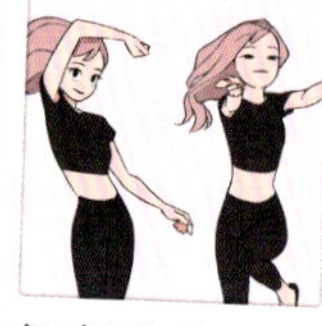

何も考えずに描きました。耳を描き忘れていますがこれはこれで好きです。

page 76 (2023)

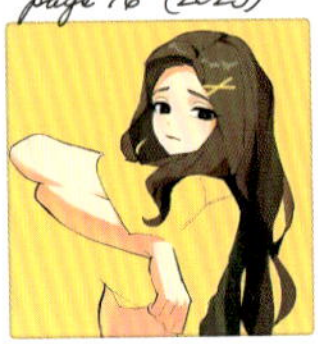

黄色をコンセプトにした絵です。

page 77 (2022)

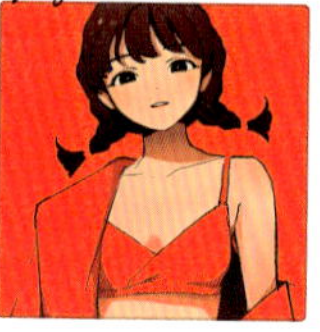

オレンジっぽい赤色をコンセプトにした絵です。

page 78 (2021)

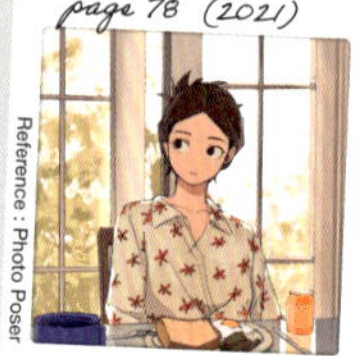

Reference : Photo Poser

背景の習作です。

page 79 (2023)

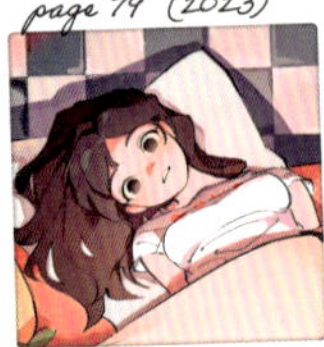

放心状態でテレビを観る子の絵です。テレビ目線のアングル。

page 80 (2022)

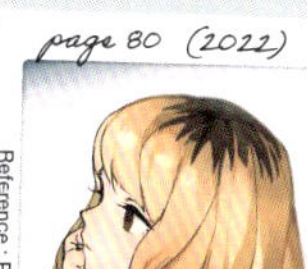

Reference : Photo Poser

プリンヘアを描く楽しさを知った絵です。

page 81 (2023)

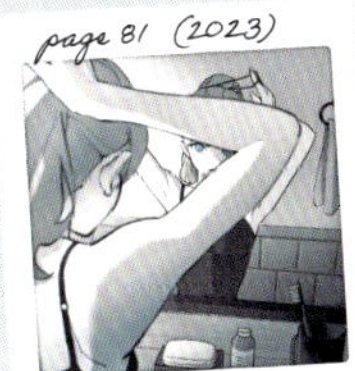

昔描いた絵のリメイクです。お気に入りです♪

page 82 (2023)

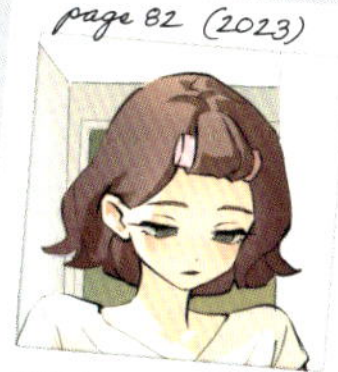

前髪カーラーをしている子は描くのが楽しかったので、また描きたいです♪

page 83 (2023)

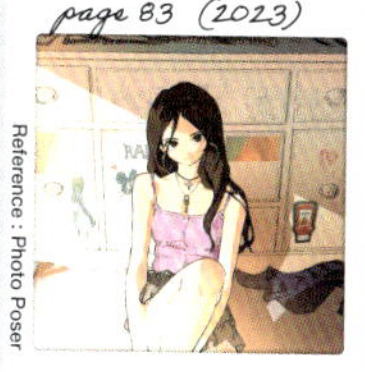

Reference : Photo Poser

この構図が好きで描きました。

page 85 (2024)

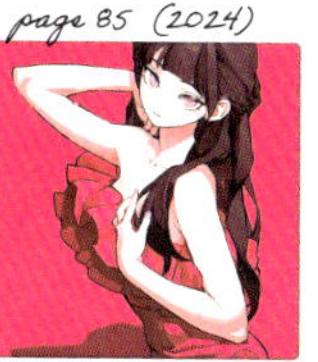

ピンクのドレスがテーマです。

page 86 (2023)

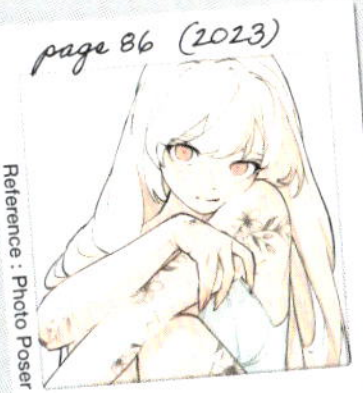

Reference : Photo Poser

フラワータトゥーがテーマです。

page 87 (2023)

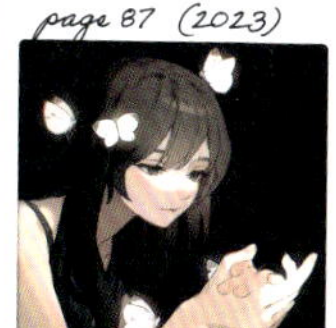

光と闇がテーマです。

page 88 (2023)

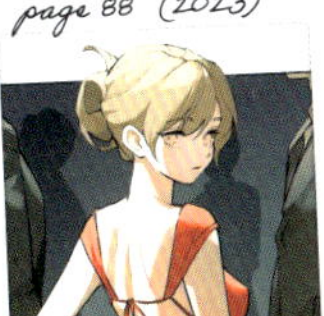

高嶺の花がテーマです。

page 89 (2024)

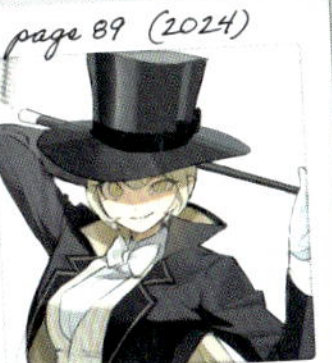

マジシャンガールがテーマです。たまにマジックで失敗しちゃう。

page 90 (2022)

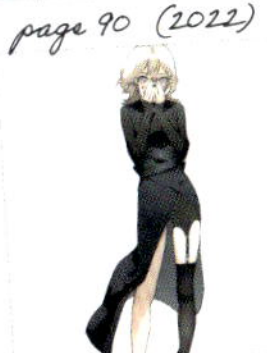

モード系ファッションがテーマです。

page 91 (2023)

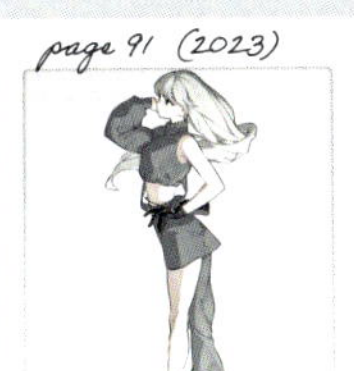

同じく、モード系ファッションがテーマです。

page 92 (2022)

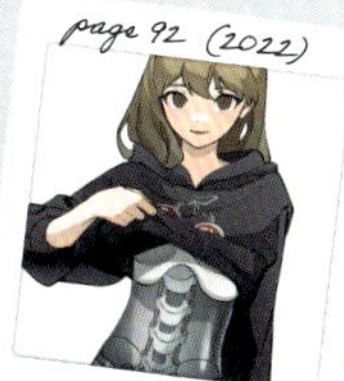

サイボーグの子がテーマです。「メタルギア」に影響されて描きました。

page 93 (2023)

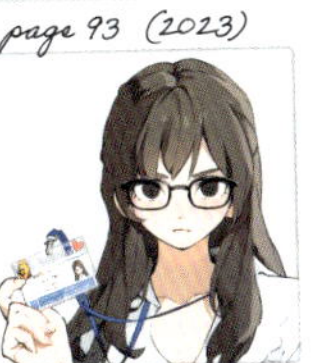

手と顔と社員証を、特にこだわって描きました。

page 94 (2023)

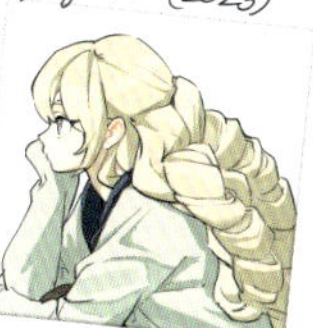

巻き髪がテーマです。

page 95 (2023)

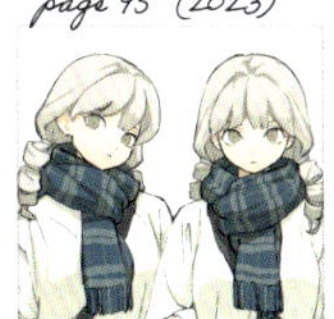

双子がテーマです。双子を描くのが大好きです♪

page 96 (2024)

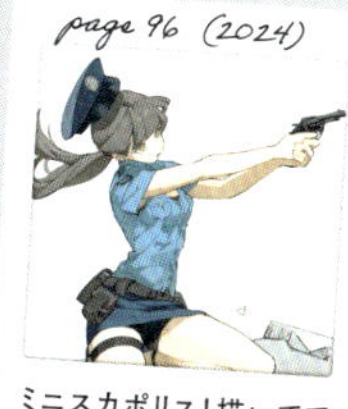

ミニスカポリス！描いてて本当に楽しかった絵です！

page 97 (2023)

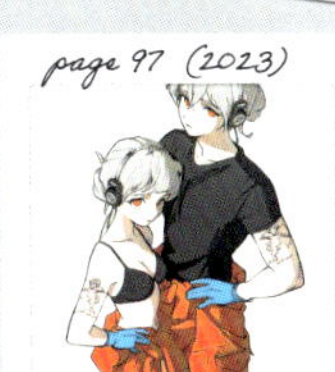

エンジェルタトゥーがポイント。オレンジつなぎはこの2人の仕事着です。

page 98 (2023)

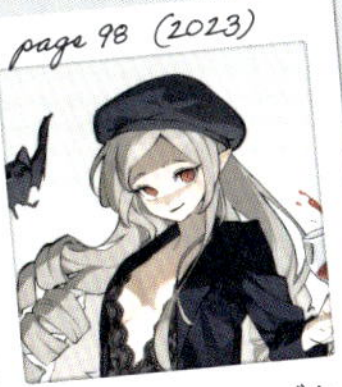

ヴァンパイアがテーマです。

page 99 (2023)

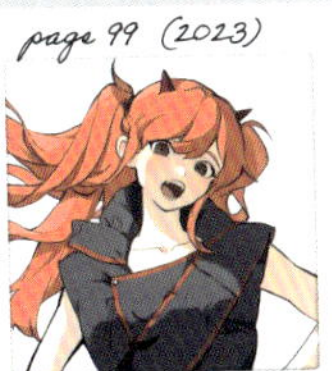

モード系ファッションの悪魔ちゃんです。

page 100 (2023)

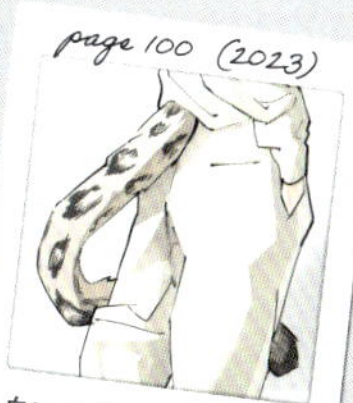

白ヒョウガールがテーマです。

page 101 (2022)

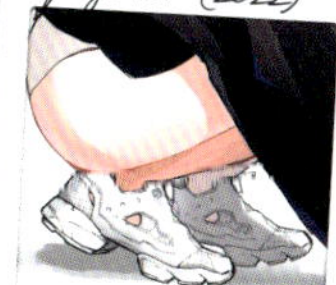

圧倒的にスニーカーにこだわりました!!

page 102 (2023)

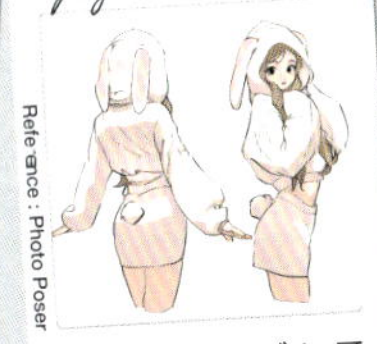

Reference : Photo Poser

ウサギがテーマです。可愛い服♡

page 103 (2023)

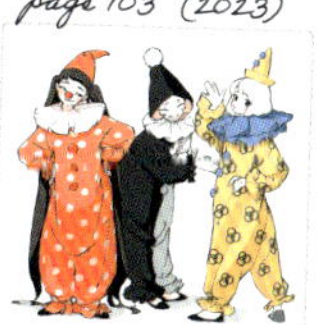

クラウン（ピエロ）がテーマです。お気に入りです！

page 104 (2020)

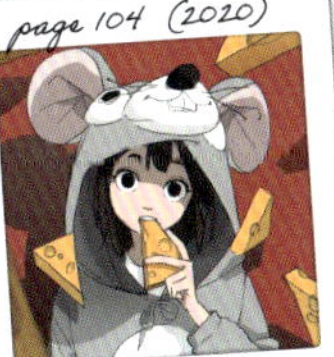

チーズがテーマです。

page 105 (2022)

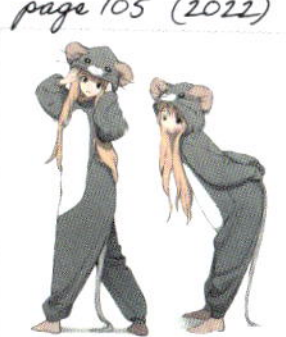

ネズミがテーマです。2年前にも似たようなものを描いてましたね……。

Q&A Interview

Question 01

イラストを描き始めたのはいつ頃からですか？

幼い頃から絵を描くのは好きでしたが、本格的に描き始めたのは2018年頃からです。ジブリ作品などの好きなアニメの模写をきっかけに、OCを描くようになりました。

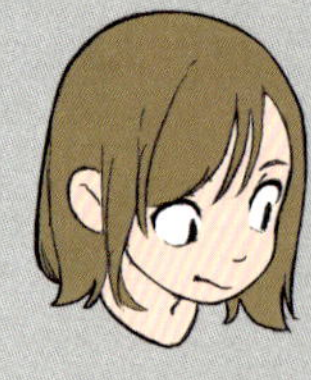

Question 02

イラスト制作の中で最も楽しい作業は何ですか？

影を描き込んでいく作業が楽しいので、最近は着彩の工程が一番好きです。

Question 03

イラストを描く際のこだわりやポイント、心がけていることはありますか？

シンプルだけど立体感のある絵が好みなので、線画も塗りも描き込みすぎないように心がけています。

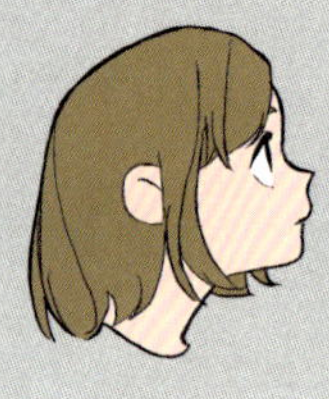

Question 04

身体の流れが魅力的な人物を描かれますが、イラストのテーマはどのように決めていますか？

描きたいポーズから決めることが多いです。また、いいなと思った写真を参考にテーマを決めたりもしています。

Question 05

普段着用している服と、イラストのファッションはリンクしていますか？ また、描くのが楽しいファッションがあれば教えてください。

私自身はキレイめ・可愛い系のファッションが好きなのであまりリンクしていません。かっこいい系のファッションや、シワが多めのゆったりとしたオーバーサイズ、身体のラインを拾ったシワが良い感じにできるタイトな服は描いてて楽しいです♪

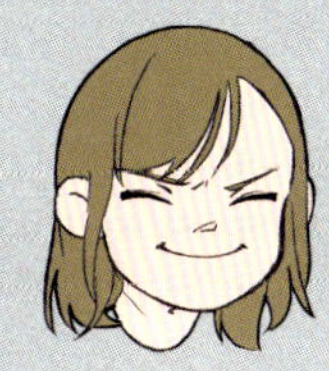

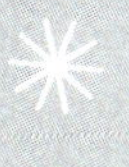

Question 06

1枚の制作期間はどれぐらいですか？ また、どのような作業環境で描かれていますか？

約5～6日です。こだわりが止まらなかったり、途中で関係のない落書きをした時はもっとかかります。
作業環境は液タブで、ソフトはCLIP STUDIO PAINTです。以前はiPadのProcreateで描いていました。

Question 07

コレクションしているアイテムやお気に入りの画集はありますか？

集めているつもりはなかったのですが、ピンク色や水色、花柄のアイテムは結構持っています。
画集は『EYE YONEYAMA MAI 米山舞 作品集』、『SUSHIO THE IDOL』がお気に入りで、大好きな2冊です！

Question 08

お好きなイラストレーターの方はいますか？ また、影響を受けた作品やコンテンツがあれば教えてください。

イラストレーターの米山舞さん！ 米山舞さんのイラストは、かっこいい構図・流れるような気持ちいい線・美しい色、この3つが特に好きな点です。もう……最高です。
コンテンツだと、ディズニーの絵柄にはとても影響を受けました。特にキャラクターの目の描き方が可愛いんですよね～♪

Question 09

イラストレーターとしてこれまでにどんなお仕事をされましたか？

雑誌の表紙イラスト、ゲームのキャラクターイラスト、VTuberさんのPRイラスト、楽曲のMVイラストのお手伝いなど。

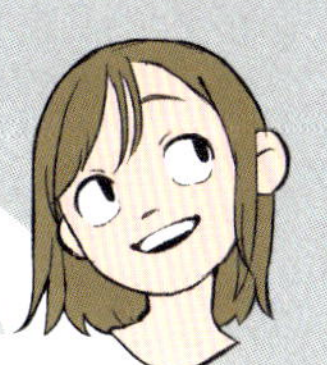

Question 10

今後やってみたいお仕事や新しい取り組みはありますか？

ファッションが好きなので、ファッション系のイラストのお仕事もしてみたいです。今後もいろいろなジャンルのお仕事をしていきたいです。

Next >>>

Question

11

イラストはどのように描いていますか？
1枚の制作工程の流れを教えてください。

描くものによって変わりますが、基本は下記の順番で描いています。
【1】ラフ→【2】カラーラフ→【3】線画→【4】影のラフ→【5】着彩

1.ラフを描く

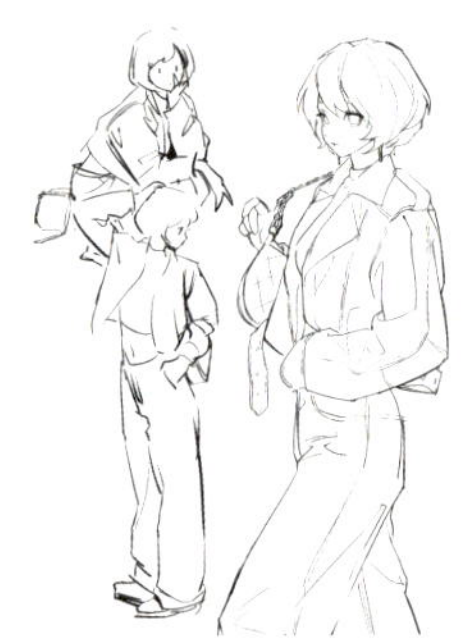

キーワード
・レザージャケット
・ショート丈 柄シャツ
・デニムダメージ
・白のスニーカー
（寒色系の色で統一）

2.カラーラフを描く

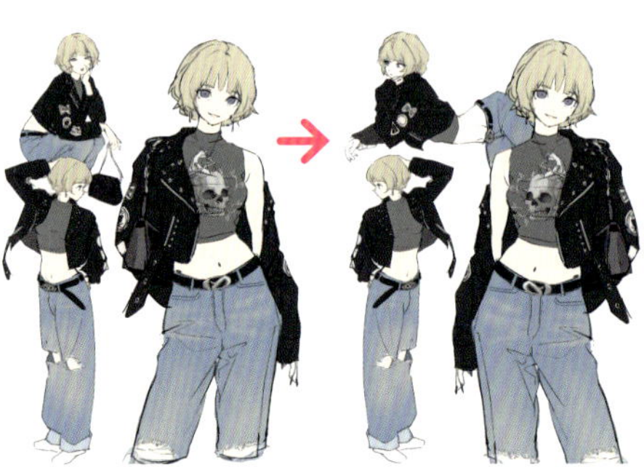

3.主線を描く

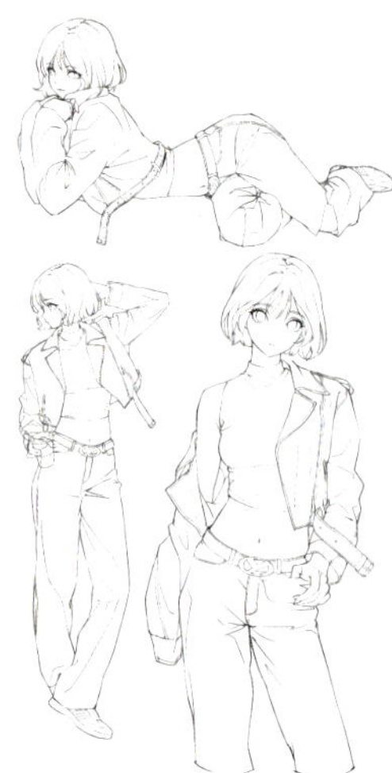

4.影のラフを描く

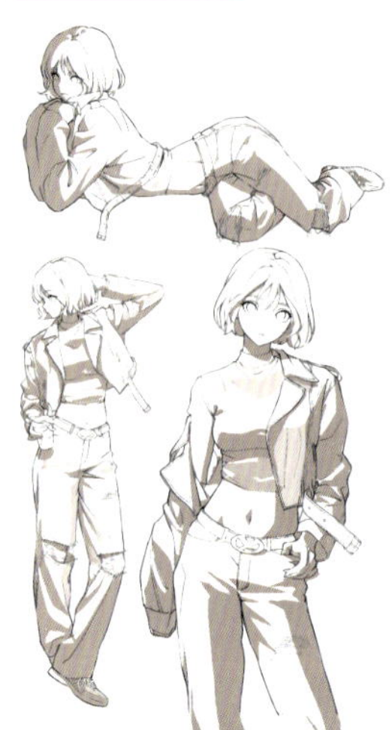

5.着彩する

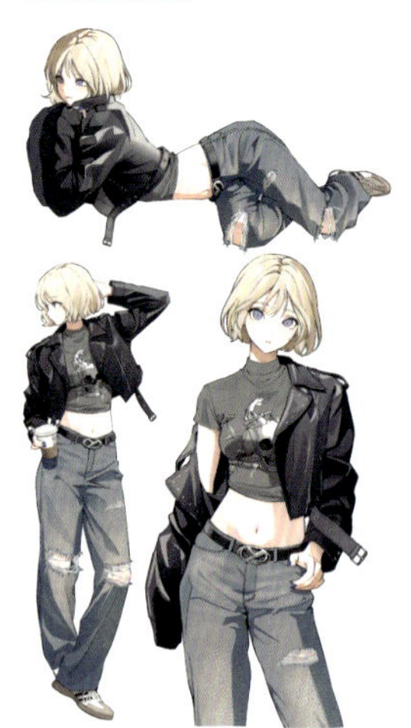

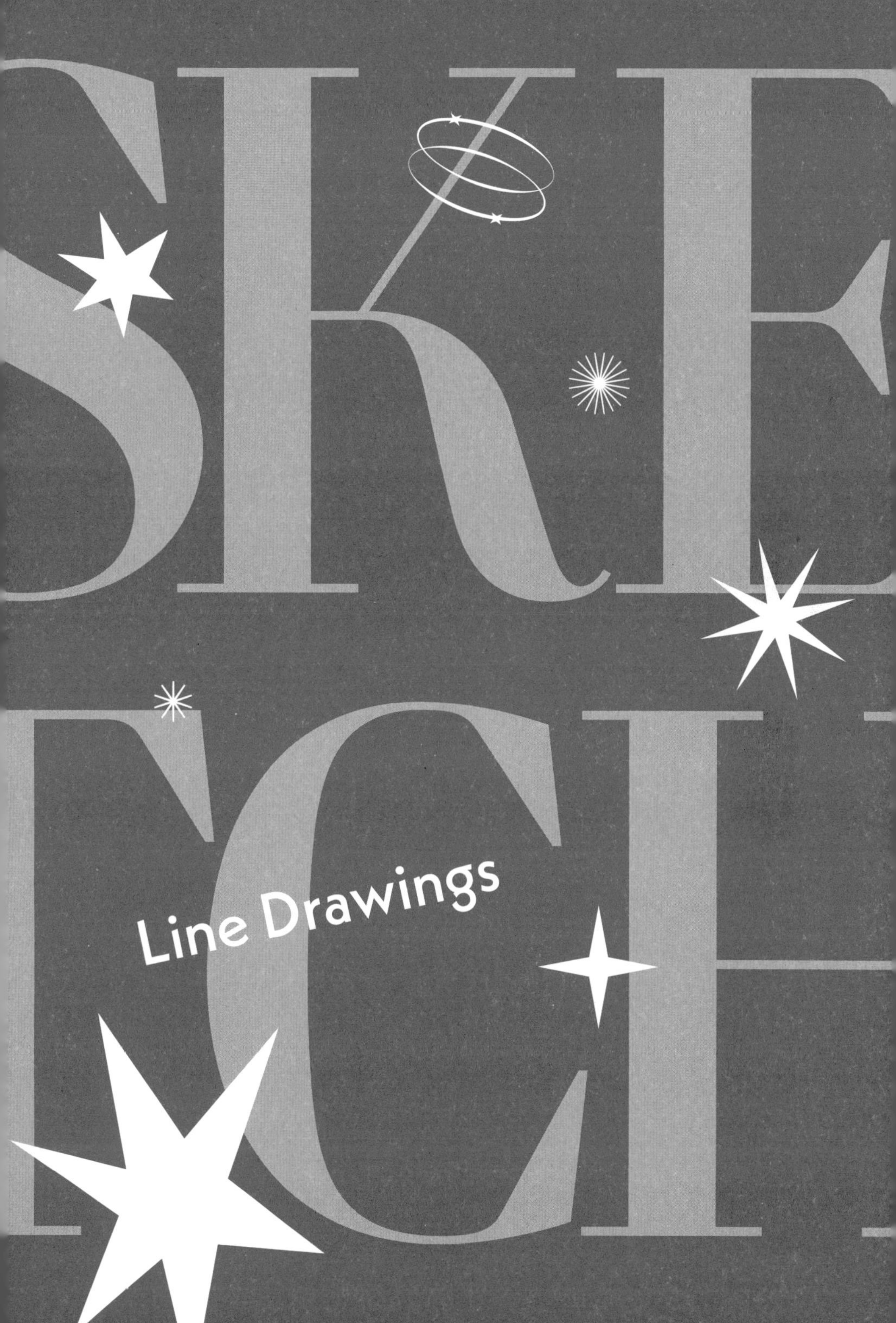
Line Drawings

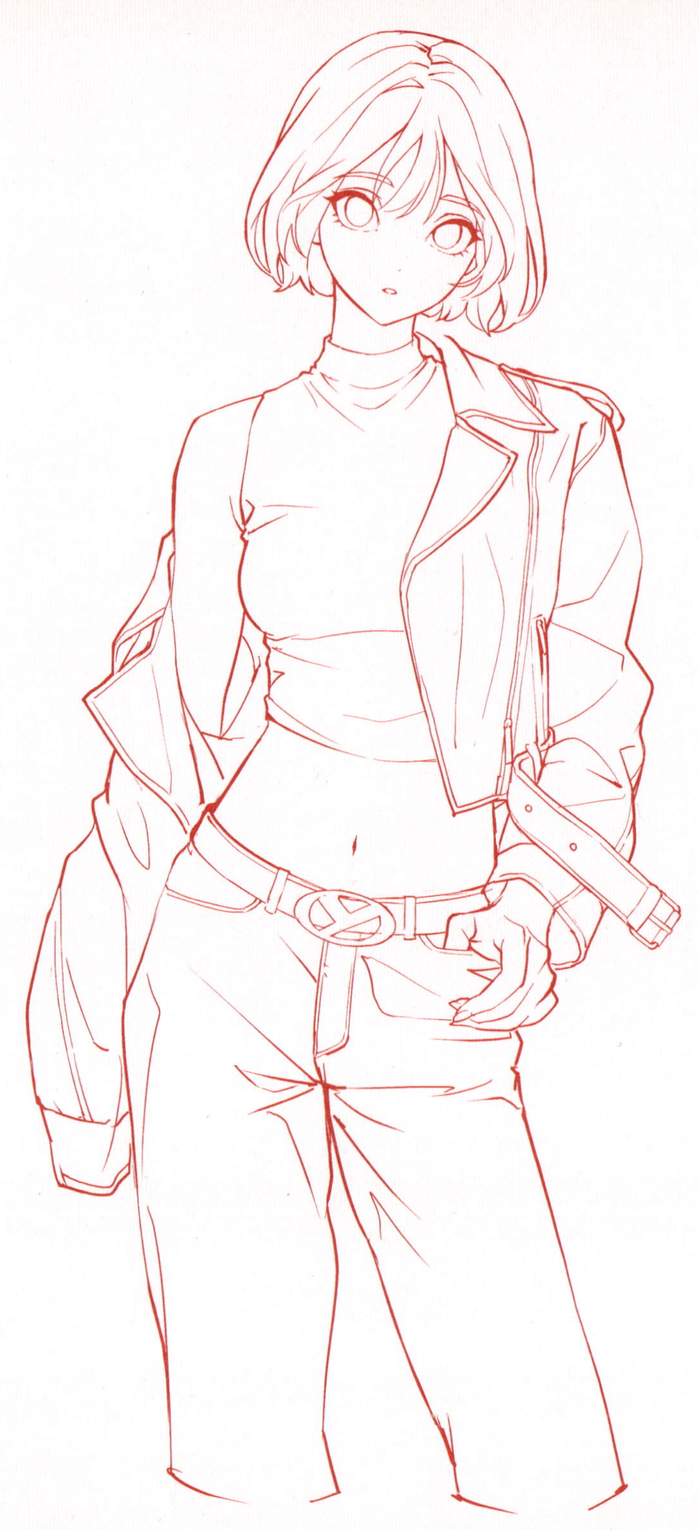

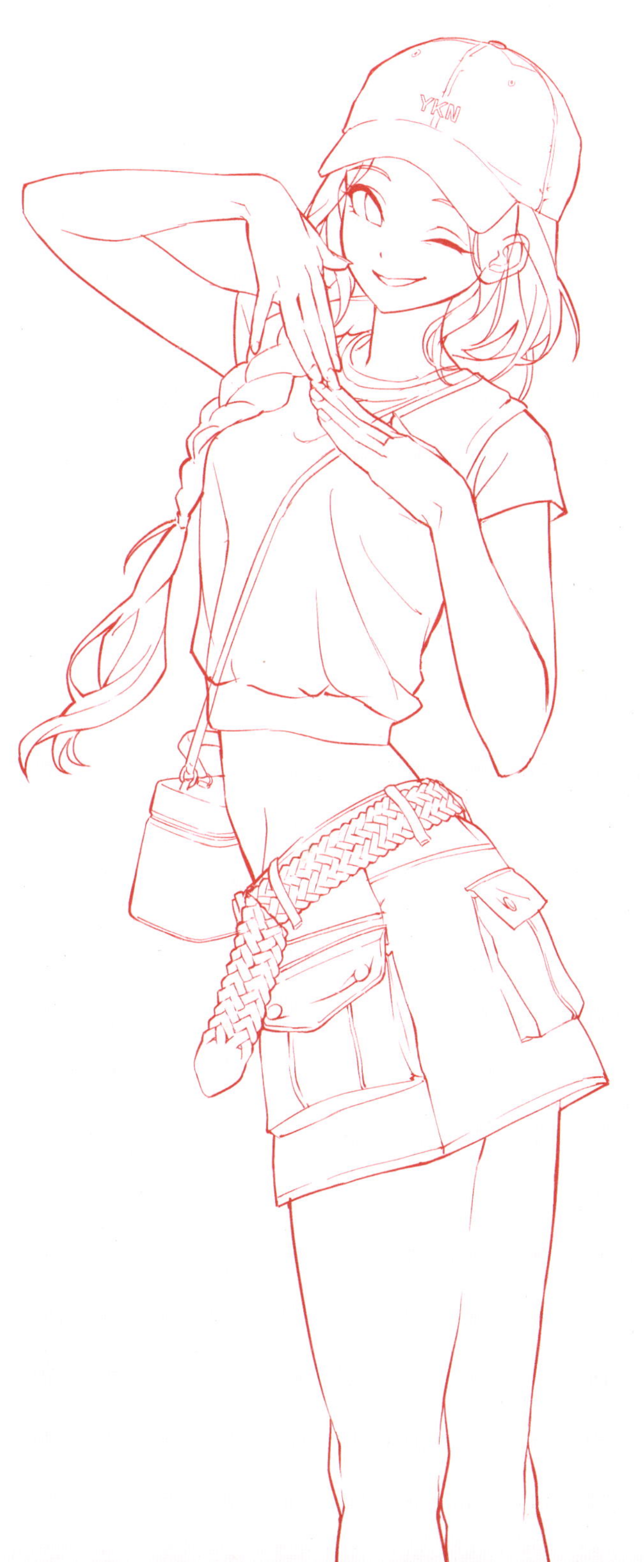
YKN

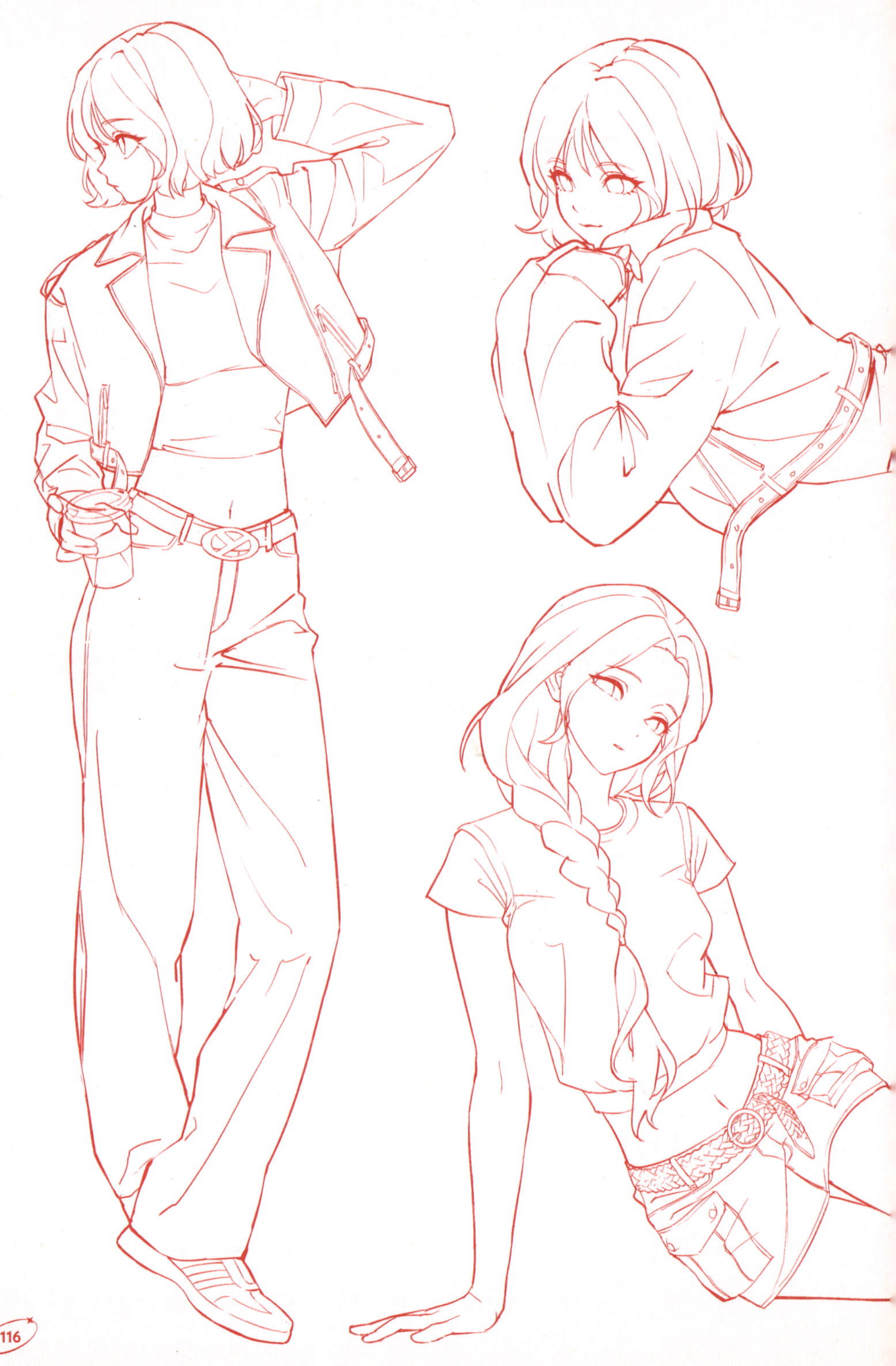

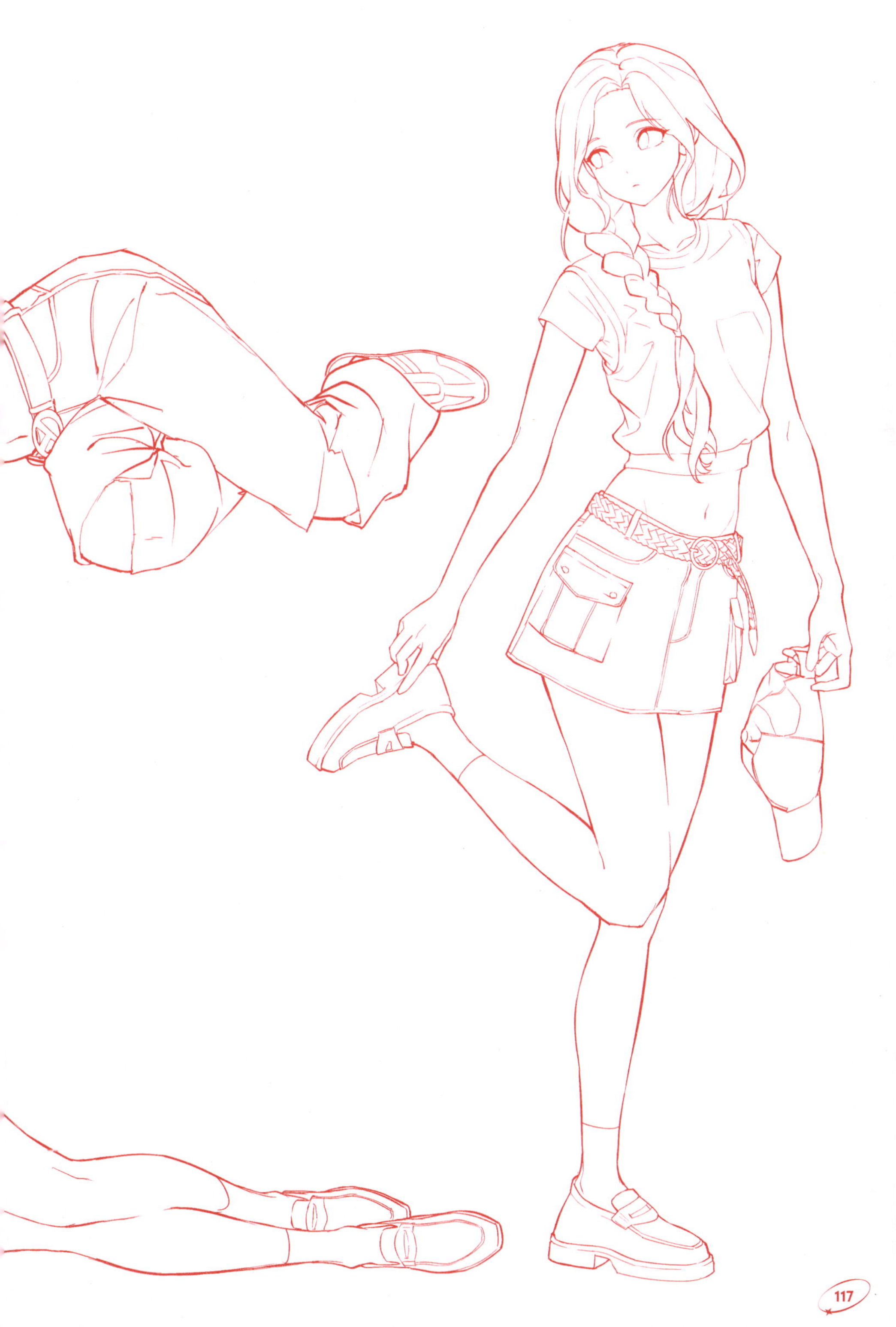

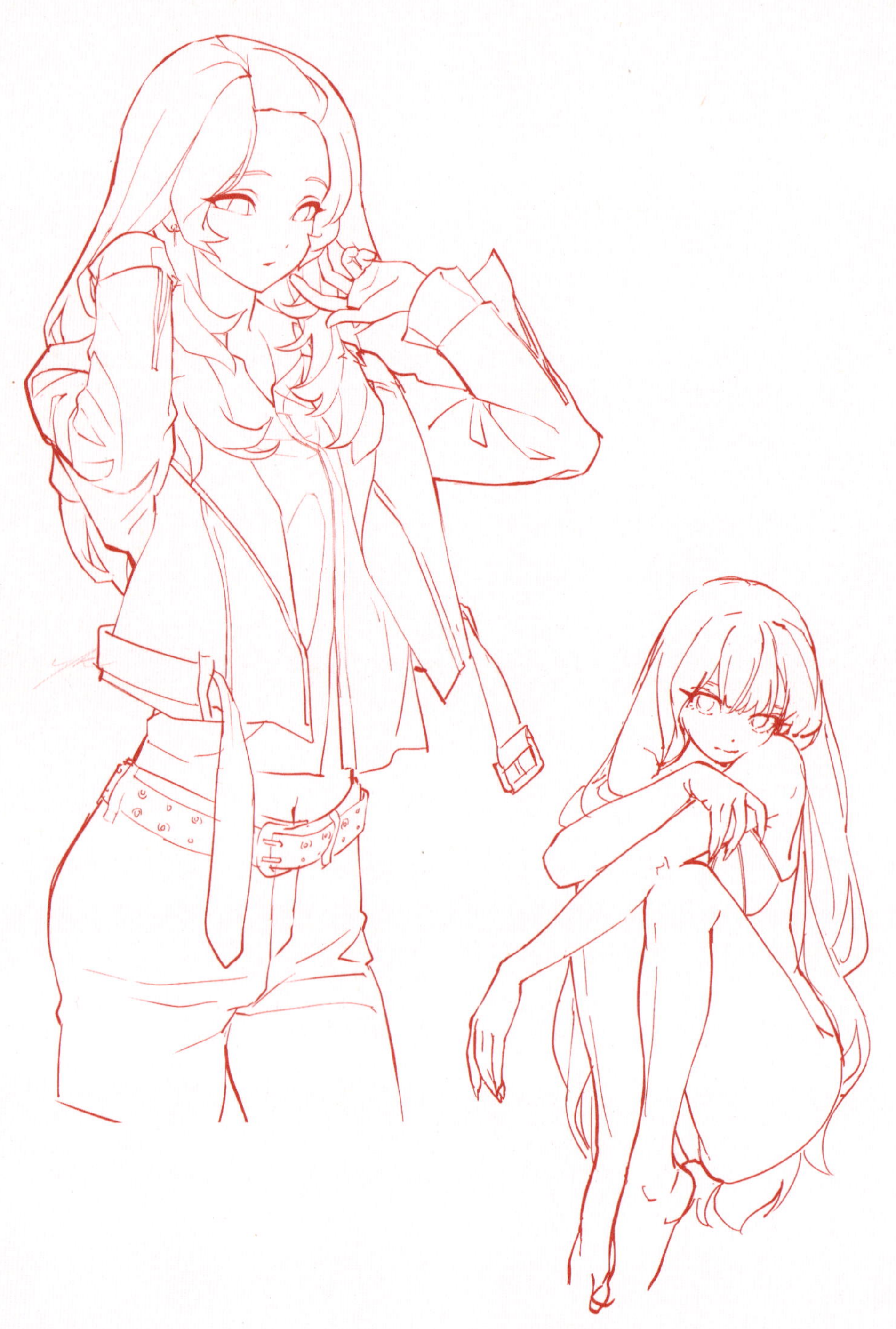

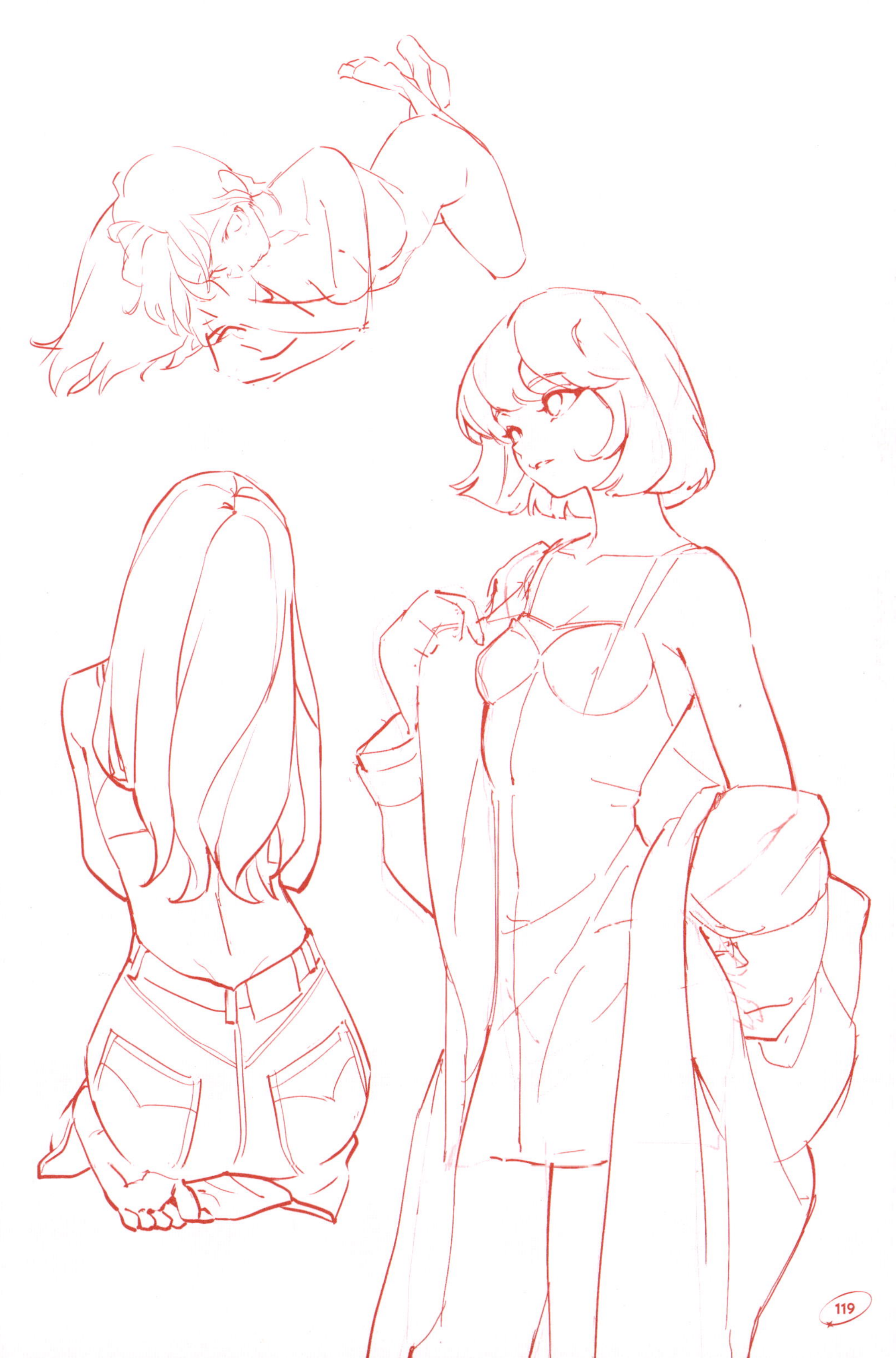

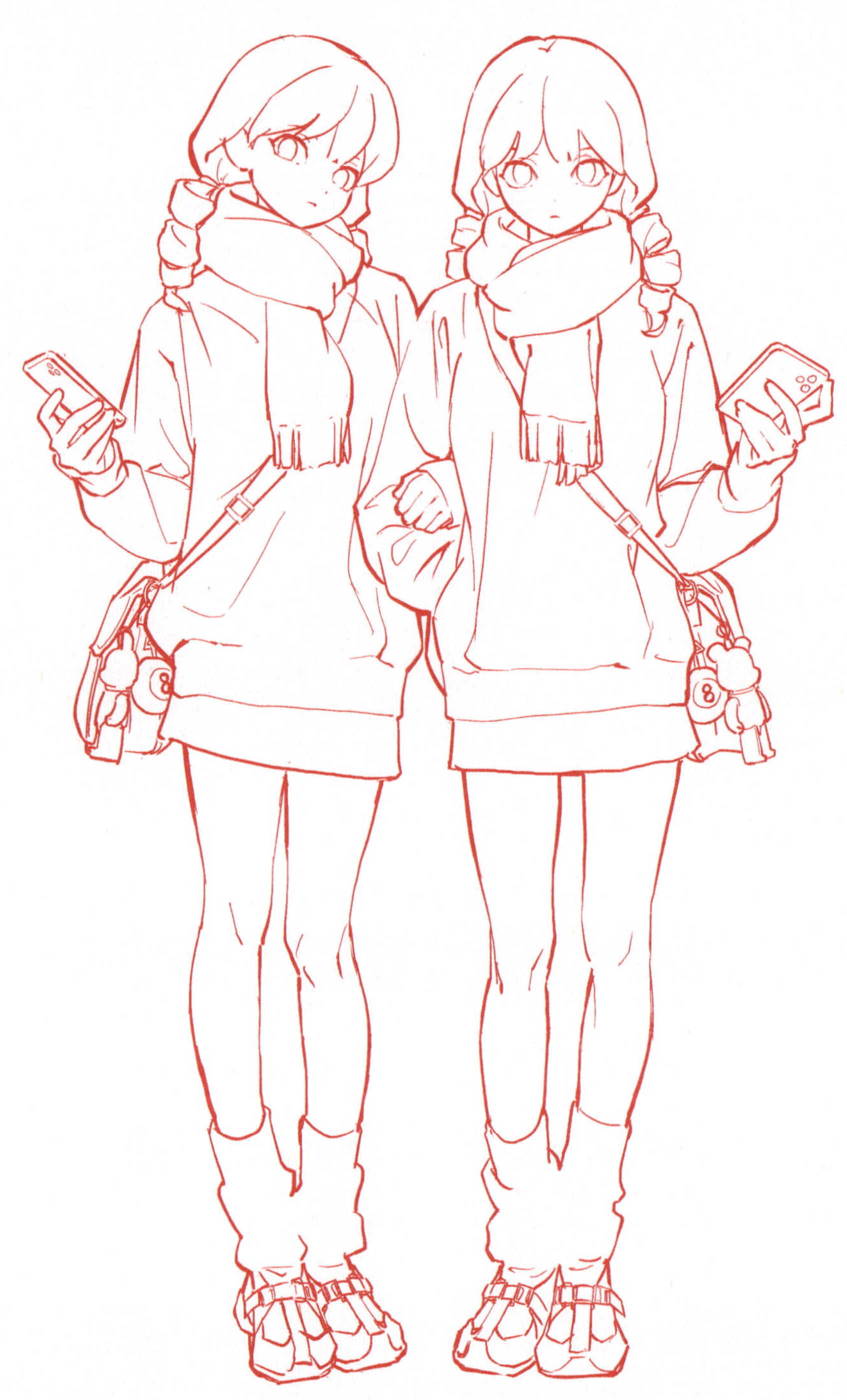

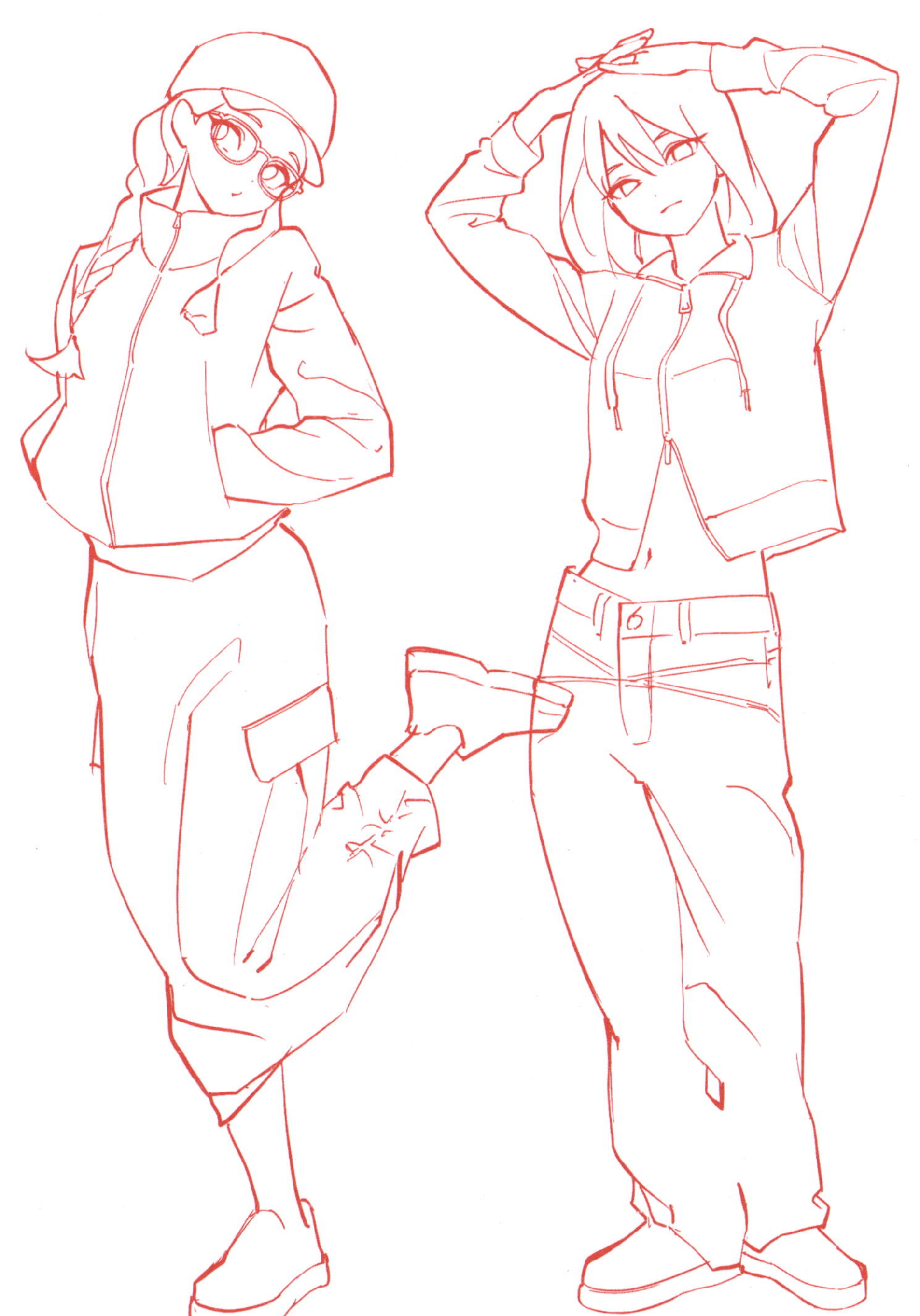

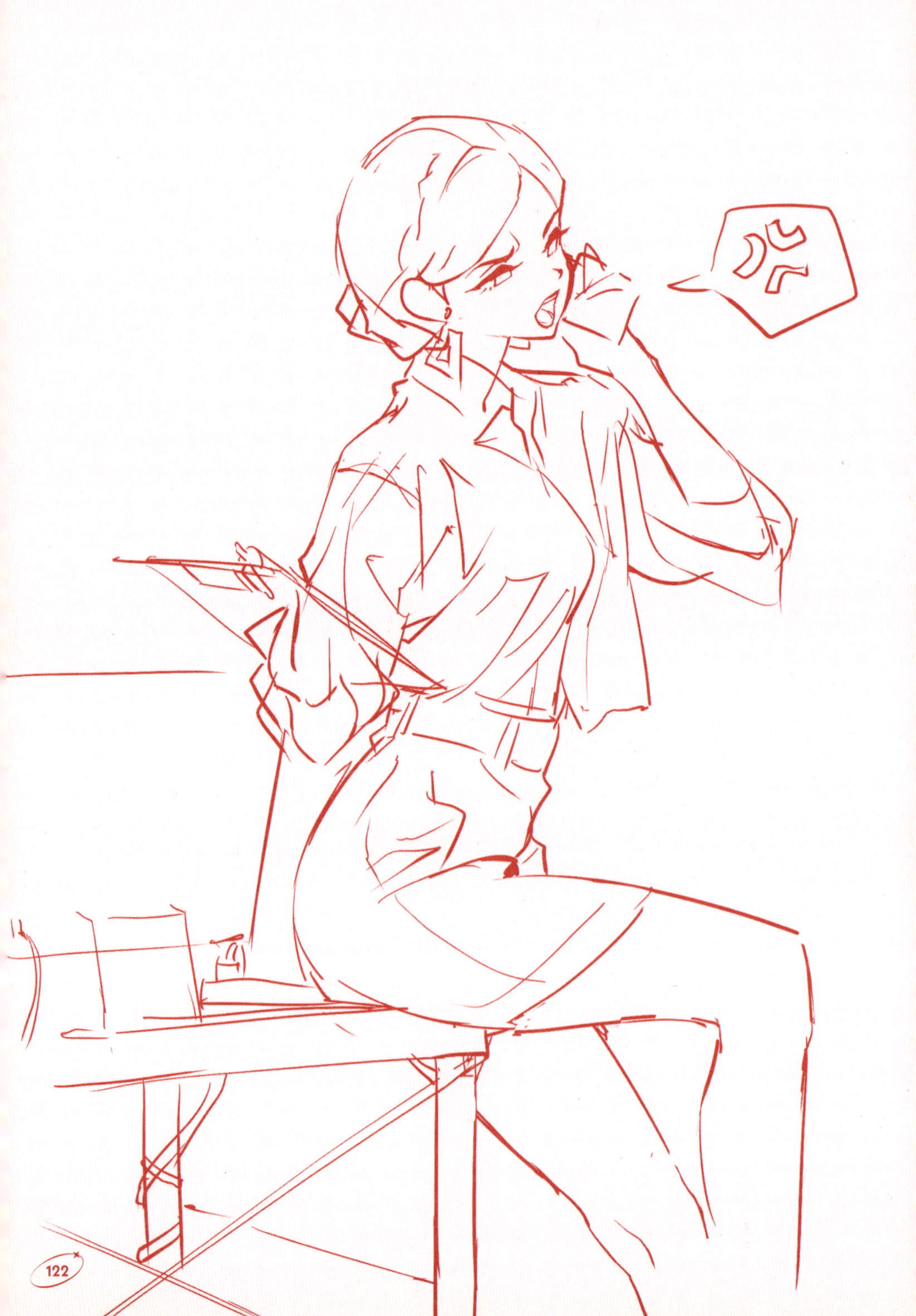

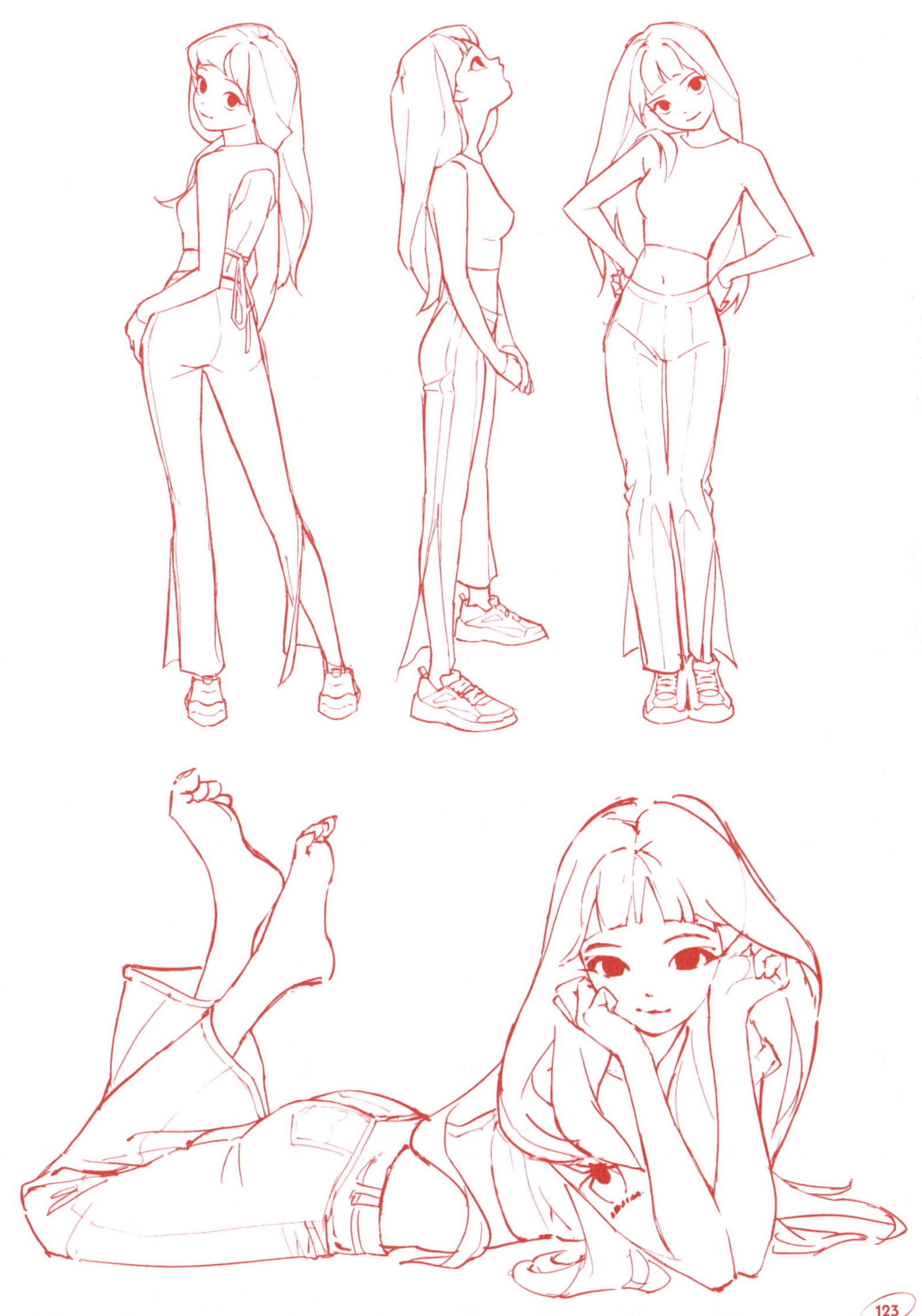

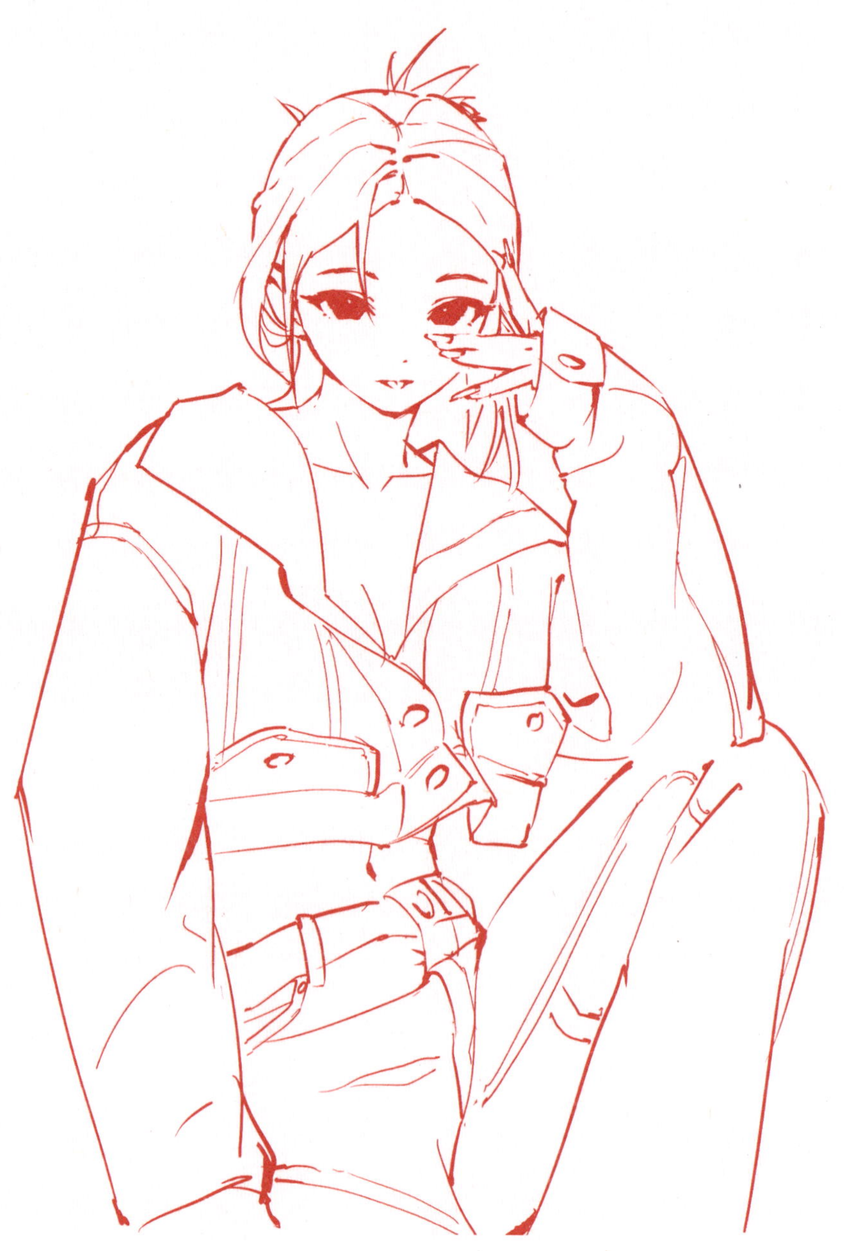

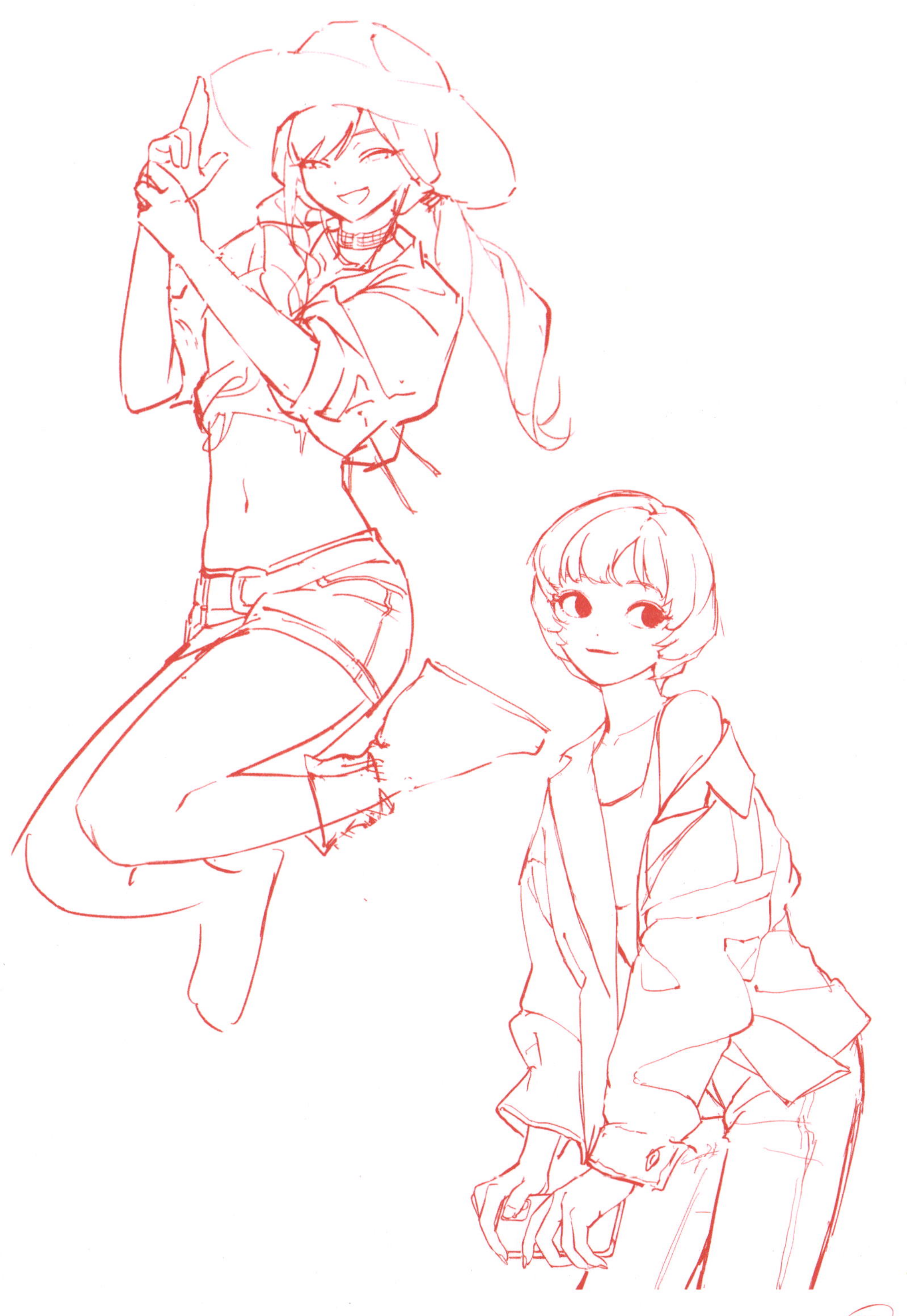

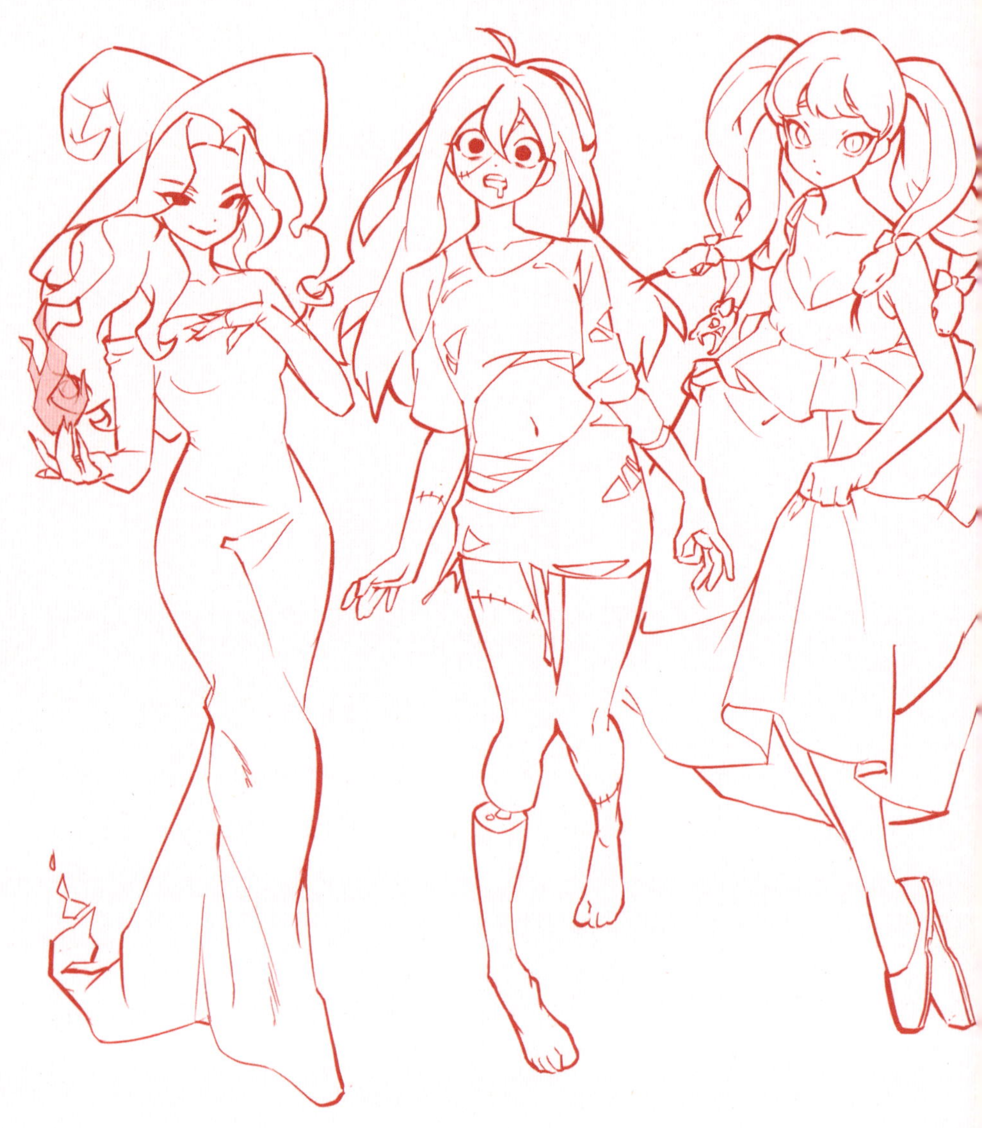

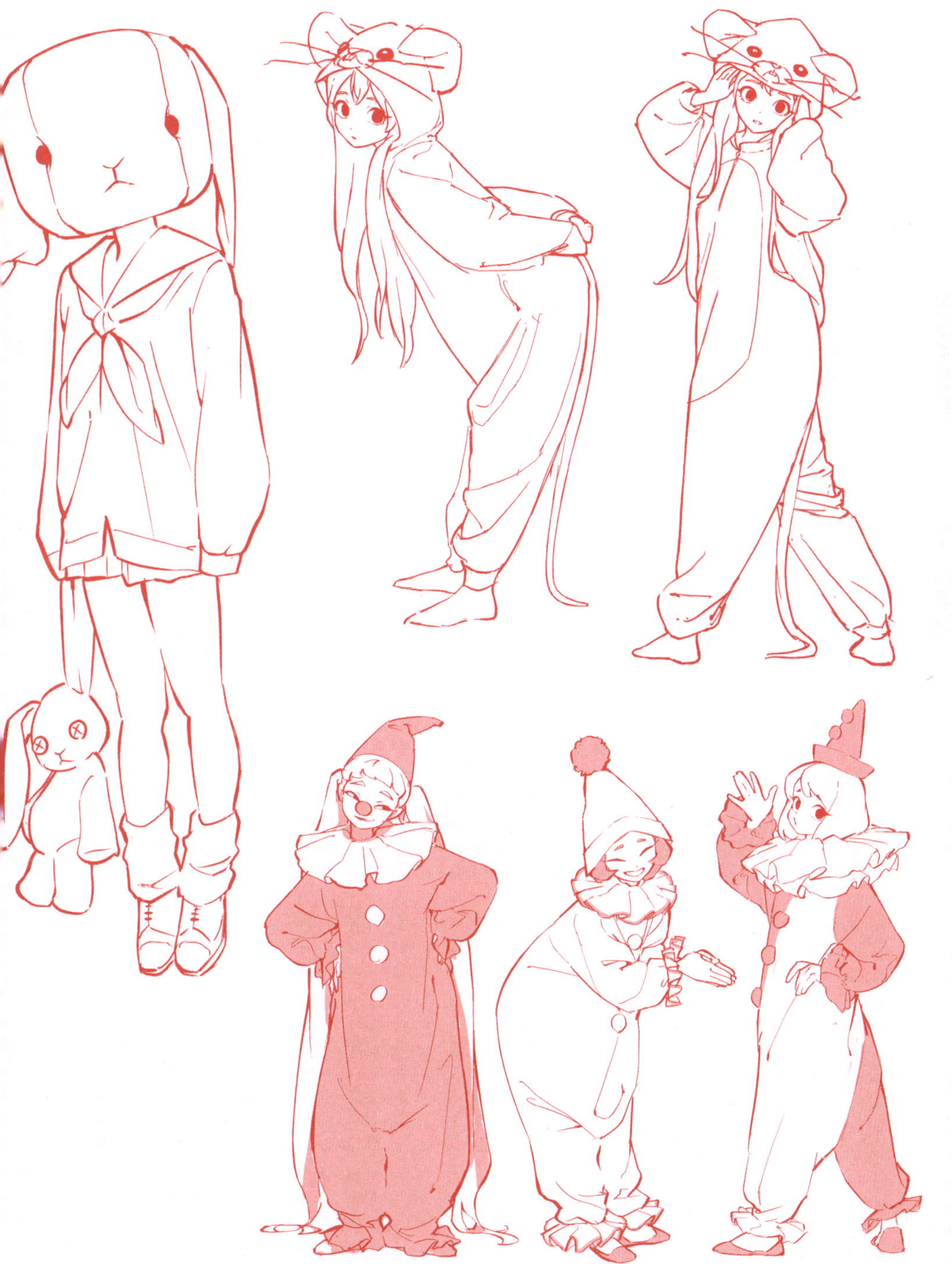

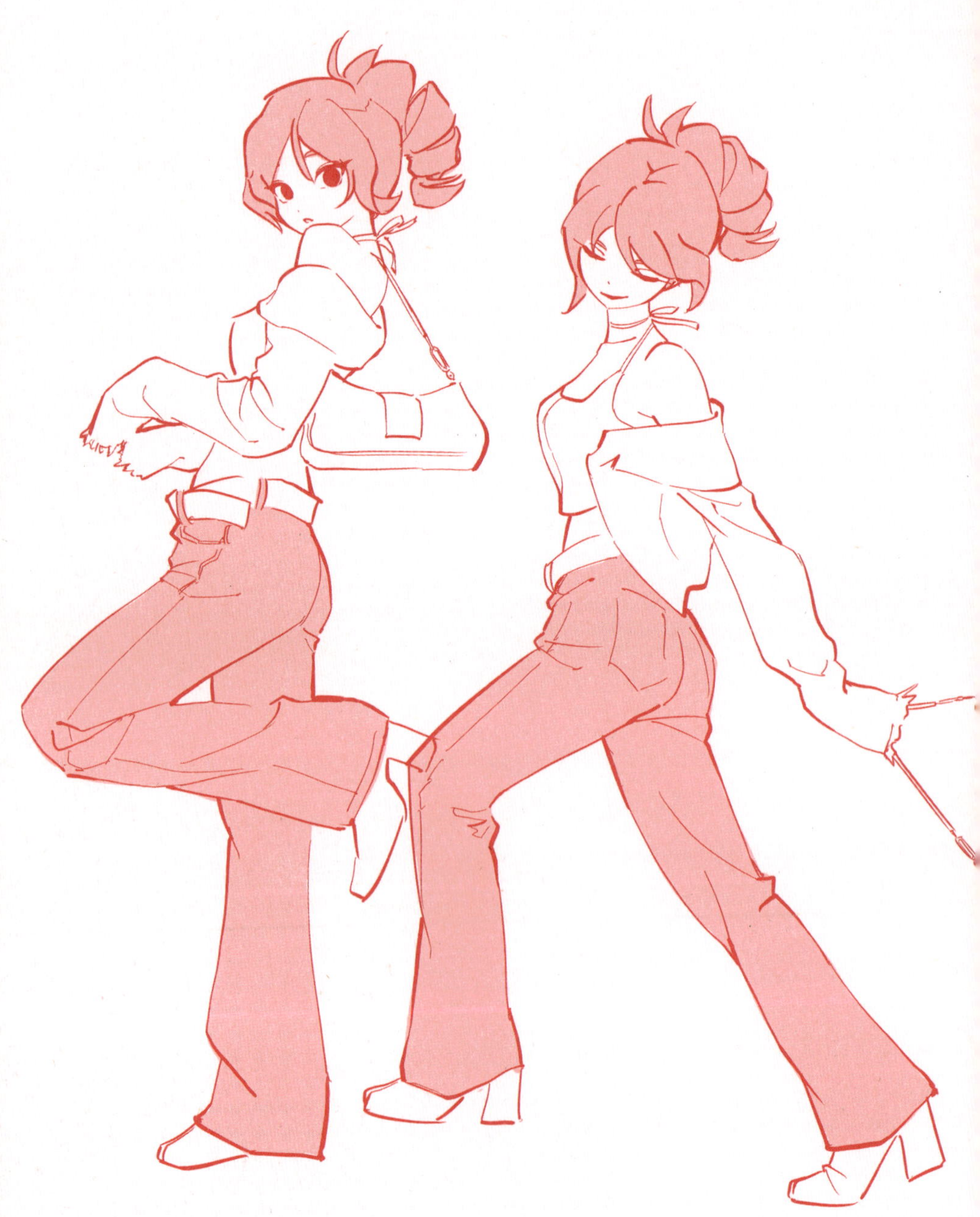

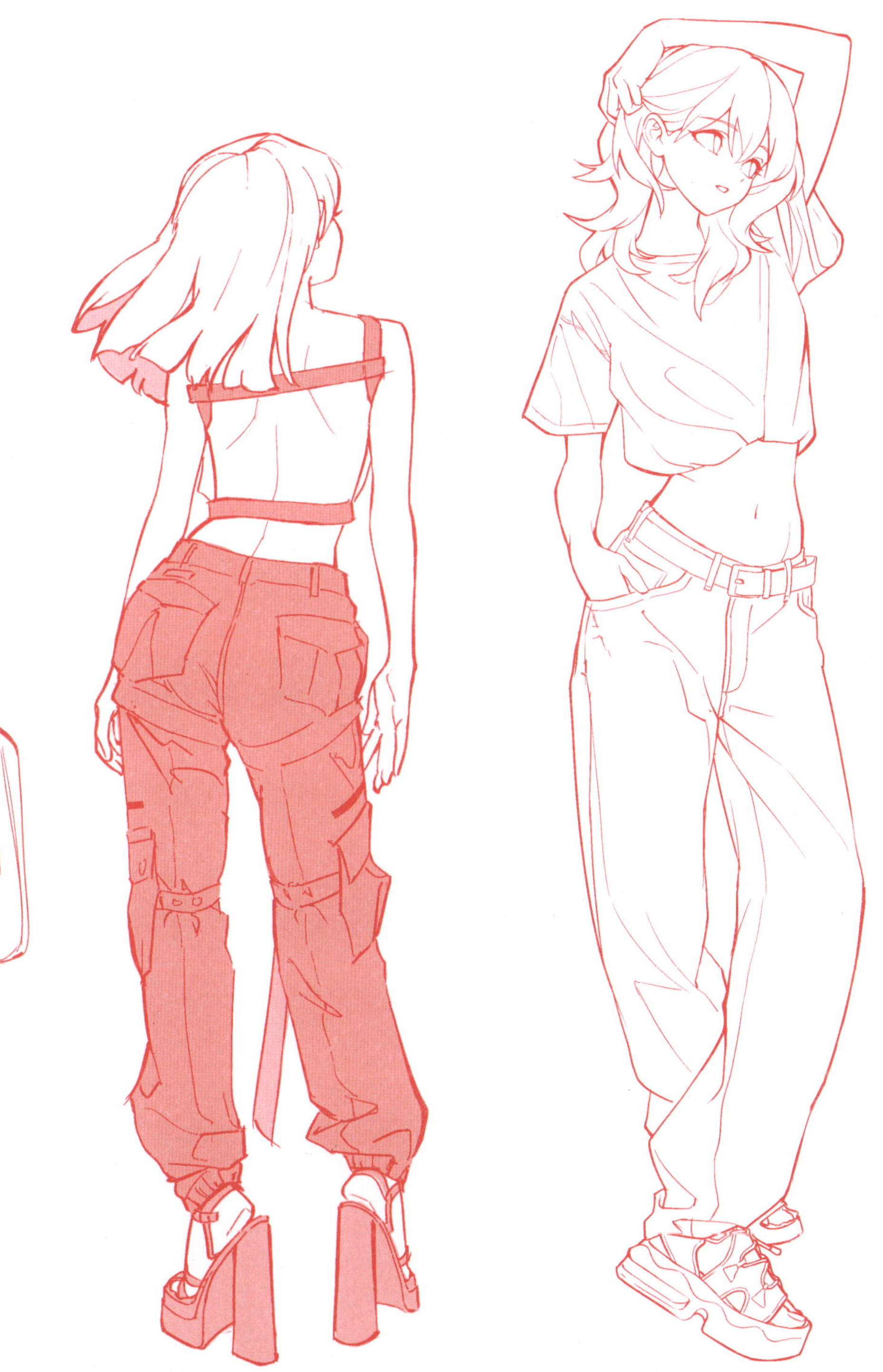

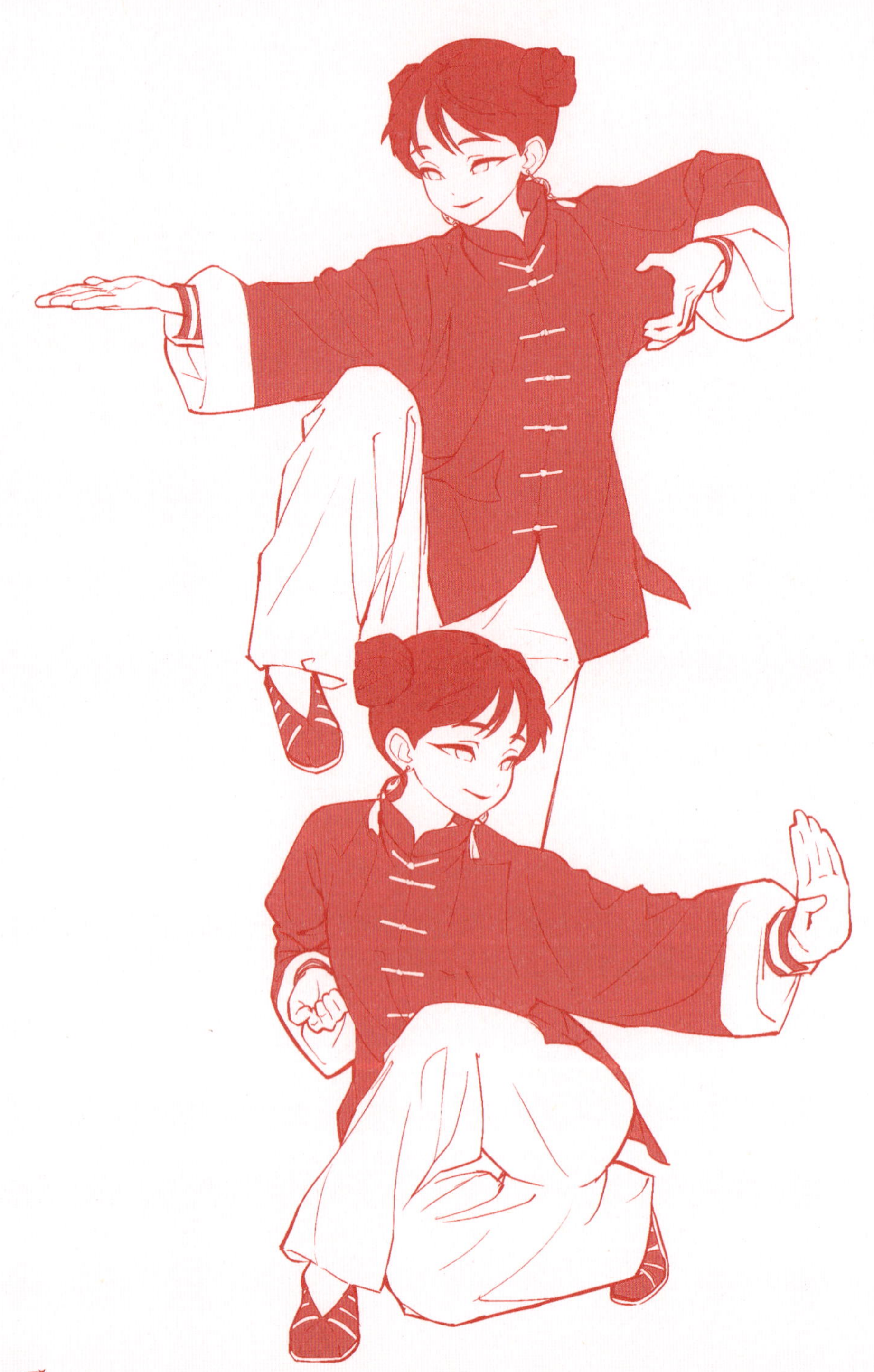

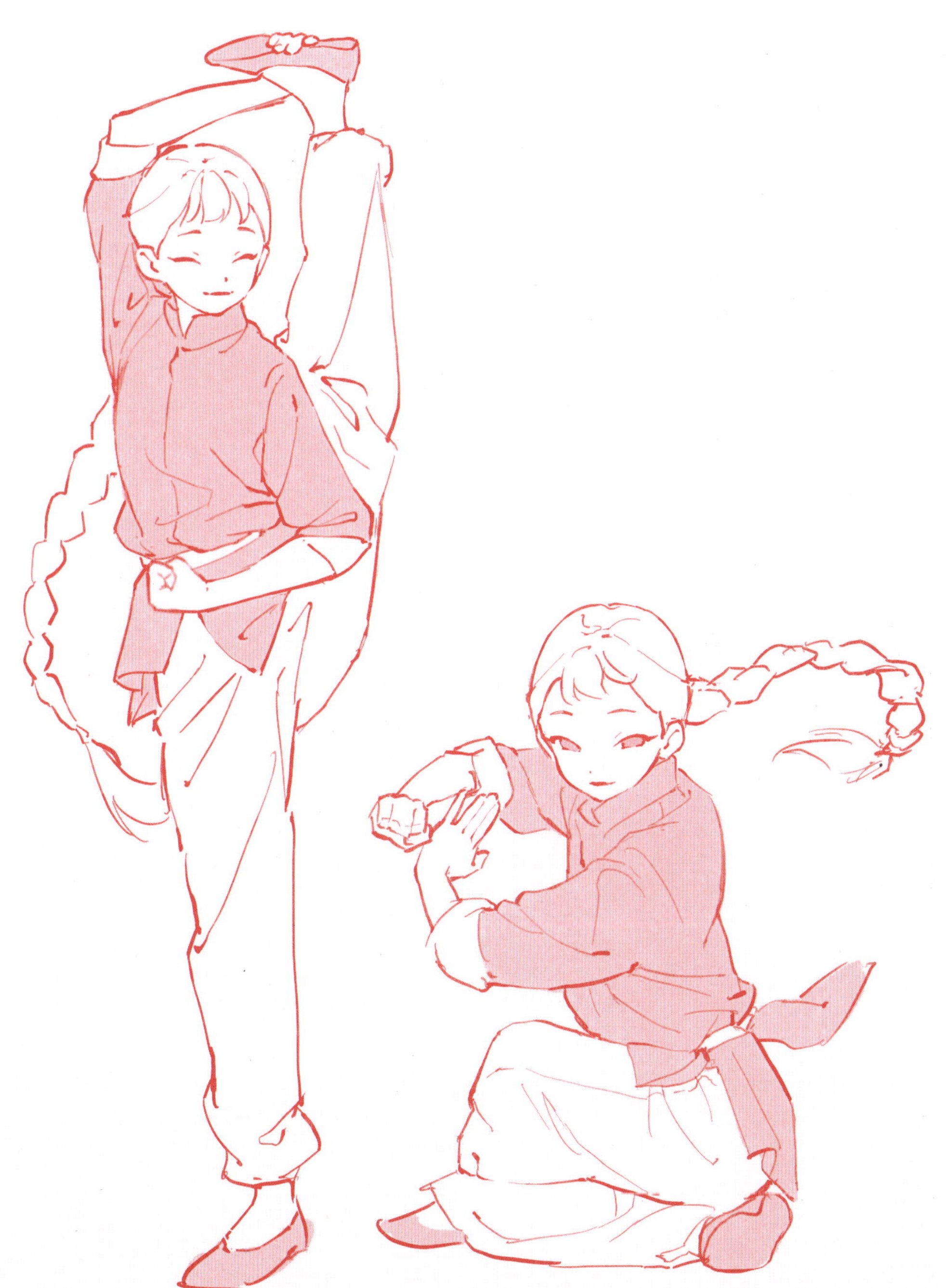

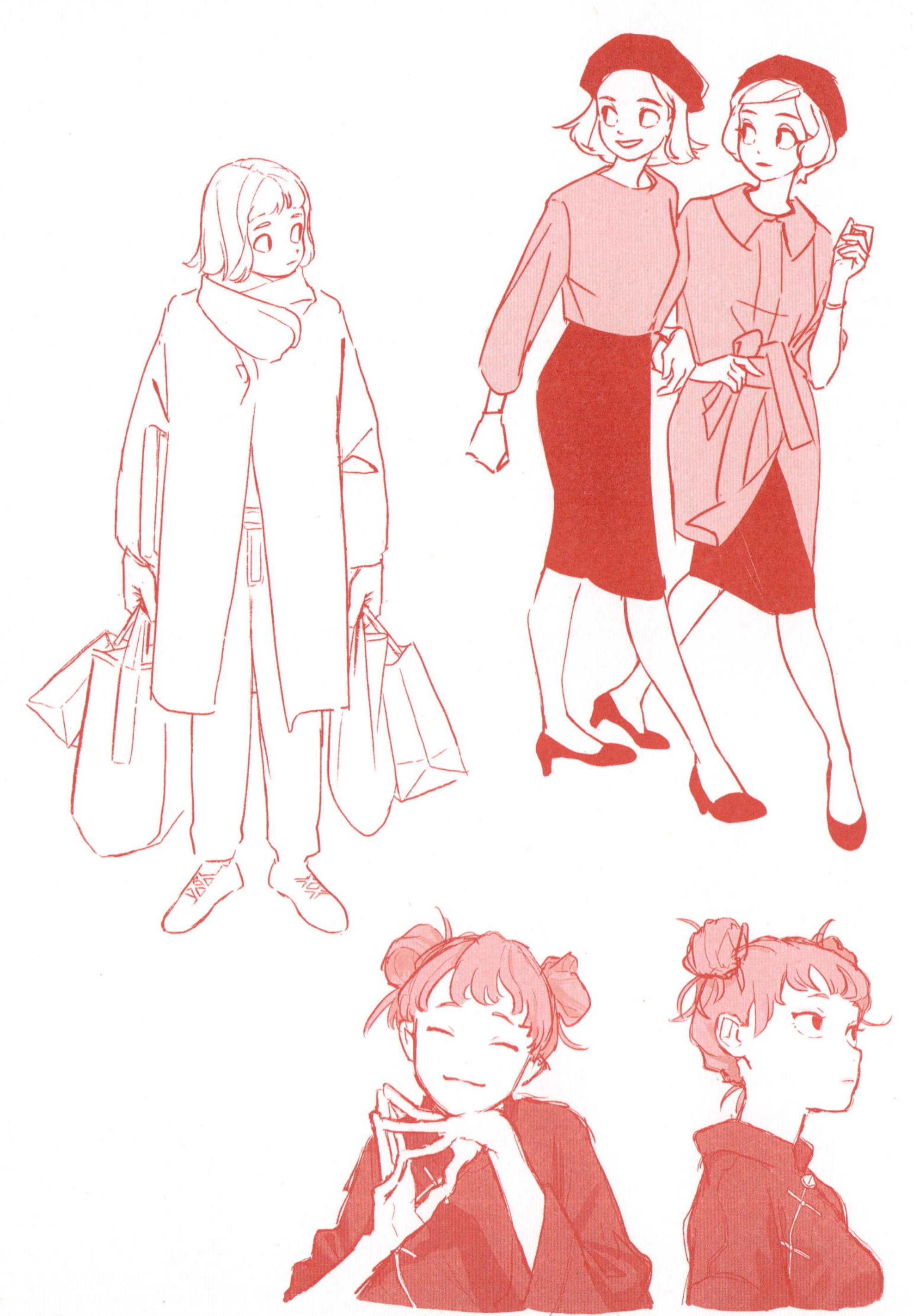

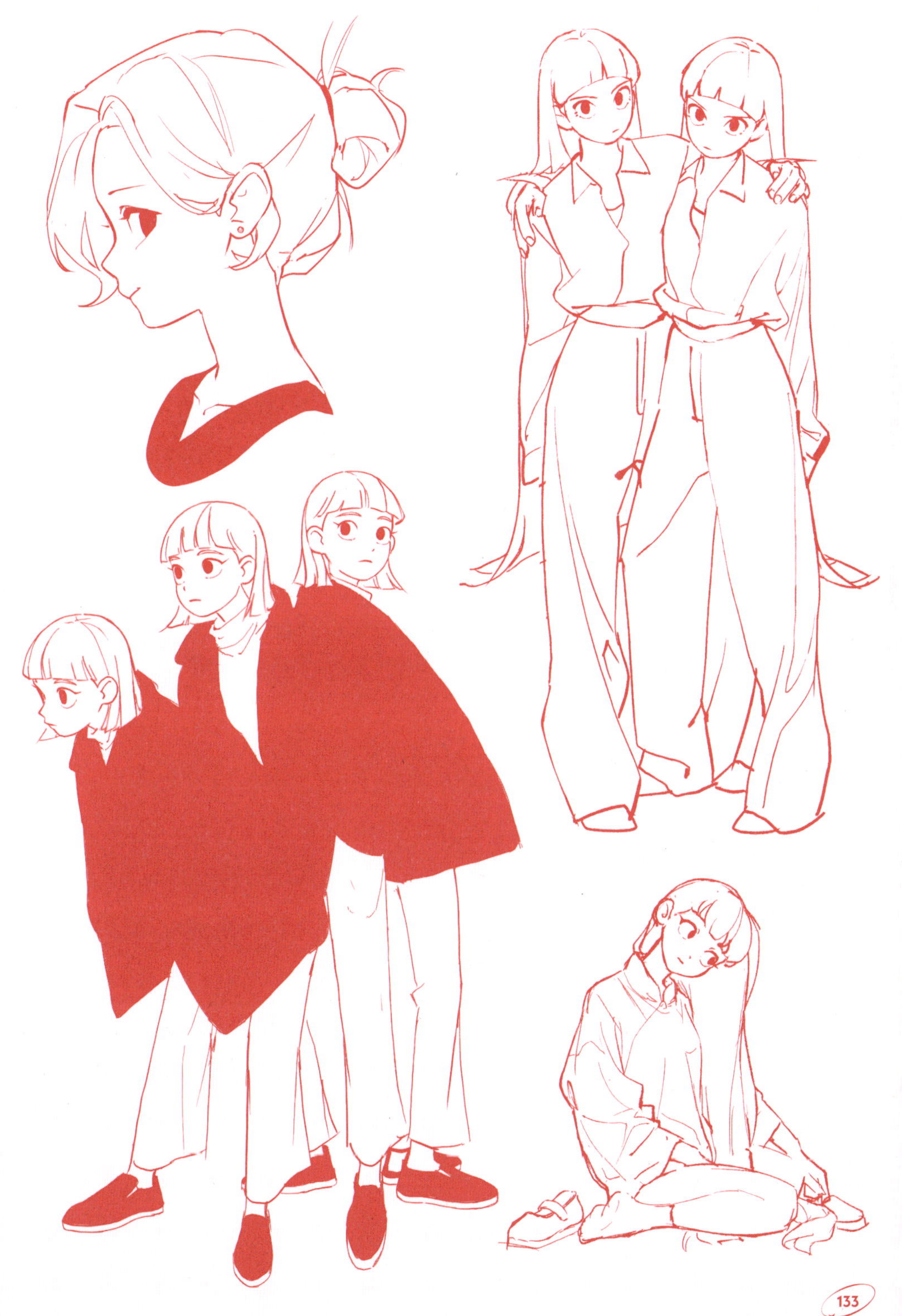

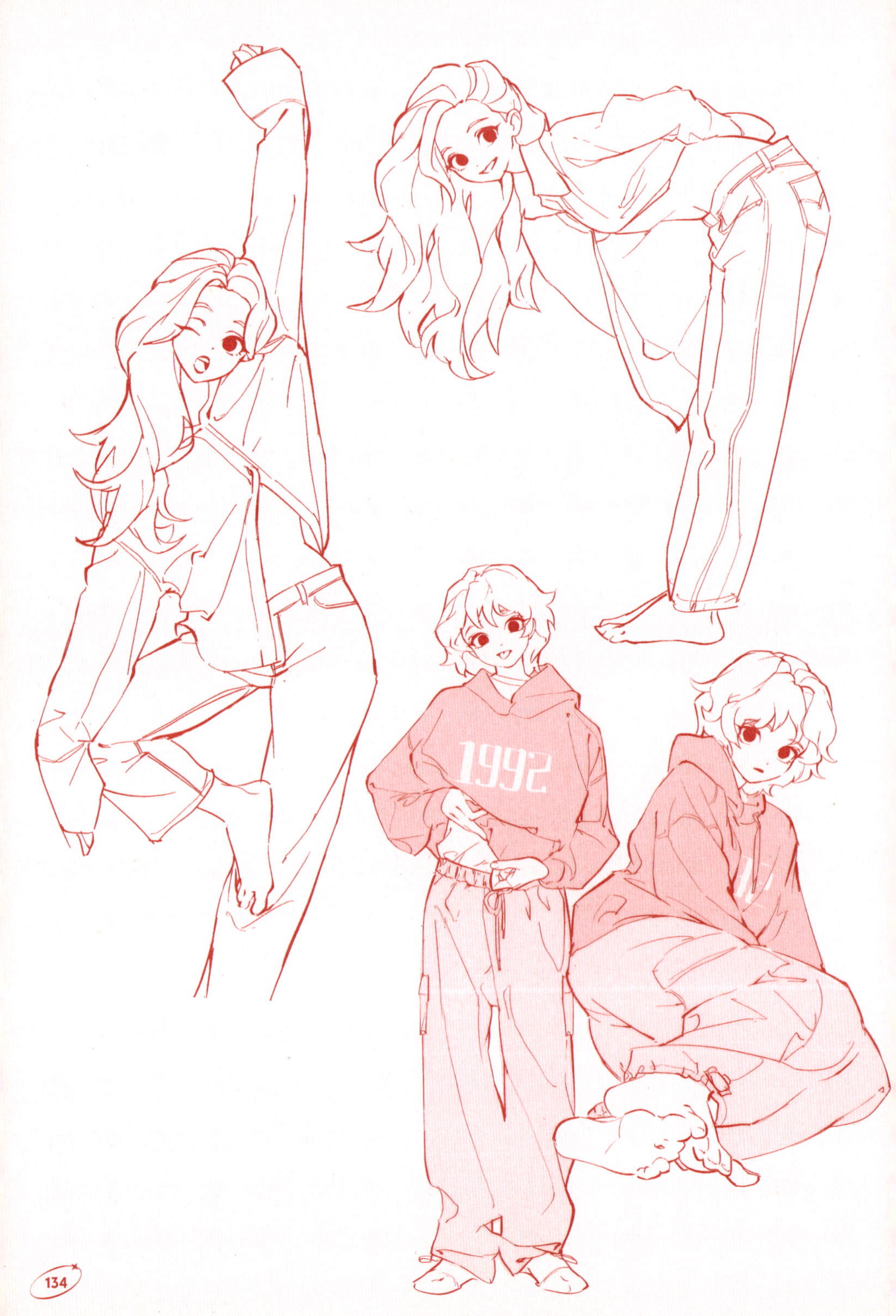
1992

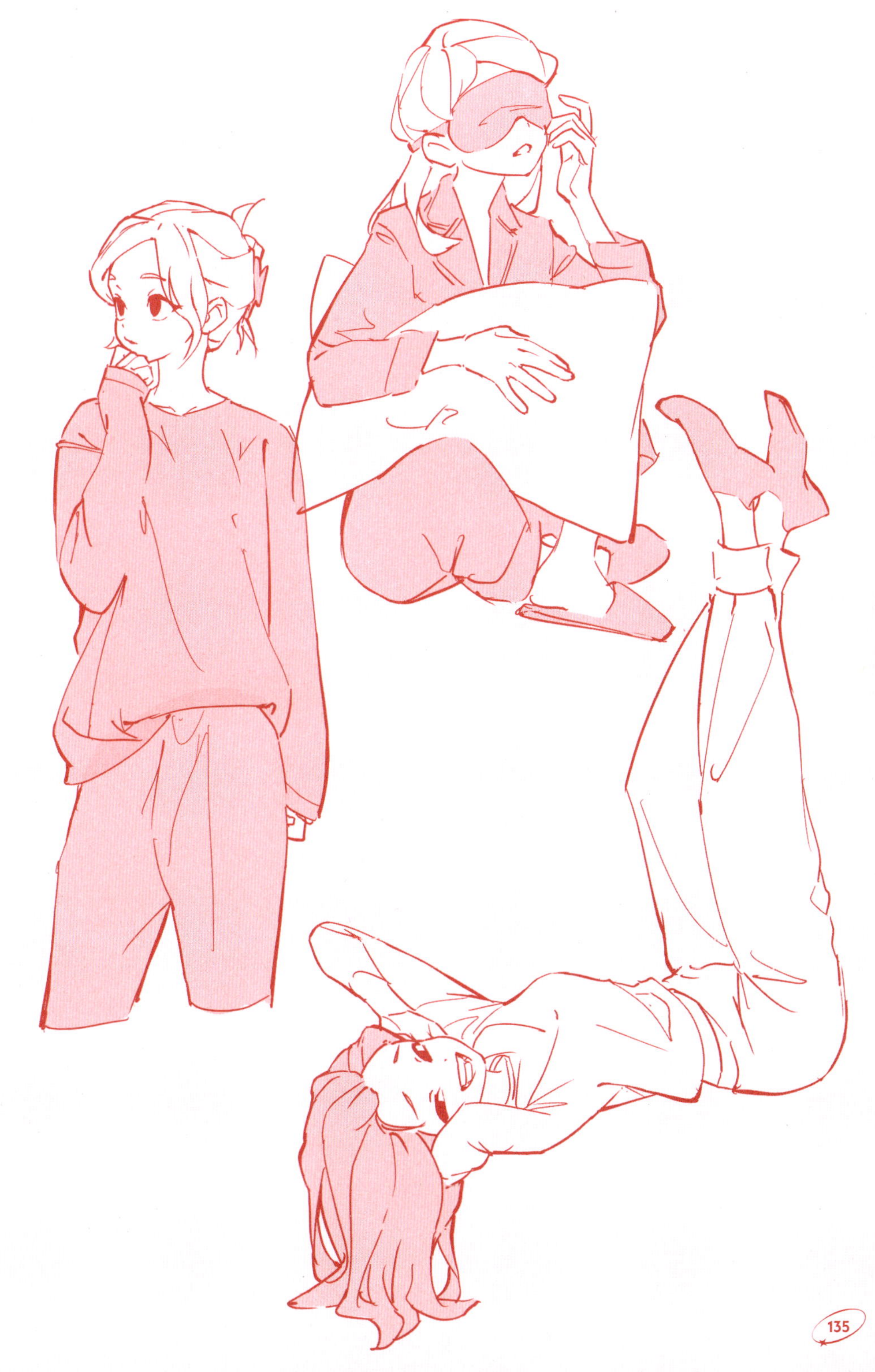

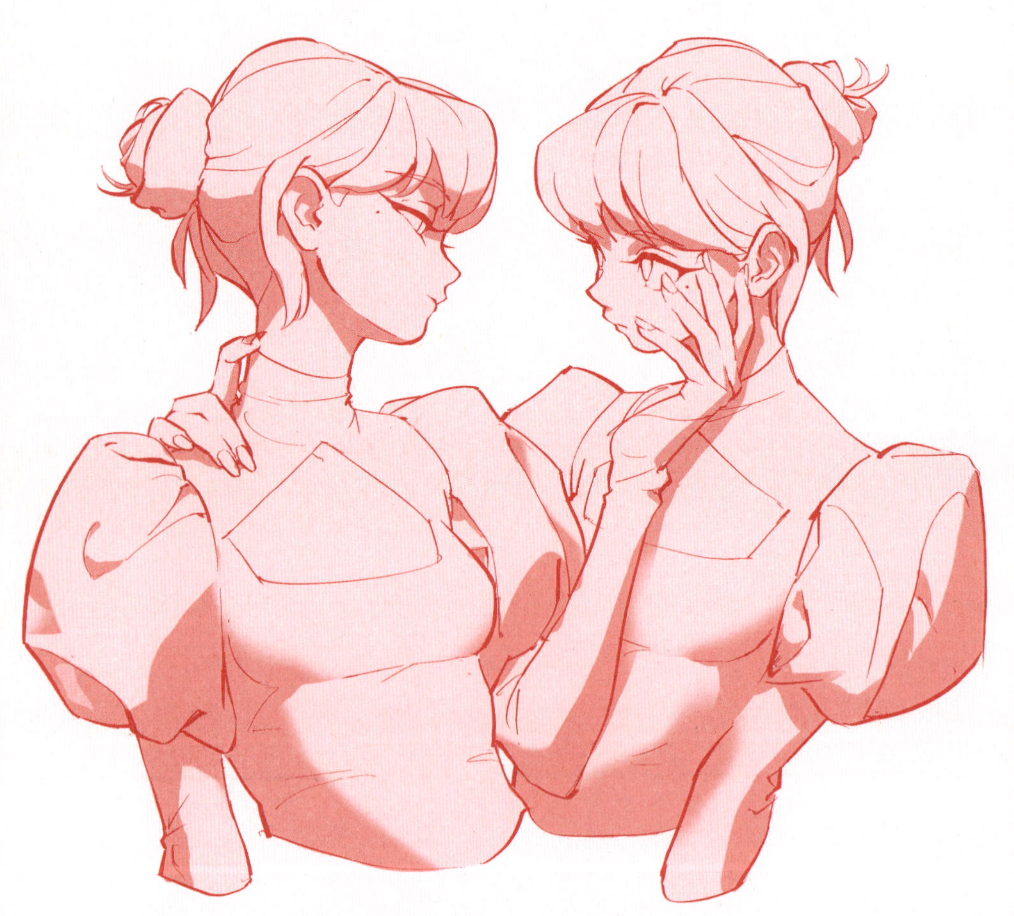

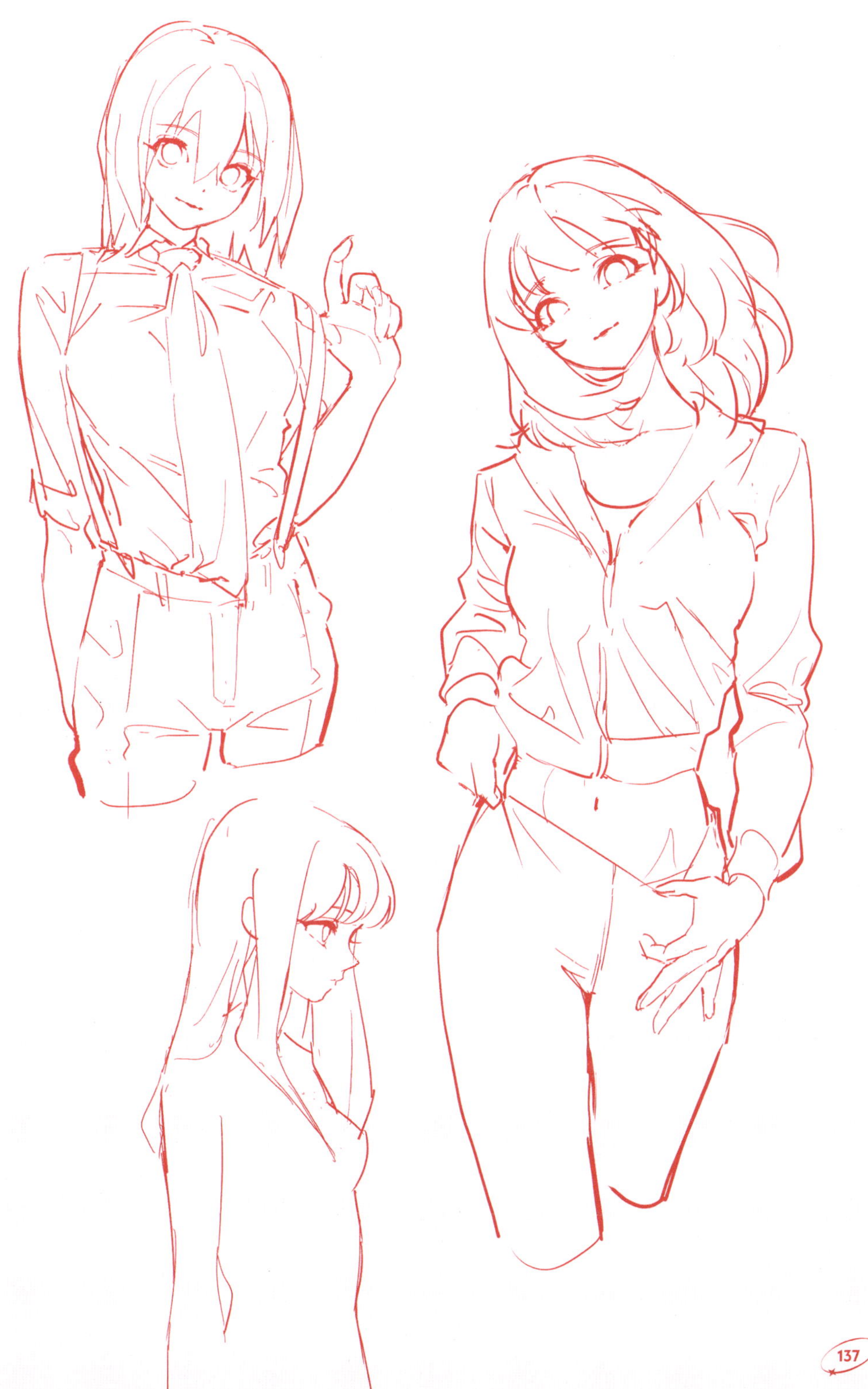

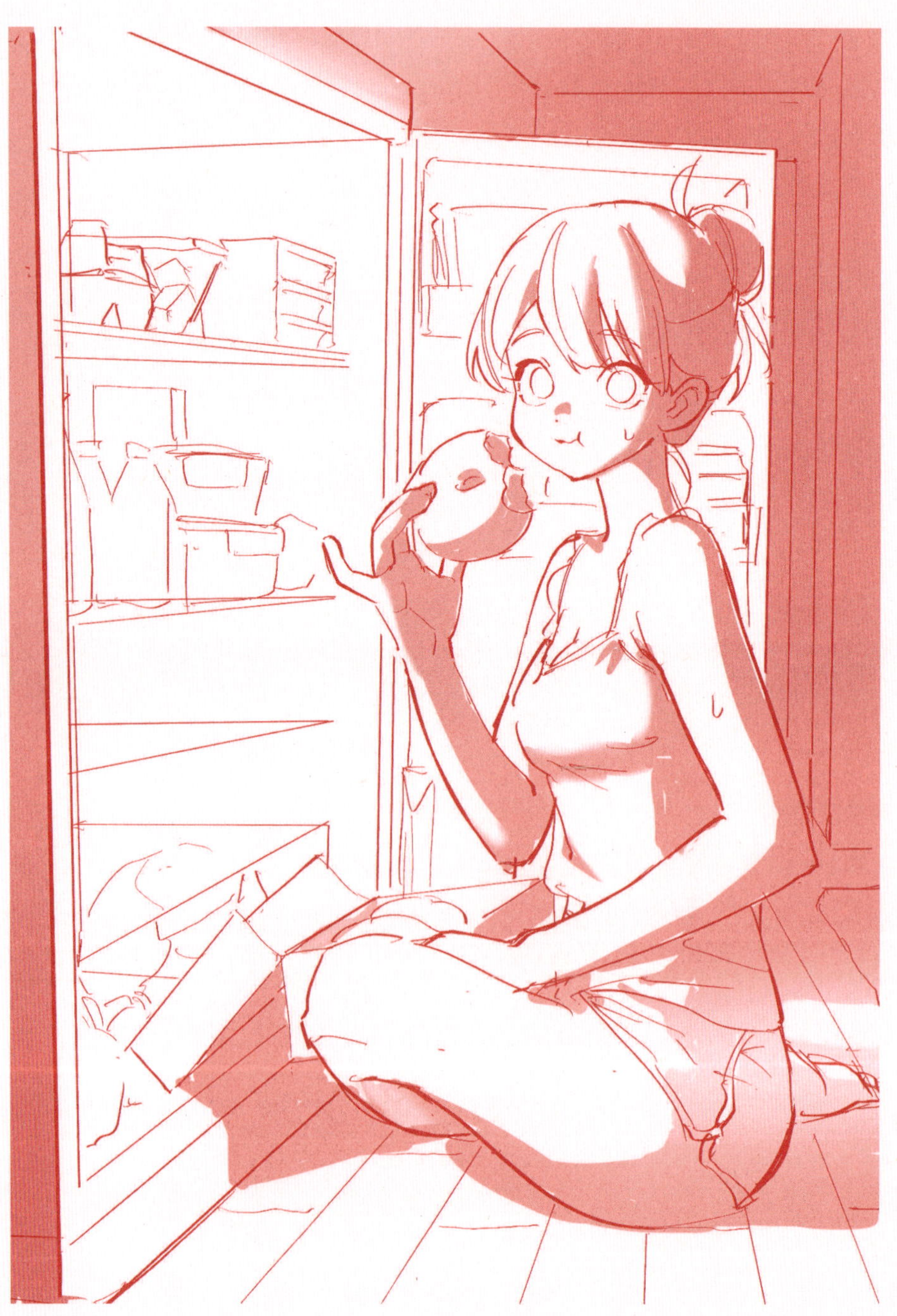

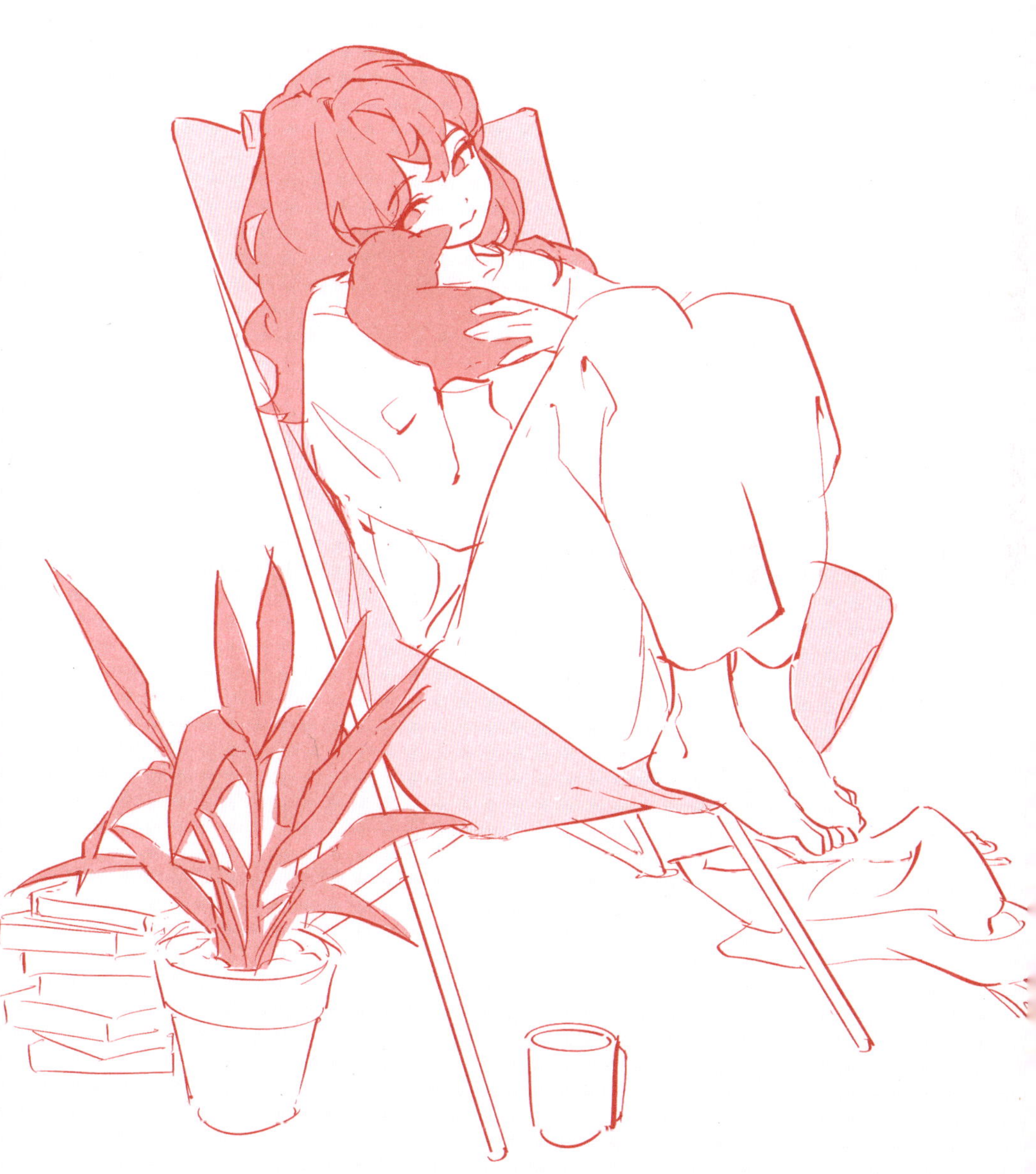

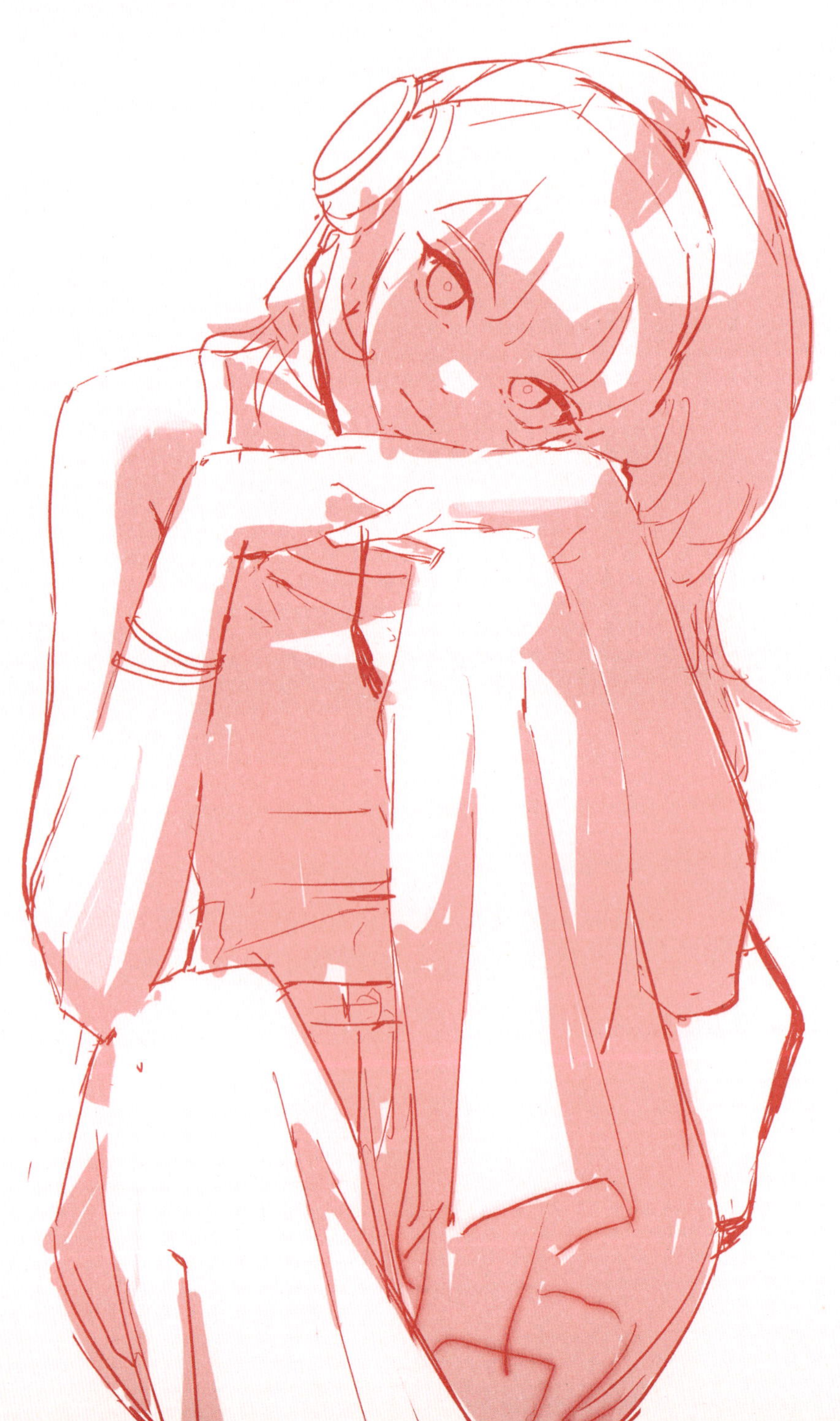

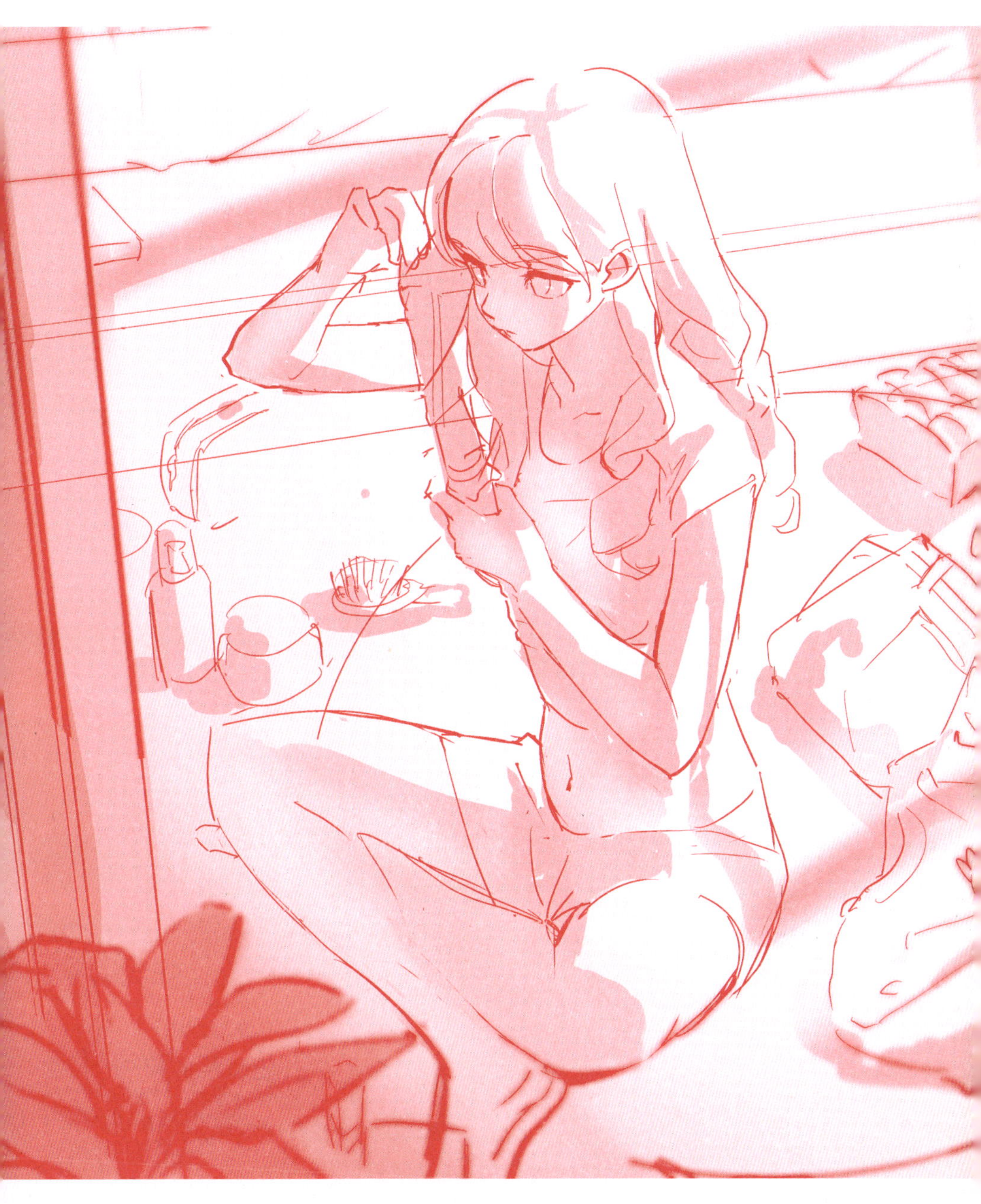

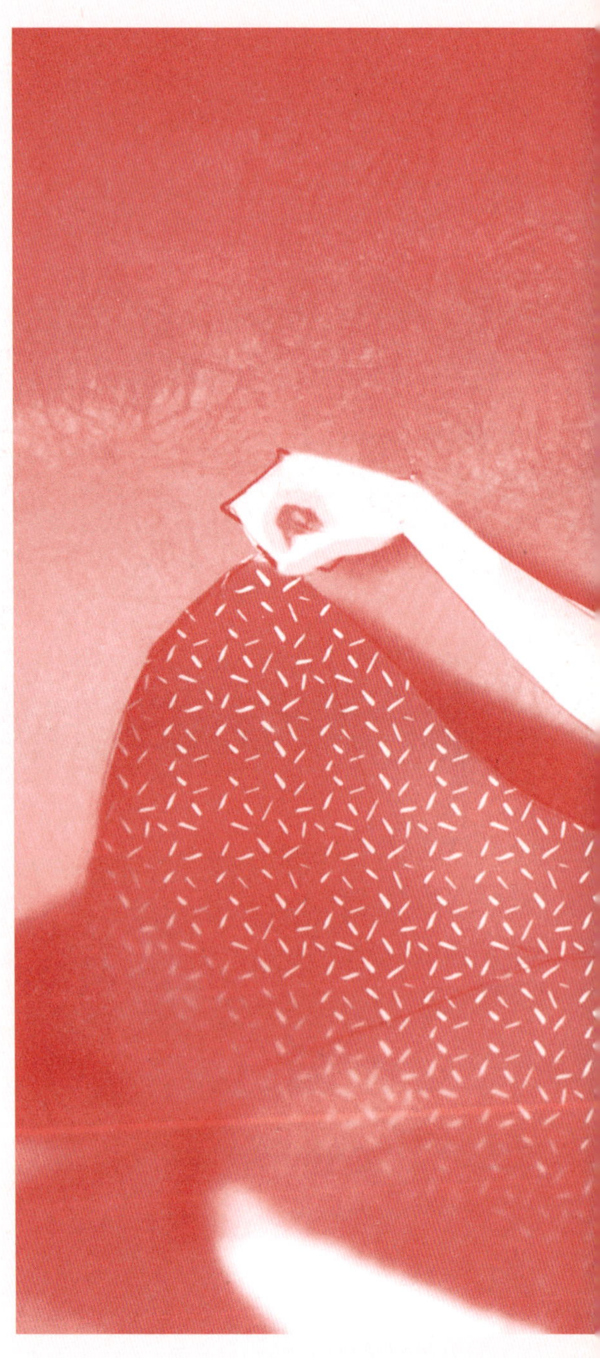

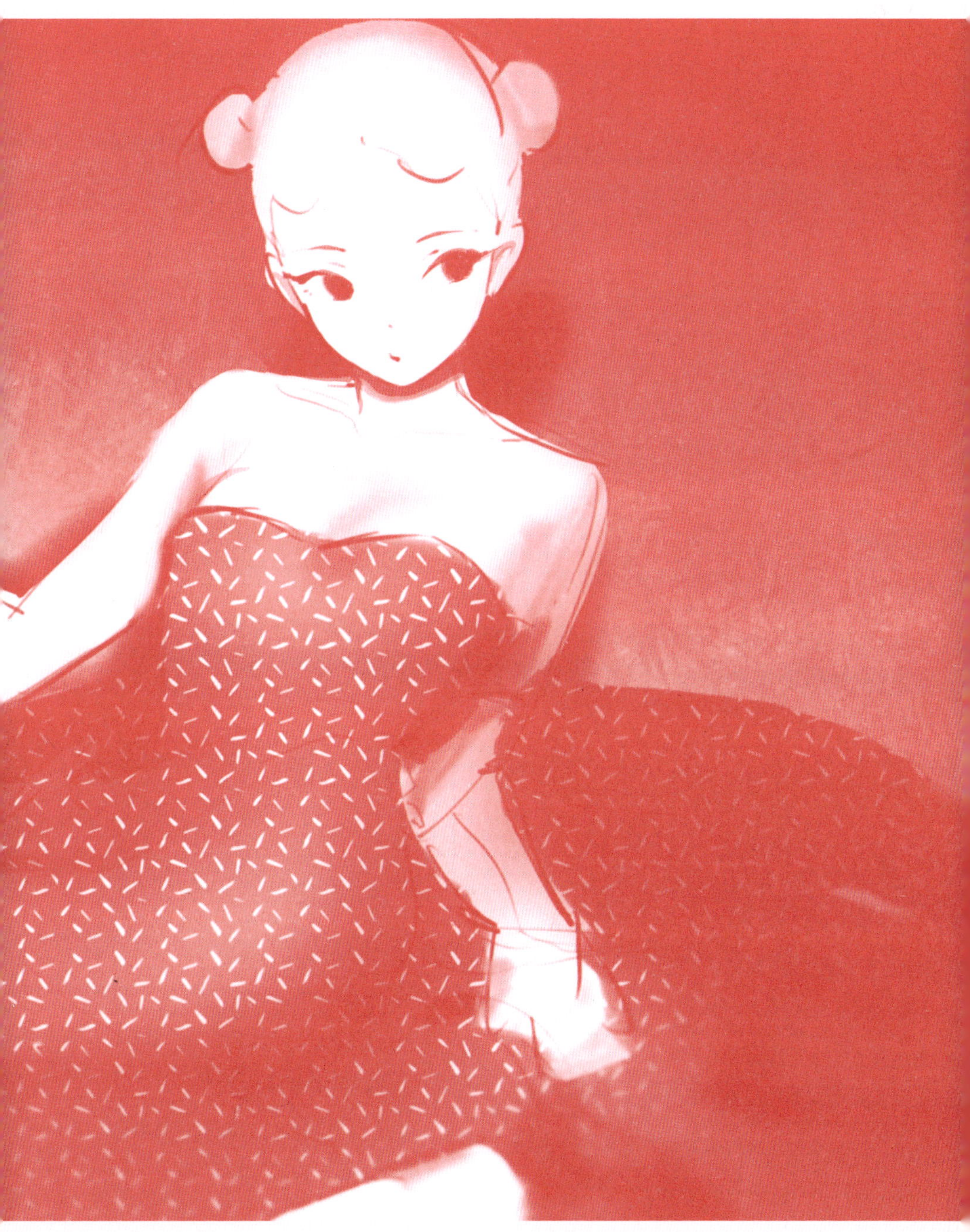

✦ PROFILE ✦

Yukina

イラストレーター。
ファッションが好き。

Yukina アートワークス & ファッションスケッチ

2025年1月11日　初版第1刷発行

著者　Yukina
デザイン　加藤真依（PIE Graphics）
編集　筒井由佳

発行人　三芳寛要
発行元　株式会社パイ インターナショナル
〒170-0005　東京都豊島区南大塚2-32-4
TEL 03-3944-3981　FAX 03-5395-4830
sales@pie.co.jp

印刷・製本　シナノ印刷株式会社

ISBN978-4-7562-5947-9　C0079
Printed in Japan

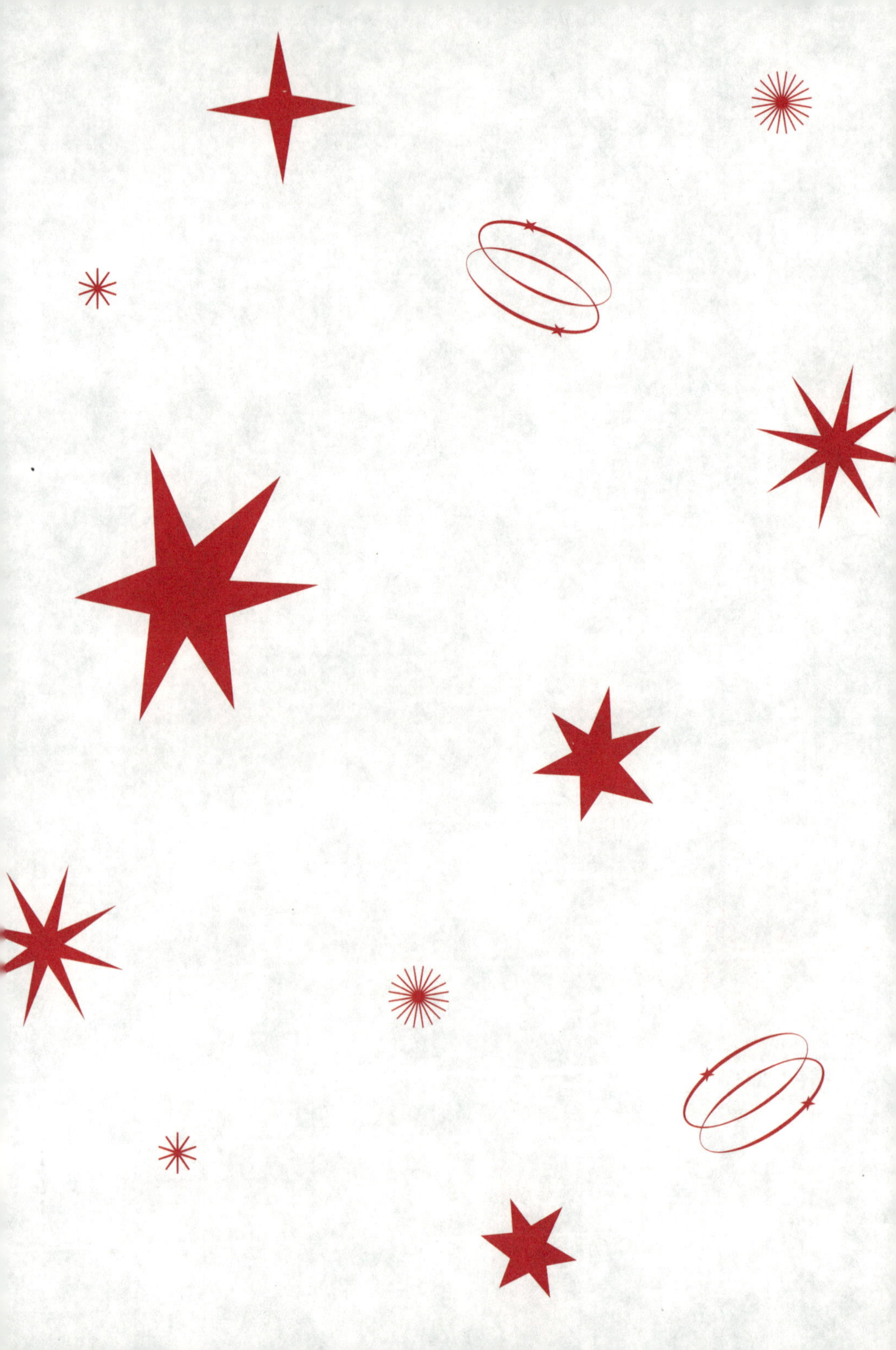